KB152482

한국영화 100년 100경

한국영화 100년 100경

한국영화100년기념사업추진위원회 엮음

2019년 10월 27일 초판 1쇄 발행
2021년 1월 11일 초판 3쇄 발행

펴낸이 한철희 | 펴낸곳 돌베개
등록 1979년 8월 25일 제406-2003-000018호
주소 (10881) 경기도 파주시 회동길 77-20 (문발동)
전화 (031) 955-5020 | 팩스 (031) 955-5050
홈페이지 www.dolbegae.co.kr | 전자우편 book@dolbegae.co.kr
블로그 imdol79.blog.me | 트위터 @Dolbegae79

주간 김수한 | 편집 김서연·남미은
표지디자인 김동신 | 본문디자인 이은정·이연경
마케팅 심찬식·고운성·한광재
제작·관리 윤국중·이수민·한누리 | 인쇄·제본 상지사 P&B

기획 한국영화100년기념사업추진위원회
후원 영화진흥위원회·한국영상자료원
실무 진행 조영정·박진희·공영민

©영화진흥위원회·한국영상자료원, 2019
ISBN 978-89-7199-982-0 (03680)

이 도서의 국립중앙도서관 출판예정도서목록(CIP)은 서지정보유통
지원시스템 홈페이지(http://seoji.nl.go.kr)와 국가자료공동목록시
스템(http://www.nl.go.kr/kolisnet)에서 이용하실 수 있습니
다.(CIP제어번호: CIP2019038508)
책값은 뒤표지에 있습니다.

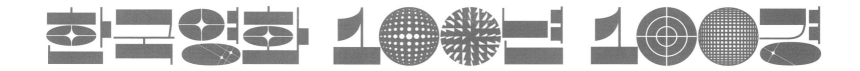

한국영화100년기념사업추진위원회 엮음

돌베
개

『한국영화 100년 100경』 발간에 부쳐

한국영화 100년 기념사업을 추진하면서 우리는 100년이라는 짧지 않은 역사를 어떻게 담아낼지 깊이 고민했습니다. 영화사를 연구하는 학자들이 한자리에 모여 사건을 중심으로 일목요연하게 정리하는 것이 좋을지, 평론가들이 모여 작품을 중심으로 정리하는 것이 좋을지, 여러 영화 단체가 모여 영화제작에 참여한 모든 창작자, 배우, 스태프 등 인물을 중심으로 정리하는 것이 좋을지 다양한 논의가 있었습니다.

결국 우리가 정리하는 역사는 관객과 '공유한 순간'이어야 한다는 결론에 이르렀습니다. 무엇보다 관객의 사랑이 100년의 역사를 만들었고 한국영화를 세계 속에 우뚝 서도록 키웠습니다. 그래서 관객이 기억하는 '순간'을 모아 100년의 역사를 정리했습니다. 버턴 홈스가 카메라를 들고 대한제국 땅을 밟은 순간부터 봉준호 감독의 〈기생충〉이 제72회 칸국제영화제에서 황금종려상을 받는 순간까지 우리 영화의 곁에는 늘 관객이 함께 있었습니다.

우리 영화의 역사 속에서 100가지 장면을 뽑기 위해 우리 추진위원회는 각 영화 단체들의 의견을 모아 1차 목록을 정리했고, 영화사를 연구하는 학자들과 평론가들에게 수차례 자문을 구하고 회의를 거쳐 최종 목록을 결정했습니다.

한국영화 100가지 장면을 기술한 글과 사진을 꼼꼼히 살피면서, 우리 역시 영화 현장에서 보낸 날들이 주마등처럼 떠올랐습니다. 이 책을 통해 한국영화를 개척한 선배 영화인들에게 존경을 표합니다. 또한 지금도 영화 현장에서 굵은 땀방울을 흘리고 있을 동료와 후배 영화인들에게는 미래에 대한 기대와 희망을 전합니다.

돌아보면 아쉬운 순간도 없지 않습니다. 문화유산인 영화의 소중함을 알지 못한 탓에 유실되고 손상된 영화 필름, 기록, 실물 자료가 너무 많은 까닭입니다. 한국영화 100년을 계기로 영화유산이 관객의 곁에서 늘 살아 숨쉴 수 있도록 노력해야 할 것입니다.

책의 기획을 맡은 학술출판분과 위원님들과 연구진, 집필을 맡은 다수의 영화사 연구자와 평론가, 사진 자료를 아낌없이 제공해 준 각 영화사와 언론사 그리고 행정적 지원을 아끼지 않은 영화진흥위원회와 한국영상자료원 관계자, 출판사 돌베개에 깊은 감사를 드립니다.

한국영화100년기념사업추진위원회 공동 위원장
이장호·장미희

한국영화의 미래 100년은 지금부터

한국영화가 올해로 탄생 100년을 맞았습니다. 1919년 연쇄극 <의리적 구토>를 시작으로, 영화는 우리 민족의 대표적 근대문화로 자리 잡았습니다. 이후 한국영화는 하나의 장르가 되어 전 세계에서도 당당히 위용을 떨치고 있습니다. 오늘날의 한국영화가 이런 위상을 얻기까지는 저명한 감독과 배우만이 아니라 보이지 않는 곳에서 오로지 좋은 작품을 만들겠다는 마음으로 힘써 준 많은 분의 노력이 있었습니다.

영화진흥위원회는 한국영화의 역사와 영화인을 재조명하고 미래 지향적 발전 방향을 모색하는 '한국영화 100년기념사업추진위원회'를 구성해 여러 기념사업을 준비했습니다. 그중 『한국영화 100년 100경』은 더 특별한 의미를 갖습니다. 한국영화의 기원부터 100년이라는 시간이 흐르는 동안 우리의 기억에 남아 있는 순간과 사람 그리고 영화 속 장면들을 잘 정리해 담았습니다.

지난 100년을 이렇게 돌아보노라니, 앞으로 한국영화의 좌표를 어디에 두어야 할지, 한국영화가 계속해서 세계적으로 사랑받으려면 어떻게 해야 할지 고민이 됩니다. 우리 앞에 산적한 과제가 많습니다. 영화 산업의 수직계열화와 스크린 독과점, 영화 스태프 근로 환경 개선, 수익 분배 구조 개선, 독립·예술 영화의 진흥, 새로운 미디어 환경에 대한 대처 등 자유롭고 활발한 창작을 뒷받침해 줄 수 있도록 산업 구조를 탄탄히 하는 동시에 인재 양성에도 계속해서 힘써야 합니다. 어깨가 무거워지는 지점이 아닐 수 없습니다. 그러나 이것은 어느 한 단위에서 노력한다고 해결될 일이 아닙니다. 영화계 각 분야에서 같이 고민하고 중지를 모아 해결 방안을 마련해 가야 합니다. 더불어 한국영화의 발전 성과를 이웃 나라들과 공유해 한국영화의 위상을 더 높이고 영화를 매개로 함께 문화적으로 성숙해 나가야 합니다.

『한국영화 100년 100경』이 한국영화 100년의 문턱에서 과거와 미래를 아우르는 뜻깊은 사고의 장이 되기를 바랍니다. 영화진흥위원회 또한 한국영화의 현안에 대해 영화인들과 함께 목소리를 내고 현안을 적극적으로 풀어 나가면서 지속 가능한 한국영화, 세계 속의 한국영화로 성장을 이어 나가도록 힘쓰겠습니다. 이 책을 계기로 우리 관객이 한국영화의 역사를 더 잘 이해하고 한국영화를 더 깊이 사랑하게 되기를 바랍니다.

영화진흥위원회 위원장
오석근

1919년 10월 27일 단성사 주변에 감돌았을 긴장을 상상해 본다. 장안 최고의 인기를 누리던 연극배우 김도산과 아직 무대에 서는 것이 허락되지 않았던 여성 배우를 대신했던 여장배우 김영덕은 분장과 옷매무시를 가다듬으며 막이 오르기를 기다렸을 것이다. 비싼 입장료를 내고 들어온 관객이 좌석을 채워 가기 시작했을 것이고, 거금을 들여 극을 준비한 박승필은 손에 밴 땀을 연신 닦아 냈을지도 모른다. 본극에 앞서 〈경성 전시全市의 경〉 상영이 시작되었을 때 관객은 스크린에 모습을 드러낸 남대문에 환호와 갈채를 보냈을 것이다. 조선인 자본으로 조선인 배우가 모여 만든 최초의 연쇄극 〈의리적 구토〉 작업에 참여한 이들은 들썩이는 관객석을 바라보며 안도와 감격의 큰 숨을 내쉬었을지도 모른다. 한 가지 분명한 것은 그 자리의 어느 누구도 그날이 한국영화의 시작을 알리는 첫날로 후대에 기억되리라고는 상상하지 못했으리라는 사실이다.

세계 여러 나라에서 '영화의 날'은 영화를 만드는 기계장치의 발명일도, 영화의 제작 완성일도 아닌 유료 상영을 처음 한 날로 정하고 있다. 관객 앞 상영을 영화의 완성으로 보기 때문이다. 그리하여 우리나라에서도 이 역사적인 날의 주인공은 '관객'이었다. 영화에 매혹된 사람들은 전차표와 담배 포장지를 모아 영화관을 드나들며 열혈 관객이 되어 갔다. 눈물샘이나 자극하는 값싼 신파영화에 몰린다며 무시당하곤 했던 '고무신 관객'은 결국 한국영화의 전성기를 이루어 냈다. 오늘날에는 1년에 2억 명 넘는 관객이 극장을 찾고 있으며 한국은 이제 영화 강국의 면모를 과시하고 있다. 이렇듯 지난 100년 동안 영화를 지켜 온 것은 관객이었다.

그러므로 우리는, 한국영화 100년을 기념하는 『한국영화 100년 100경』을 한국영화를 지지하고 응원해 준 관객에게 헌정한다. 한국영화를 즐기고 사랑하는 사람들이 쉽게 읽고 이해하고 공유할 수 있는 한국영화의 역사를 기록한 책이다. 100가지 중요한 장면으로 한국영화의 역사가 보다 흥미롭게 전달되기를 바란다.

『한국영화 100년 100경』은 우리나라에 처음 영화가 소개되던 날부터 현재에 이르기까지 한국영화사에 영향을 주었고 전환점이 되었던 사건·인물·작품을 비롯해, 시대를 대변할 만한 주요 현상과 변화까지 한자리에 모아 한국영화의 다양한 모습을 전하고 있다. 한국영화 100년이라는 역사의 무게를 어찌 한정된 장면에 담아낼 수 있겠느냐마는, 엄선한 100가지 장면으로 한국영화의 과거와 현재 그리고 미래의 풍경을 어느 정도는 그려 낼 수 있으리라 믿는다.

『한국영화 100년 100경』은 2018년 9월 결성된 '한국영화100년기념사업추진위원회'의 학술출판분과에서 논의하고 기획했다. 한국영상자료원의 연구전시팀과 협의해 1차 주제 목록을 정리했고, 여러 영화 단체의 회람과 외부 자문을 거쳐 검토하고 수정한 후 최종 목록을 완성했다. 지난한 과정이 말해 주듯 한국영화의 여러 표정과 목소리를 담고자 노력했다. 한국영화 역사에 기록된 중요한 사건부터 기술적 혁신을 이루어 낸 주요 작품, 시대를 풍미한 영화인, 특수한 장르, 영화 정책과 극장문화, 영화 마케팅 산업까지 다채로운 100가지 '장면'을 소개한다. 이를 위해 한국영화사 연구자부터 감독·평론가·저널리스트, 영화제 프로그래머까지 한국영화계 곳곳의 전문가가 필자로 참여했다.

『한국영화 100년 100경』은 한국영화사의 흐름을 한눈에 이해하기 쉽게 연대기 형식으로 구성했다. 우리나라에 처음 영화가 소개된 해인 1901년부터 봉준호 감독의 〈기생충〉이 칸국제영화제의 황금종려상을 받은 2019년까지 한국영화의 감격과 환희의 순간은 물론 절망과 좌절의 순간까지 모두 담았다. 한국영화의 지난 100년을 담은 이 책이 앞으로 펼쳐 나갈 한국영화 100년의 밑거름이 되기를 바란다.

많은 분의 도움이 있었기에 한국영화 100년의 역사를 잘 정리할 수 있었다. 100경 선정부터 사진 제공과 수급, 집필에 이르기까지 큰 도움을 준 한국영상자료원의 주진숙 원장님, 연구전시팀의 정종화 팀장, 조준형 선임연구원 그리고 관련 부서의 담당자들에게 깊은 감사를 전한다. '한국영화100년기념사업추진위원회' 위원들의 적극적 협조와 조언이 있었기에 이 책을 기획할 수 있었다. 자문에 참여해 준 이승구·민병록·정재형·김수남·김종원 선생님에게 감사드린다. 독립영화사 정리에 힘을 실어 준 조영각·원승환·김동현 님에게도 고마운 마음을 전한다.

무엇보다 이 책의 집필에 참여해 준 31명의 필자와 사진을 제공해 준 사진작가, 영화사, 배급사, 개인 소장가, 언론사와 기획사에 말로는 다 할 수 없는 감사를 드린다. 또한 책자의 제작에 지원을 아끼지 않은 영화진흥위원회의 오석근 위원장님을 비롯한 김종호 본부장, 김보연 차장과 출판 실무 진행을 맡아 노력을 아끼지 않은 영화사 연구자 공영민·박진희 님에게 감사드린다. 끝으로 이 모든 노력의 결실을 맺을 수 있게 출간을 맡아 준 돌베개출판사와 책의 완성도를 위해 힘써 준 편집자 김서연 님, 100경의 모든 장면이 빛나도록 디자인해 준 이은정 님과 이연경 님 그리고 김동신 님에게 깊은 감사를 드린다.

한국영화100년기념사업추진위원회 위원
조영정

1901 ─ 1949년
한국, 영화와 만나다

1950 — 1969년
한국영화, 전쟁을 딛고 비상하다

1970 ― 1989년

한국영화, 재도약을 꿈꾸며 나아가다

1990 ─ 2019년

한국영화, 새로운 세계와 만나다

한국영화 100년, 영화사 안팎의 주요 사건

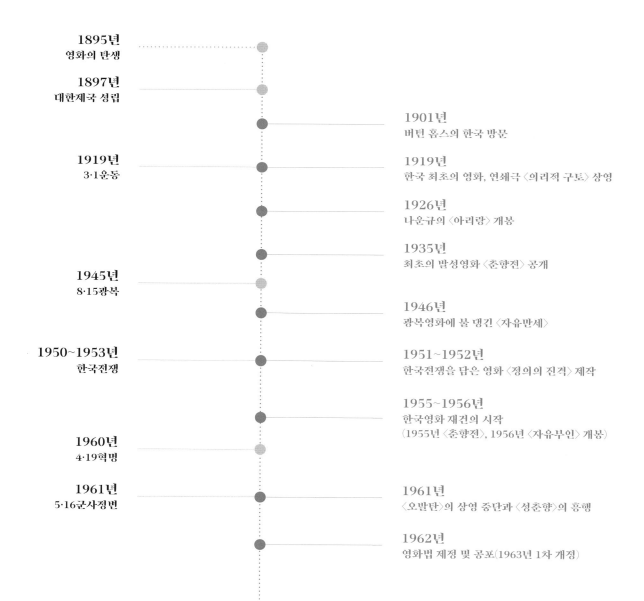

1895년
영화의 탄생

1897년
대한제국 성립

1901년
버턴 홈스의 한국 방문

1919년
3·1운동

1919년
한국 최초의 영화, 연쇄극 〈의리적 구토〉 상영

1926년
나운규의 〈아리랑〉 개봉

1935년
최초의 발성영화 〈춘향전〉 공개

1945년
8·15광복

1946년
광복영화에 불 댕긴 〈자유만세〉

1950~1953년
한국전쟁

1951~1952년
한국전쟁을 담은 영화 〈정의의 진격〉 제작

1955~1956년
한국영화 재건의 시작
(1955년 〈춘향전〉, 1956년 〈자유부인〉 개봉)

1960년
4·19혁명

1961년
5·16군사정변

1961년
〈오발탄〉의 상영 중단과 〈성춘향〉의 흥행

1962년
영화법 제정 및 공포(1963년 1차 개정)

1966년
스크린쿼터제 실시

1972년
유신 체제 성립

1973년
영화진흥공사 창립

1975년
영상시대의 뉴시네마 운동

1980년
5·18민주화운동

1980년대
5공화국의 3S(Sex, Sports, Screen) 정책

1984년
한국영화아카데미 개원

1987년
6·10민주항쟁

1980년대 후반
독립영화, 표현의 자유를 위한 투쟁

1988년
제24회 서울올림픽대회

1993년
〈서편제〉 최다 관객 동원

1996년
영화 사전심의 위헌판결

1997년
외환위기

1998년
최초의 멀티플렉스 CGV강변 개관

1999년
전방위적 스크린쿼터 사수 투쟁

2000년
필름 영화에서 디지털 영화로

2004년
천만 관객 시대로

2010년대
글로벌 시대로 나아가는 한국영화

2019년
〈기생충〉 황금종려상 수상

일러두기

1. 이 책의 항목별 연도는 작품을 중심으로 하는 경우 작품 연도를, 특정 국면이나 흐름, 특정 인물과 관련된 경우 기존 영화사 연구의 서술을 기준으로 표기했다.
2. 이 책의 이미지 가운데 한국영상자료원으로부터 제공받은 것은 양해남, 조희문 등의 소장 자료와 언론·영화 관련 단체가 기증한 것을 포함하고 있다.
   이미지 제공처와 관련한 내용은 266~267쪽에 상세히 기재했다.
3. 이 책에 등장하는 영화의 작품명과 연도는 영화 제목의 오리지널 표기를 반영한 한국영상자료원 데이터베이스(KMDb)를 따랐다.
   그에 따라 한글맞춤법이나 띄어쓰기가 규범에 어긋난 경우가 있음을 밝혀 둔다.
4. 단행본 출간물은 겹낫표(『 』), 시나 소설 등 개별 작품명은 홑낫표(「 」), 잡지나 신문, 저널 등 정기간행물은 겹화살괄호(《 》), 영화 제목이나 방송 프로그램은 홑화살괄호(〈 〉)를 사용해 표기했다.

한국,
영화와 만나다

1901년 한국에 영화가 처음 소개되고 곧 일제강점기,

한국인이 운영한 최초의 극장에서 한국인이 만든 최초의 영화가 상영된다.

이 '최초'의 시대에 한국영화는 영화 인력과 기술을 하나하나 쌓아 나간다.

1901년

활동사진의 도래

버턴 홈스의 한국 방문과
영화 촬영

정종화

영화 매체는 서구 근대의 대표적 산물이다. 1895년 12월 28일 프랑스의 뤼미에르 형제가 자신들이 만든 촬영기 겸 영사기 시네마토그래프cinematograph로 관객들에게 유료로 단편영화를 상영한 것을 영화의 출발로 삼는다. 그렇다면 한국에 영화가 처음 들어온 것은 언제일까. 공식적으로 가장 앞선 기록은 1901년으로, 한국에 영화 장치를 소개한 이 역시 서구인이었다. 바로 미국인 여행가 버턴 홈스Elias Burton Holmes로, 아시아를 비롯해 전 세계를 두루 다니며 사진과 영상을 찍고 또 미국으로 돌아가면 여행기travelogues를 발간하고 순회강연을 했던 인물이다. 그는 1901년 중국 베이징을 여행한 후 8~9월경 제물포항을 통해 대한제국기의 한국으로 들어왔다. 그 구체적인 내용은 '버턴 홈스 강연집'의 10권 『서울, 한국의 수도』Seoul: the Capital of Korea에 기록되었다(이 책은 『1901년 서울을 걷다』라는 제목의 책으로 2012년 국내에 번역 출간되었다).

영화와 사진 전문가 3~4명으로 구성된 버턴 홈스 일행은 서울에 머무르는 동안 성 안팎을 다니며 풍경과 사람들의 모습을 60밀리 영화 카메라와 사진기에 담았다. 현재 남아 있는 사진을 통해 그들의 촬영 모습과 이를 구경하기 위해 몰려든 인파를 확인할 수 있다. 또한 그들은 뮤토스코프mutoscope 혹은 키노라kinora로 추정되는 휴대용 영사기를 가지고 있었는데, 우연한 기회에 여름 별장에 머물던 왕족 이재순에게 보여 준다. '활동사진'motion picture의 진기함에 놀란 이재순은 이 장치를 빌려 왕실에 소개하고, 고종은 이를 보고 돌려주며 비단과 부채 등을 버턴 홈스에게 선물했다. 또 버턴 홈스 일행을 경운궁으로 불러 춤 공연을 보여 주고, 영친왕에게 휴대용 영사기를 선물한 그들에게 값비싼 비단과 은을 주었다 한다.

이처럼 현재까지 발견된 기록에 따르면, 한국에 처음 영화 매체를 소개한 것은 1901년의 버턴 홈스다. 그 일행은 한국의 풍경과 사람들을 처음 영화로 기록했고 또 고종 등 왕실에 영화 장치를 소개하기도 했다. 물론 세계영화사의 출발점처럼 표를 사고 극장 공간에 모인 다중을 대상으로 영화가 상영되기까지는 이후 2년의 시간이 더 걸렸다. 현재 한국영상자료원은 '버턴홈스유산보존회'로부터 기증받은 그의 기행기록영화 〈한국〉Korea(5분 12초)을 보존하고 있다. 이 영상은 1901년 첫 방문 때의 촬영분과 1913년 두 번째 방문 때의 기록이 혼합된 것으로 추정한다.

2

1　버턴 홈스 일행이 남대문에서 촬영하다 소달구지에 부딪힐 뻔한 장면
2　버턴 홈스 일행의 촬영에 몰려든 당시 조선 사람들

American Korean
Electric Co.
Railway Ticket
One 5 Ride
cent.

韓美電氣會社
乘車票
伍錢

한미뎐긔회샤
오차타는
젼표
표

로 이 히
초연넌지동샹
草煙卷紙带上
一 ᄆ ᅳ ᄂ

AMUSEMENT DEPARTMENT.

한셩뎐긔회샤

Run Direct to the Animated Pictures and Merry-Go-Round.

1903년

1

2

3

공식적인 첫 대중 상영의 기록

한성전기회사의
동대문활동사진소 운영

정종화

영화 매체에 관한 고전적 개념은 영화가 만들어지는 것으로 끝나지 않고 한 공간에 모인 다중의 관객이 관람하는 행위를 통해 비로소 완성된다고 본다. 한국 사람들이 영화를 보기 위해 표를 사고 극장에 모여 다 같이 영화를 관람했다는 가장 앞선 기록은 언제일까. 1903년 6월 23일 자《황성신문》의 활동사진 광고에서 다음과 같은 내용을 찾아볼 수 있다. "동대문 안의 전기회사 기계창에서 상영하는 활동사진은 일요일과 비 오는 날을 제외한 매일 저녁 8시부터 10시까지 계속되는데, 대한 및 구미 각국의 생생한生命 도시, 각종 극적 장면劇場의 절승한 광경이 준비되었습니다. 입장 요금 동화 10전."

이처럼 대한제국기 한국에서는 서구에서 들어온 영화를 '활동사진'이라고 불렀다. 서구 사람들은 소리도 없는 짧은 필름의 형태로 영화가 처음 등장했을 때 '움직이는 그림'motion picture이라 불렀고, 이를 일본이 활동사진으로 번역한 것이다. 그런데 동대문 안의 전기회사 기계창에서는 어떤 연유로 활동사진을 상영했을까. 당시 한성전기회사를 운영하던 미국인 콜브란Henry Collbran과 보스트윅Harry Bostwick은 한미 간의 갈등으로 '전차 안 타기 운동'이 확산되자 부정적 여론을 잠재우고 전차 이용객을 늘리기 위해 활동사진 상영을 추진했다.

서구의 활동사진을 처음 대면한 한국 사람들의 열띤 반응은 1903년 7월 10일 자《황성신문》기사에서 확인할 수 있다. "전차를 타고 온 관객들로 상영회장은 인산인해를 이루었고, 덕분에 매일 밤 입장 수익이 백여 원에 달했으며 덩달아 전차표 수익도 올랐다." 동대문 기계창의 영화 상영이 큰 성공을 거두자 한성전기회사는 이 공간에 '동대문활동사진소'라는 이름을 붙여 운영한다. 정식 극장은 아니었지만 이 공간에서 연 활동사진 상영회는 연일 문전성시를 이뤘다.

한성전기회사(1904년 '한미전기회사'로 명칭 변경)가 운영하던 동대문활동사진소는 1908년 흥행興行 단체 광무대光武臺가 인수하면서 그 이름으로 다시 출발한다. 전통 연희演戱 공연을 중심으로 활동사진까지 상영하던 광무대는 1914년까지 이어졌다. 광무대 운영을 맡은 이가 조선인 흥행사 박승필이다. 이후 그는 조선인 거리의 영화관 단성사를 경영하며 조선영화 제작까지 도모한다. 이처럼 동대문활동사진소는 서구의 영화가 한국 땅에서 토착화되는 기반이었다.

4

---

1   당시 한성전기회사 기계창의 전경
2   1904년경의 전차 승차권(당시 한미전기회사가 전차 운영)과 '히이로'Hero라는 담배의 포장지(당시 일본에서 수입하여 판매하던 권연초)의 모습. 이 유물의 원 소장자는 이 승차권과 담배 포장지를 가죽지갑 안에 보관하고 있었다고 한다. 동대문활동사진소에서 활동사진을 보기 위해 모았던 것으로 추정된다.
3   한성전기회사 희락부 광고(《대한매일신보》 1904년 8월 4일)
4   활동사진 관람 광고(《황성신문》 1903년 6월 23일)

本館新築落成後

大渴望中

模範的活動寫眞은

今日부터 大大的映寫

京城昌德宮入口　團成社　電話九五九番

1907년

한국인이 경영한
최초의 상설영화관

복합 연희장으로 출발한 단성사

정종화

일제강점기 서울 장안은 청계천을 경계로 북한산 아래 북촌의 조선인 거주지와 남산 아래 남촌의 일본인 거주지가 분리되어 있었다. 자연스럽게 극장가 역시 민족별로 구분 지으며 형성되었다. 조선인 극장은 조선 사람들의 전통 상권인 종로통을 중심으로 들어섰고, 일본인 극장은 지금의 충무로인 본정本町의 일본인 상권을 중심으로 자리 잡았다.

영화 상영을 중심으로 하는 활동사진상설관이 처음 등장한 곳은 남촌이다. 1910년 지금의 을지로인 황금정 2정목에 경성고등연예관京城高等演藝館이 가장 먼저 설립되었다. 당시 관객은 조선인과 일본인이 각각 절반 정도였다. 이후 1912년 일본인 거리 황금정 3정목에 다이쇼칸大正館, 1913년에 고가네칸黃金館이 들어섰고, 본정의 가장 번화가인 1정목과 2정목의 교차점에는 1915년 유라쿠칸有樂館이 설립되어 남촌의 대표적 상설영화관으로 자리 잡았다. 조선인 거리 북촌에는 1912년 우미관優美館이 상설영화관으로 처음 등장한 후, 1907년 설립된 단성사團成社가 1918년 영화관으로 재개관했으며, 1922년 조선극장朝鮮劇場이 설립되면서 조선인 대상의 영화관으로는 3대 극장이 각축전을 벌인다.

경성의 흥행가 형성과 관련해 주목할 부분은, 조선인 상설영화관은 서양영화를 주로 상영하는 '외화 전문관'이었고, 일본인 상설영화관은 일본영화를 기본으로 하는 '방화관'邦畫館이면서 서양영화를 함께 상영하는 '병영관'倂映館의 성격을 띠었다는 점이다. 1920년대 들어 경성의 영화관 거리는, 조선인 영화관은 조선인 변사가 해설하는 서양영화를 상영하고 일본인 영화관은 일본인 변사가 해설하는 일본영화를 주로 상영하는 구도로 굳어졌다.

1907년부터 복합 연희장으로 운영되던 단성사는 조선인이 소유한 유일한 극장이었다. 1914년 1월 안재묵에 의해 수용 인원 1,000명의 대형 극장으로 신축되었으나 1년 만에 화재로 소실된 후 1917년 2월 고가네유엔黃金遊園의 소유자 다무라 기지로田村義次郎가 인수했다. 다무라는 조선인 흥행사 박승필에게 단성사 운영권을 주었고, 그는 1918년 12월 활동사진관으로 신축해 흥행을 시작했다. 박승필은 일본인 흥행사들의 틈바구니에서 "경성 흥행계의 유일한 용장"으로 평가받으며 조선영화계를 개척해 갔다. 서구 연속영화 serial film(지금의 텔레비전 드라마처럼 20분 분량의 필름을 1주일에 1편씩 상영한 것)와 조선인 신파극단의 공연을 올리며 조선인 관객들을 불러 모으던 단성사는 채 1년도 지나지 않아 영화제작을 추진했다. 이는 물론 박승필의 뛰어난 흥행 감각과 결단력 덕분에 가능한 일이었다.

4

1 "경향의 애활가 제씨의 갈망이 절정에" 달해 1918년 12월 활동사진관으로 신축된 단성사(《매일신보》 1918년 12월 21일)
2 1934년 12월 신축한 단성사 외관
3 1962년 4월의 단성사
4 조선영화 흥행의 개척자, 박승필

1912년

무성영화의 해설자 변사

발성영화 등장 전까지
당대 조선 최고의 스타

한상언

2

우리나라에서 변사는 서양에서 들어온 영화를 상영하며 관객에게 그 내용을 설명해 주는 일을 하는 사람이었다. 이후 일본식 흥행 문화의 유입과 정착으로 변사는 극의 내용이나 줄거리를 읽어 주거나 목소리 연기로 영화의 재미를 배가하는 역할을 수행했다. 변사의 연행演行은 영화의 길이가 짧았던 시기에는 영화 상영 전에 무대로 나와 극의 경개梗概를 설명하는 식이었다. '전설'前說이라 부르던 이것은 영화의 길이가 길어지고 내용이 복잡해지면서 영화를 상영하는 것과 동시에 설명하는 방식으로 바뀌게 된다. 이를 '중설'中說이라 불렀다.

조선인과 일본인이 섞여 살던 경성에서는 변사의 연행과 극장의 운영이 일본과는 다소 차이를 보였다. 최초의 활동사진상설관을 자처하던 경성고등연예관에서는 조선인 변사와 일본인 변사를 함께 두어 두 가지 언어로 영화를 설명했다. 영화의 길이가 짧았기에 가능했다. 조선인 변사와 일본인 변사를 함께 두는 연행 방식은 곧 변화하게 된다. 1912년 일본인 상설관인 다이쇼칸과 조선인 상설관인 우미관이 설립되자 이들 상설관에서는 오로지 한 가지 언어로만 영화를 설명했고 변사가 쓰는 언어에 따라 관객 분화가 이루어졌다. 전설만 가능했던 영화관이 한 가지 언어로만 영화를 설명하기 시작하면서 중설이 가능해졌다.

당시 변사는 크게 두 종류였다. 서양영화를 상영하면서 자막을 읽어 주거나 극의 전개를 설명해 주는 변사를 '설명변사' 혹은 '해설자'라고 불렀다. 이와 달리 일본영화를 상영하면서는 화면 속 배우의 대사를 스크린 뒤에 늘어선 변사들이 목소리 연기를 하는 지금의 '성우'와 같은 변사가 있었다. 이 중에는 여자 목소리를 연기하는 여성변사나 아이 목소리를 전담하는 소년변사도 있었다. 이들을 일컬어 '연극변사'라 불렀다. 당시 조선인 극장에는 설명변사만 있었고 일본인 극장에는 설명변사와 연극변사가 함께 있었다. 그래서 연극변사가 없는 조선인 극장에서는 일본영화를 상영할 수 없었다.

상설관의 변사는 당대의 스타이기도 했다. 조선 최초의 스타 변사는 경성고등연예관과 우미관을 거쳐 단성사가 활동사진관으로 변신할 때까지 변사주임으로 인기를 끌었던 서상호였다. 그는 굵다란 목소리로 연설하듯 쏟아 내는

말로 당대 관객에게 통쾌함을 주었으며 막간에 자전거 클랙슨을 가랑이에 끼고 추는 일명 뿡뿡이춤으로 관객의 웃음을 샀다. 무성영화 시대에 가장 큰 인기를 끌었던 서상호는 1938년 토키영화(발성영화) 시대의 우미관에서 아편중독으로 사망한다. 이 외에 경성의 일본인 변사 중에는 많은 염문을 뿌리며 경성 최고의 스타로 화제를 몰고 다닌 고가 네칸의 유모토 교하湯本狂波가 큰 인기를 끌었다. 그는 타이완으로 건너가 그곳에서 활동을 이어 갔다.

1920년대 들어 극장 안에서 쓰는 언어를 관리하기 위한 변사 자격시험이 경기도 경찰부를 통해 도입되었다. 관객에게 말을 건네는 변사의 수준을 일정하게 유지하겠다는 것이었는데 풍속과 치안을 위한 사전 단속의 의미도 있었다. 1922년 실시한 제1회 시험에는 총 54명이 응시했으며 조선인이 13명이었고, 여성은 4명이었으나 모두 일본인이었다. 이들은 상식과 품행에 관한 구두시험을 보았다.

변사들은 상설관 운영에서 가장 중요한 존재였기에 변사들 중에는 극장 운영에 직간접적 간여를 하는 이들도 있었다. 특히 운영자가 자주 바뀌던 조선인 극장은 김조성이나 성동호 같은 변사가 자본주를 끼고 극장 운영에 참여했다. 또한 김덕경이나 우정식, 김조성, 김영환의 경우에서 알 수 있듯이 영화를 설명하는 일을 넘어 극장 자본으로 제작되는 영화에 직접 참여하여 시나리오 작성을 주도하거나 극 중 배우로 출연하기도 했다.

1930년을 기점으로 경성에 토키영화가 본격 출현했다. 무성영화 시기 영화 상영의 가장 중요한 존재이던 변사는 토키영화가 등장하면서 낡은 것이 되어 버렸다. 토키영화는 상설관의 모습을 크게 바꾸었다. 상설관 안에서 가장 중요한 존재이던 변사와 악사가 퇴출된 것이다. 이제 변사의 목소리는 토키영화의 소리를 간섭하는 이물질일 뿐이었다. 그럼에도 영화를 설명해 주는 변사는 한동안 사라지지 않고 남아 있었다. 문맹률이 높았기에 관객이 자막을 읽을 수 없었고 비용 부담 때문에 모든 필름에 자막을 넣을 수도 없었기에 그랬다.

1 1922년 10월 15일에 개관한 극장 주오칸의 광고로 아랫부분에 제시된 인물들이 주오칸 전속 변사들의 모습(《경성일보》 1921년 10년 15일)
2 변사 김조성

京城堂樹洞
電話九五九番
天活特約
團成社

拾月廿七日브터보시오‼
特別大大興行
新派新劇座金陶山一行의
大連鎖劇 = 封切上場　全八幕
一大活劇　義理的仇討　廿八塲
一實寫　京城全市의景

入場料
特等　一圓五十錢
一等　六十錢　一等　一圓
二等　三等　四十錢

軍人學生小兒半額

１

新派新劇座金陶山一行의
京城에서撮影된
大連鎖劇

來十月廿七日브터
新派大活悲劇
義理的仇討　全八塲
　　　　　第一回

撮影場所
　（말히곳）
漢江鐵橋、獎忠壇、淸涼里、頴美
橋、南大門停車塲、纛島、箭串橋
電車汽車、自働車、鷺梁津、公園

其他
　　　　特等　一圓五十錢
　　　　一等　一圓
　　　　二等　六十錢
　　　　三等　四十錢

料塲入
軍人學生半額

京城府授恩洞
活動寫眞常設
天活會社特約
團成社
電話九五九番

２

1919년

한국영화의 출발

연쇄극 <의리적 구토>와
실사 필름 <경성 전시의 경>

정종화

1919년 10월 27일 조선인 거리의 영화관 단성사에서 조선인 신파극단의 연쇄극 <의리적 구토>義理的仇討가 처음 상연되었다. 바로 이날을 한국영화의 기점으로 삼아 2019년을 한국영화 100주년으로 기념하는 것이다. 연쇄극은 연극 무대의 배우 연기와 영화의 스크린 영사를 결합한 공연 양식이다. 왜 온전한 영화가 아닌 연쇄극을 한국영화Korean Film의 출발점으로 삼는 것일까. <의리적 구토>는 영화 장면을 포함해 조선인들이 주도해서 만든 것이었고, 특히 서구영화를 염두에 두고 영화적 요소를 강조했기 때문이다.

조선 최초의 연쇄극을 제작하고 유행시킨 주역은 단성사의 경영자 박승필과 신파극단 신극좌新劇座의 대표 김도산이다. 박승필은 단성사를 기반으로 서구영화와 조선인 신파극을 소개하며 조선영화 제작을 도모했고, 김도산은 극단 신극좌의 대표이자 배우로 장안에 이름을 떨쳤다. 당시 단성사에서는 눈을 뗄 수 없는 활극 장면이 숨 가쁘게 몰아치는 서구의 '연속영화'가 매주 공개되며 조선인 관객을 매혹하고 있었다. 바로 이때 조선인 배우들이 스크린에서 '활동'하는 연쇄극 <의리적 구토>가 등장한 것이다.

<의리적 구토> 상연을 앞둔 1919년 10월 26일 자《매일신보》의 소개 기사를 보자. "근래 활동사진이 조선에 많이 나와 애극가愛劇家의 환영을 비상히 받았으나, 첫째 오늘날까지 조선인 배우의 활동사진은 아주 없어서 유감 중에

(…) 이번 단성사주 박승필 씨가 5,000여 원의 거액을 내어 신파 신극좌 김도산 일행을 데리고 경성 내외의 경치 좋은 장소를 따라가며 다리와 물이며 기차, 전차, 자동차까지 이용하여 연극을 한 것을 처처處處히 박은 것이 네 가지나 되는 예제藝題인바 모두 좋은 활극으로만 박았으며 (…) 서양 사진에 뒤지지 않을 만하게 되었고"라는 기록에서 조선인이 제작한 연쇄극이 처음부터 영화적 요소를 지향했음을 알 수 있다.

또한 <의리적 구토>와 함께 상영된 실사 필름 <경성 전시全市의 경>도 주목해야 한다. 연쇄극 본편에 앞서 서울 도심 곳곳을 기록한 필름을 상영했던 것이다. 조선인 연쇄극의 영화 장면과 실사 필름을 처음 관람한 관객의 반응은 어땠을까. "영사된 것이 시작하는데 우선 실사로 남대문에서 경성 전시의 모양을 비치우매 관객은 노상 갈채에 박수가 야단이었고, 그 뒤는 정말 신파 사진과 배우의 실연 등이 있어서 처음 보는 조선 활동사진이므로 모두 취한 듯이 흥미 있게 보아 전에 없는 성황을 이루었더라" 하는 1919년 10월 29일 자《매일신보》기사에서 관객의 열띤 호응을 감지할 수 있다. 연쇄극 <의리적 구토>와 실사 필름 <경성 전시의 경>을 당시 조선인 관객이 조선의 첫 활동사진으로 받아들인 것은 분명해 보인다.

1919년 병합조약 무효와 독립을 선언하는 3·1운동이 한반도 전역에서 거행되었고, 이를 계기로 4월 11일 중국 상하이에 대한민국 임시정부가 수립되었다. 나라를 빼앗긴 조선인들의 '활동'이 강하게 요구되는 시기, 조선 사람들이 기차, 전차, 자동차 위에서 조마조마한 활극을 펼치는 '활동'이 연쇄극 무대의 스크린에서 펼쳐졌다. 1919년, 이렇게 조선의 '활동사진' 즉 한국영화가 시작되었다.

3

1 대활극 <의리적 구토>와 실사 <경성 전시의 경> 상연을 알리는 광고(《매일신보》1919년 10월 28일)
2 경성 곳곳에서 촬영되었음을 알리는 연쇄극 <의리적 구토> 광고(《매일신보》1919년 10월 26일)
3 연쇄극으로 한국 최초의 영화를 만든 김도산

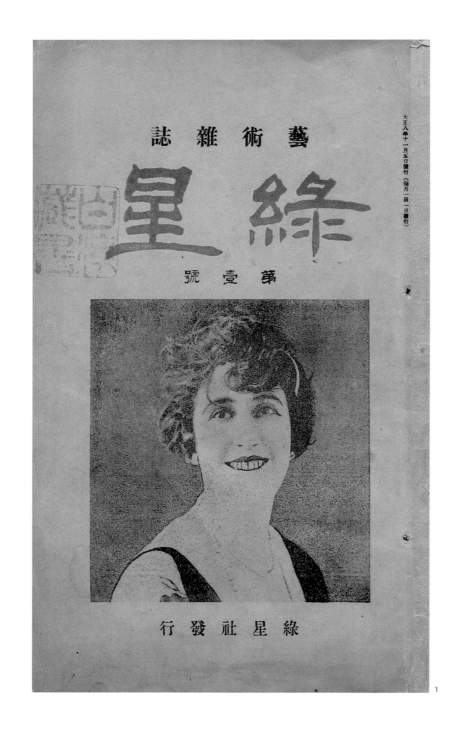

藝術雜誌

綠星

第壹號

行發社星綠

大正八年十一月五日發行（毎月一回一日發行）

1919년

최초의 영화 잡지
《녹성》 창간

당대의 해외영화와
찰리 채플린 등 영화인 소개

김종원

1 여배우 리타 졸리베를 표지 사진으로 쓴 우리나라 최초의 영화 잡지 《녹성》
2 당시 조선에서 인기 있던 서양의 배우들을 소개한 《녹성》의 내지들

우리나라 최초의 영화 잡지는 1919년 11월 5일 자로 창간된 《녹성》綠星이다. 국판(A5판) 90면 분량의 《녹성》은 미국에서 활동한 프랑스 태생 여배우 리타 졸리베Rita Jolivet의 상반신 사진을 표지로 내세우고, 〈독류〉毒流(1916)를 비롯한 〈장한가〉長恨歌, 〈고도孤島의 보물〉, 〈고송孤松의 가歌〉 등 6편의 영화를 사회 비극, 연애 비극, 대복수 대활극, 인정 활극 등으로 분류하여 소개했다. 아울러 당시 연속 활극 〈명금〉名金(1915)의 주인공 '로로'Roleau로 유명했던 활극계의 스타 에디 폴로Eddie Polo를 다룬 「로로의 이야기」와 찰리 채플린Charlie Chaplin의 소식을 다룬 「세계 제일의 희극배우 잡후린雜候麟 선생의 혼인」 등 스타 스토리를 게재했다. 이 잡지의 편집 및 발행인은 이일해였다.

이를 계기로 1926년 7월 〈쌍옥루〉(1925)의 감독 이구영의 주도로 두 번째 영화 잡지 《영화》가 창간되고, 뒤이어 1928년 3월 나운규의 「나의 노서아 방랑기」 등을 수록한 《문예·영화》(5·7판, 54면, 정가 25전)가 간행되었다.

《영화시대》(A5판, 78면 내외, 정가 10전)가 서점에 나온 것은 1931년 4월이다. 공동 발행인의 한 사람인 박누월은 뒷날 저서 『영화배우술』(1939, 삼중당)을 내놓은 영화 이론가이기도 하다. 《영화시대》는 창간호가 바로 종간호가 되다시피 하던 당시 잡지계의 여건 속에서도 단명에 그치지 않은 예외로, 중단과 속간을 반복했으나 1949년까지 발행했다.

해방 후에는 1948년 5월 초 이규환 감독의 〈해연〉海燕(1948)을 특집으로 내세운 특정 영화 선전지 《예술영화》(4·6배판, 36면) 한 호로 만족해야 했고, 1952년부터 월간 《영화세계》(발행인 강대진)의 창간과 잇따라 《국제영화》(발행인 박봉희)가 가세하면서 본격적인 영화 잡지 경쟁 시대로 접어든다. 이 두 잡지는 영화계의 가십거리와 국내외 스타 스토리, 제작 정보, 수입 영화를 소개하는 등 제호만 다를 뿐 편집 방향은 큰 차이가 없었다. 이런 가운데 1959년 9월 영화학도를 위한 격월간 형태의 《시나리오문예》(A5판, 발행인 하유상)가 창간돼 8호까지 발간된다.

2

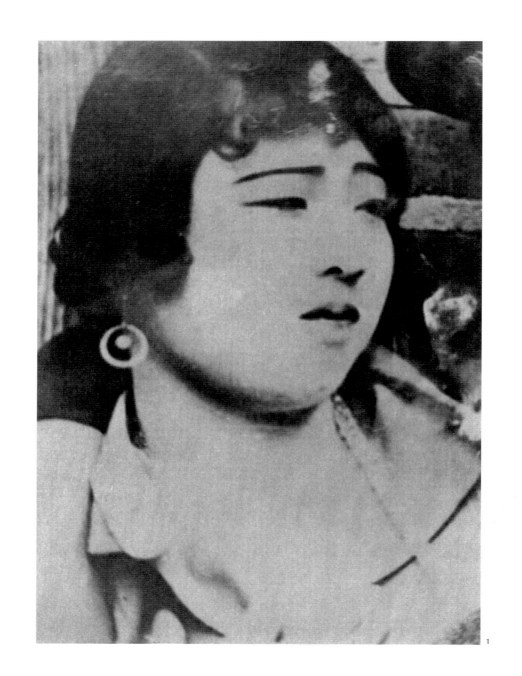

1923년

최초의 극영화와
최초의 여배우 탄생

윤백남 감독의 <월하의 맹서>와
여배우 이월화

정종화

1923년 온전한 극영화의 형식을 갖춘 〈월하月下의 맹서盟誓〉가 공개되었다. 이 영화는 크게 두 측면에서 의미가 있다. 야외의 활극 장면만 영화로 표현했던 이전의 연쇄극과 달리, 기승전결의 스토리를 모두 필름 촬영으로 소화한 극영화라는 점 그리고 각본·감독·출연 모두 조선인의 손으로 이루어 냈다는 점이다. 당시 언론인이자 연극인으로 활동했던 윤백남이 각본과 감독을 맡았고, 그가 이끌어 온 민중극단 단원 이월화·권일청·문수일·송해천 등이 출연했다. 즉 윤백남은 한국 최초의 영화감독, 이월화는 영화에 출연한 최초의 여배우로 기록된다. 김도산의 신극좌에서 처음 연기를 시작한 것으로 알려진 이월화는 〈월하의 맹서〉로 스타덤에 올랐고, 이후 토월회에 입단해 신극계의 간판스타로 활약했다. 그가 분한 신극 〈부활〉(1923)의 '카추샤' 연기는 일제 시기 최고의 명연기로 기록된다. 이후 〈해의 비곡〉(1924) 등에 출연했으나 화려한 명성은 오래가지 못했고, 숱한 염문설을 뿌리다 1933년 심장마비로 사망했다.

사실 〈월하의 맹서〉는 영화관에서 개봉한 극영화가 아니라 조선총독부 체신국이 저축 장려를 목적으로 제작한 계몽영화였다. 다시 말해 영화관에서 흥행한 상업영화가 아닌 당국의 선전영화였다. 1923년 4월 9일 경성호텔에서 처음 상영했고, 이후 순회 영사로 각 지역에서 공개했다.

당시 《매일신보》 기사는 〈월하의 맹서〉의 분량을 "전 2권", "2,000 척의 긴 사진"으로 기록하는데, 이를 상영 시간으로 환산하면 33분 정도에 해당한다. 중편 길이의 영화였던 셈이다. 이처럼 〈월하의 맹서〉가 한국 최초의 극영화로 평가되기는 하지만, 이 영화에 앞서 조선총독부와 경성일보사가 각각 제작한 선전영화들과 재조선 일본인의 영화사가 흥행용 극영화를 제작했다는 기록도 무시할 수 없다. 물론 양자 모두 조선인들이 주체가 된 영화제작은 아니었다. 특히 후자는 〈월하의 맹서〉보다 석 달 앞서 개봉한 〈국경〉이라는 영화인데, 1923년 1월 13일 단성사에서 개봉했으나 조선인 학생 관객들의 야유로 단 하루 만에 상영이 중지된 바 있다.

최초의 극영화 〈월하의 맹서〉는 우리에게 두 가지를 말해 준다. 첫째 식민지 조선에서 영화를 만든다는 것은 기본적으로 일제 당국과 부딪치고 협상하는 과정이었다. 당국이 자금을 댄 선전영화 제작은 국책 이데올로기를 반영하는 것이 필수 조건이었고, 상업영화 제작 역시 당국의 검열이 가장 중요한 이슈였다. 둘째 초창기 조선영화는 자본과 기술의 제공, 연출과 배우의 역할을 분리할 수밖에 없었다. 영화제작은 무엇보다 큰 자본이 필요한 작업이고 촬영과 현상 등 근본적 기술을 해결해야 했기 때문이다. 즉 일본인 흥행사의 자본과 일본인 촬영기사에 의존할 수밖에 없었다. 반면 조선인 관객을 대상으로 영화를 만들려면 각본과 연출 그리고 출연 영역에서 조선 영화인들의 역할이 반드시 필요했다.

이렇게 조선의 무성영화가 첫발을 뗐다. 이후 조선의 영화계는 일본인 흥행사 하야카와 마스타로早川增太郎가 설립한 동아문화협회의 〈춘향전〉(1923) 그리고 조선인 영화관 단성사가 직접 촬영부를 만들어 제작한 〈장화홍련전〉(1924)이 등장하면서 본격적인 상업영화의 시대를 맞는다.

2

3

1 한국 최초의 스타 여배우 이월화
2 한국 최초의 극영화 〈월하의 맹서〉를 감독한 윤백남
3 〈월하의 맹서〉 관련 신문 기사 《동아일보》 1923년 4월 11일

1924년

한국의 영화 기술 개척자, 이필우

단성사 촬영부를 거치며
조선영화 제작

정종화

조선인 최초의 촬영기사이자 녹음기사인 이필우는 1897년 11월 27일 서울 구리개(지금의 을지로)에서 장남으로 태어났다. 그의 부친은 시계포를 운영했다. 촬영기사이자 감독인 이명우가 그의 친동생이다. 8세 때 부친을 여의고 시계포를 물려받은 이필우는 동생 이명우와 함께 사진, 환등 그리고 활동사진 장치를 익히며 영화에 대한 꿈을 키웠다. 보성소학교를 졸업했고, 1914년 일본으로 가 도쿄에서 금성중학교를 다녔다는 기록도 있다. 1916년 조선으로 돌아온 그는 YMCA에서 철공 기술을 교육받다가 거기서 주최한 활동사진대회에서 〈쿼바디스〉(1913)의 상영을 도운 것을 계기로 영사기사가 되기로 결심, 이후 우미관에 들어가 영사기사 박정현 밑에서 조수로 일했다. 1919년 다시 일본으로 건너가 영국인 기사들이 기술을 전수하던 천연색활동사진주식회사(약칭 덴카쓰天活)의 고사카촬영소에 들어가 어깨너머로 촬영과 현상을 배웠다. 히가시오사카시에 있던 고사카촬영소는 1916년 덴카쓰가 처음 세운 뒤 1920년부터는 데이코쿠키네마帝国キネマ가 촬영소로 가동했던 곳이다.

1920년 이필우는 당시 단성사의 영사기사이자 지배인으로 있던 박정현의 요청으로 조선에 돌아온다. 그동안 일본인 기사들이 맡았던 연쇄극의 영화 장면 촬영을 위해서였다. 그는 이기세가 이끌던 문예단의 연쇄극 〈지기〉(1920)의 영화 부분을 촬영하면서 조선인 최초의 촬영기사로 이름을 올린다. 이필우는 다시 일본으로 갔는데, 할리우드에서 활동하던 일본인 감독 고타니 헨리小谷ヘンリー가 쇼치쿠키네마松竹キネマ로부터 초빙받아 요코하마항으로 들어온 1920년 7월 시점이었다. 이후 그는 고타니 헨리가 촬영하고 연출한 〈석양의 촌〉(1921)의 만주 촬영에 함께했고, 고타니가 촬영기사장으로 있던 쇼치쿠의 가마타촬영소에서 일하다 1923년 관동대지진 때 조선으로 돌아왔다.

당시 조선은 일본인 흥행사가 제작한 〈춘향전〉(1923)이 공개되며 상업영화의 시대가 시작되고 있었다. 단성사의 박승필 역시 단성사 촬영부를 만들어 조선영화 제작을 도모했는데, 그때 촬영기사로 합류한 이가 바로 이필우다. 그는 단성사 촬영부에 참가하기 전 일종의 테스트를 받는데, 박승필과 박정현은 그에게 전선全鮮여자정구대회를 촬영해 오라고 주문한다. 물론 촬영은 성공적으로 끝났고, 1924년 7월 2일 단성사에서 〈전선여자올림픽대회실황〉이라는 1롤짜리 영화로 상영했다. 이어 그는 〈장화홍련전〉의 촬영까지 성공리에 마쳤고, 이 역시 9월 5일 단성사에서 개봉해 조선인 관객들의 열광적 지지를 받았다.

이렇게 해서 〈장화홍련전〉은 감독(박정현)과 배우(김옥희·김운자·우정식)만이 아니라 제작과 촬영까지 조선인들이 직접 해낸 첫 번째 상업영화로 기록된다. 이후 조선 무성영화의 대표적 촬영기사로 활동하던 이필우는 조선의 영화 기술의 다음 국면 즉 발성영화에서도 선구적 역할을 했다. 그는 동생 이명우에게 촬영과 연출을 맡기고 본인은 녹음과 현상을 맡아 조선 최초의 '말하는'talkie 영화 〈춘향전〉(1935)을 성공시킨다.

1　왼쪽부터 이필우, 임운학, 나운규, 이명우. 이들이 함께 모인 것으로 보아
　1930년 〈아리랑 후편〉, 〈철인도〉를 만든 원방각사 설립 무렵으로 보인다.
2　영화 〈쌍옥루〉(이구영, 1925)를 촬영한 이필우를 "촬영술의 천재"라고 소개하는 신문 기사(《매일신보》 1925년 10월 3일)
3　한국영화 기술의 선구자 이필우

1926년

무성영화
최고의 스타 나운규
그리고 <아리랑>

서구영화의 요소와 민족의식을
결합… 전국 각지에 영향

정종화

나운규는 영화 <아리랑>(1926)의 감독과 주연으로 혜성과 같이 등장해 한국영화사의 신화가 된 인물이다. 1902년 10월 27일 함경북도 회령에서 태어난 나운규는 어린 시절부터 연극과 문학에 관심이 많았다. 간도 명동중학교 재학 중이던 1919년 3·1운동에 가담했다가 경찰의 수배를 받았고, 고향을 떠나 방랑하던 중 러시아 백군에 입대하기도 했다. 그해 다시 간도로 돌아와 친구 윤봉춘 등과 함께 청회선 철도(청진-회령 철도)를 파괴하려다 미수에 그쳤고, 서울 중동학교에 다니던 1921년 뒤늦게 신원이 노출되어 1년 6개월간 징역을 살았다. 이른바 회령 '붉은 잉크' 사건이다.

출소한 나운규는 안종화가 1923년 조직한 극단 예림회의 회령 공연을 보고 연구생으로 들어갔지만 극단은 곧 해산되었고, 그 인연으로 1924년 부산에 설립된 조선키네마주식회사에 들어가 처음 영화를 접한다. 재조선 일본인들이 만든 조선키네마주식회사는 <월하의 맹서>를 연출한 윤백남 감독, 조감독 이경손과 배우 안종화·김태진·주인규 등이 소속되어 있었다. 이곳에서 나운규는 <운영전>雲英傳(윤백남, 1925)의 단역 가마꾼으로 영화에 첫 출연을 하게 된다. 이후 그는 서울로 올라와 윤백남프로덕션의 <심청전>(이경손, 1925)에서 심봉사 역을, 조선키네마프로덕션의 <농중조>籠中鳥(이규설, 1926)에서 주연을 맡으며 이름을 알린다.

1 <아리랑>(1926) 촬영 현장에서 찍은 기념사진(가운데 어린이를 안고 있는 이가 나운규, 카메라 바로 왼쪽이 배우 신일선)
2 한국영화의 신화가 된 인물 나운규

2

그의 다음 작품이 바로 <아리랑>이다. 이 영화에서 그는 주연뿐 아니라 각본·감독을 맡으며 천재적 예술성을 발휘했다. 나운규의 <아리랑>은 이경손 등 선배 감독들이 일본 신파영화의 화법을 참조해 영화를 만들던 시기에 그 영화들과는 다른 방향을 모색했다는 점에서 특별하다. 당시 조선인 관객들은 화려한 볼거리를 담은 물량 공세와 스케일 큰 액션 장면으로 긴장감을 자아내는 할리우드 영화에 열광했고, 이에 익숙해지면서 점차 영화 감식안도 높아졌다. 연출 기회를 잡은 나운규는 어떻게 하면 서구영화의 활극 장면을 경제적으로 연출할 수 있을지 고민했고 조선 사람들의 감정을 쥐락펴락하는 독창적 스토리까지 고안해 냈다. 대중이 선호하는 활극과 비극을 직조한 동시에, 식민지 조선의 상황을 상징과 비유가 담긴 이야기로 녹여 민족 감정을 건드린 것이다.

특히 "전 조선영화를 통하여 가장 우수한 장면"(《동아일보》 1926년 10월 7일)으로 기록된 '사막의 환상' 장면은 단연 이 영화의 압권이다. 한 나그네(나운규)가 여자(신일선)를 취하려는 악마 같은 상인을 살해하는 이 장면은 영진(나운규)이 여동생 영희(신일선)를 겁탈하려는 지주의 하수인 기호를 환상 속에서 살해하는 것으로 정확히 반복된다. 광인으로 설정된 주인공, 환상 속의 살인 등은 <아리랑>이 <칼리가리 박사의 밀실>(로베르트 비네Robert Wiene, 1920) 같은 독일 표현주의 영화의 영향을 받았음을 분명히 보여 준다. 이처럼 나운규는 할리우드 활극뿐 아니라 유럽 예술영화 등 동 시기 서구영화의 여러 요소를 포착하고 자신만의 것으로 소화해 내는 데 성공했다.

작품의 인물 구도 역시 분석해 볼 필요가 있다. 비록 영화 속 지주와 그 하수인을 조선인으로 설정하기는 했으나, 민중을 괴롭히는 자본가계급의 폭압적 행태를 당시 조선인 관객이 어떻게 받아들였을지 짐작하기란 어렵지 않다. 전국 각지의 조선 사람들이 영화라는 매체를 처음 접한 계기가 <아리랑>이었다고 할 정도로 이 영화는 들불처럼 퍼져 나갔다. <아리랑>은 민족영화가 되었고, 조선 무성영화의 대표작으로 한국영화사의 신전에 올랐다.

마지막으로 <아리랑>의 실제 감독에 대한 논쟁을 짚어보자. 사실 개봉 당시 이 영화의 광고는 쓰모리 슈이치津守

5

6

7

恭─라는 일본인을 감독으로 기록하고 있다. 학계에서 논쟁이 촉발된 결정적 근거인 셈이다. 하지만 당시 조선의 영화인들이 영화를 만들려면 재조선 일본 영화인의 자본과 기술을 빌릴 수밖에 없었던 현실을 생각해야 한다. 비록 일본인이 촬영 현장의 지휘권을 가지고 있었다 하더라도, 조선인 관객을 위한 각본을 쓰고, 무성영화이지만 동작 연기로만 이루어지지 않았던 배우들의 조선어 대사 연기를 지도하는 것은 아무래도 조선 사람일 수밖에 없다. 즉 쓰모리가 설령 크레디트상의 감독이었을지라도, 각본을 쓰고 실질적 연출을 맡은 나운규에게 주목해야 한다. 또한 개봉 이후의 여러 기록이 나운규를 감독으로 고쳐 적었다는 점도 놓치지 말아야 한다.

이후 나운규는 조선키네마프로덕션을 통해 〈풍운아〉(1926), 〈야서(들쥐)〉(1927), 〈금붕어〉(1927)를 직접 연출하고 주연도 맡았다. 그리고 나운규프로덕션을 세워 〈잘 있거라〉(1927), 〈사랑을 찾아서〉(1928), 〈벙어리 삼룡〉(1929) 등 자신의 감독 및 주연작을 만들어 나갔다. 나운규는 모두 27편의 작품에 참여했다. 그의 주연작은 총 21편, 연출작은 총 18편이며, 주연 및 감독을 모두 해낸 작품은 16편으로 기록된다. 그가 남긴 마지막 작품은 1937년 오로지 감독직에 집중한 〈오몽녀〉이다.

3 〈아리랑〉장면 속의 나운규(가운데)
4 〈농중조〉(1926)의 나운규(왼쪽)
5 〈야서(들쥐)〉(1927)에서 정의로운 청년을 연기한 나운규
6 소설가 역을 맡았던 〈금붕어〉(1927) 속 나운규
7 나운규가 각본·감독·주연을 맡은 〈사랑을 찾아서〉(1928)의 한 장면

1927년

카프 영화운동의 부상과 몰락

단체 결성과
영화·간행물 제작 활동

한상언

러시아혁명의 여운이 짙게 깔려 있던 1920년대 초반 조선에서는 프롤레타리아 문학·예술 운동이 활발하게 전개되기 시작했다. 영화 부문에서는 고소설이나 일본 신파의 번안물이 아닌 당대 사회문제에 관심을 갖는 영화들이 등장했는데 나운규의 〈아리랑〉(1926), 황운의 〈낙원을 찾는 무리들〉(1927), 김태진의 〈뿔빠진 황소〉(1927), 심훈의 〈먼동이 틀 때〉(1927) 등이 이런 계열의 영화였다.

본격적인 프롤레타리아 영화운동은 1927년 조직된 조선영화예술협회에 가입한 연구생들을 중심으로 이루어졌다. 이들은 문필가로 이름을 떨치던 윤기정, 임화 등의 권유로 조선프롤레타리예술동맹 약칭 '카프'KAPF, Korea Artista Proleta Federatio에 가입했고 연구 기간이 끝난 후에는 본격적인 프롤레타리아 영화제작에 돌입했다.

카프의 영향하에 만들어진 첫 번째 영화는 김유영이 연출한 〈유랑〉(1928)이었다. 피폐한 농촌을 배경으로 한 이 영화는 남한산성 인근에서 촬영했다. 두 번째 영화는 강호가 연출한 〈암로〉(1929)였다. 이 영화는 〈유랑〉 제작 중 등장한 투자자와 강호가 새로운 조직을 결성해 경상남도 진주에서 만든 작품이다. 2편의 영화를 제작한 후 카프 영화인들은 본격적인 영화제작을 위해 서울키노를 조직하고 공장 노동자를 주인공으로 한 세 번째 영화 〈혼가〉(김유영, 1929)를 만들었다.

이즈음 카프 중앙위원회의 볼셰비키화 방침으로 영화인들도 함흥, 대구, 평양, 광주 등 각지로 흩어져 연극·영화 운동을 전개했다. 하지만 흩어지면 흩어질수록 영화제작은 요원했다. 카프 영화인들은 역량 강화를 위해 신흥영화예술가동맹을 조직하여 영화인들을 집결했다. 이들 진보적 영화인들은 신문사 기자들의 모임인 찬영회와 나운규로 대표되는 민족주의 계통 영화인들에 대한 비판을 강화하는 등 볼셰비키화 방침에 맞춰 움직였다. 하지만 카프 중앙위원회에서 신흥영화예술가동맹의 해산을 명령하자 김유영과 서광제 등이 이에 저항하면서 카프 영화부는 내분을 겪는다. 카프 영화부의 갈등은 신흥영화예술가동맹을 해산하고 대신 서울키노를 부활시키는 것으로 마무리되는 듯했다. 하지만 김유영이 만든 〈화륜〉(1931)에 대하여 윤기정과 임화 등이 맹렬한 공격을 개시하고, 서울키노를 분파라 비판하며 등장한, 청복키노가 제작한 〈지하촌〉(강호, 1931)이 상영 금지를 당하면서 영화운동의 기세는 한풀 꺾인다.

김태진, 강호 등 카프 영화인들은 기존에 해외문학파들이 맡아 하던 전문학교의 연극 서클을 접수해 운동의 새로운 기지로 삼으려 했다. 그러나 일본에서 출판과 배포가 금지된 간행물을 배포하려 했다는 이유로 김태진, 강호 등이 체포되는 소위 '우리동무' 사건으로 위기를 겪는다. 이것이 카프 제1차 검거 사건(1931)이다. 이를 계기로 좌익 단체에 대한 일제의 탄압이 거세지자 카프에서는 보다 대중적인 극단인 '신건설'新建設을 조직해 프롤레타리아 운동의 변화를 꾀했다. 신건설은 레마르크 원작의 〈서부전선 이상 없다〉와 같은 반전 작품을 공연하며 큰 주목을 받았다. 하지만 전주 공연 도중 단원들이 모두 체포되었고, 또한 이 공연을 빌미로 일제가 카프 영화인들까지 모두 체포함으로써 카프 활동은 결국 막을 내린다. 이것이 카프 제2차 검거 사건(1934)이다.

신건설 사건으로 좌익 인사들에 대한 전향 작업이 대대적으로 이루어지면서 카프 영화인들도 새로운 길을 모색한다. 일제의 침략 전쟁에 동조하는 영화 〈군용열차〉(1938)를 연출하여 발 빠른 변신을 보여 준 서광제 같은 인물도 있었다.

1   김유영이 연출한 〈혼가〉 광고지(왼쪽이 임화, 오른쪽이 추민)
2~5   카프의 일원이었던 강호, 김유영, 서광제, 김태진(왼쪽부터)

1935년

최초의 발성영화
\<춘향전\>

조선 사람들의 말소리가
스크린에 울려 퍼지다

정종화

2

1   문예봉(춘향 역)과 한일송(이도령 역)이 주연한
    토키영화 〈춘향전〉의 한 장면
2   〈춘향전〉 광고(《매일신보》 1935년 10월 4일)
3   1934년경으로 추정되는 경성촬영소 전경.
    이후 이곳은 조선 발성영화의 산실이 된다(뒷줄 중앙은 조수
    시절의 양주남 감독).
4   〈홍길동전 속편〉의 촬영 현장. 카메라와 연결된 마이크 장비
    로 동시녹음이 이루어졌음을 확인할 수 있다.

1927년 워너브라더스가 제작한 장편 토키 〈재즈 싱어〉의
성공으로, 할리우드 영화 산업은 본격적인 발성영화의 시
기로 진입했다. '활동사진'motion picture의 시대에서 '말하는
활동사진'talking picture 즉 '토키'talkie의 시대를 맞이한 것이
다. 조선에서는 할리우드 토키영화가 1930년 1월부터 북
촌의 상설영화관에서 상영되어 조선인 관객의 이목을 집중
시켰고, 무성영화에 머물러 있던 조선영화계 역시 토키 제
작을 새로운 도약의 기회로 주목한다.

    그 첫 번째 시도가 무성영화 최고의 스타 나운규와 최
초의 조선인 촬영기사 이필우가 의기투합한 〈말 못할 사
정〉에서 이뤄졌다. 둘은 1930년 내내 토키 제작을 모색했
지만, 안타깝게도 영화는 결국 성공하지 못했다. 당시 조선
영화계의 자본과 기술로는 역부족이었던 것이다. 이후 이

필우는 만주, 일본, 상하이를 바쁘게 오가며 토키 기술을
습득하려는 노력을 멈추지 않았고, 마침내 조선의 첫 번째
토키영화 〈춘향전〉(1935)을 성공시킨다. 물론 그 혼자만의
힘은 아니었다. 초라한 수준이었지만 일본인 흥행사 와케
지마 슈지로分島周次郎가 소유한 경성촬영소 시설이 기반이
되었고, 일본에서 그와 같이 토키 기술을 개발했던 나카가
와 다카시中川尭史가 들고 온 녹음 장비로 성공할 수 있었다.

    활동사진 시절 버턴 홈스가 조선의 풍광을 배경으로
조선 사람들이 나와 움직이는 장면을 찍은 것만으로도 관
객이 놀랐던 것처럼, 1935년 10월 4일 단성사에서 개봉
한 토키 〈춘향전〉 역시 조선인 관객들에게 큰 충격과 흥분
을 안겼다. 조선의 생활과 풍경이 지니고 있던 소리뿐 아니
라 조선 사람들의 말소리가 처음으로 스크린을 통해 들렸
던 것이다. 〈춘향전〉을 보고 듣기 위해 관객이 쇄도해 "상
영 초일부터 매일 매야 초만원의 성황을" 이뤘고, 조선영화
계 역시 활기를 회복했다. "조선어가 화면에 움직이는 조선
인의 입에서 들리는 것이 마치 양요리에 질린 사람에게 김
치 맛이 정답듯" 하는 1935년 10월 11일 자 《동아일보》
기사에서 토키 기술이 개척한 조선영화의 새로운 시장성을
엿볼 수 있다. 〈춘향전〉의 토키화 성공은, 이제 조선영화계
에도 기업이 생겨나야 한다는 '영화기업화론'이 이런저런
지면을 빌려 떠들썩하게 등장하는 계기가 되었다. 그리고
조선영화주식회사와 고려영화사라는 규모 있는 영화사의
설립이 이어졌다.

3

4

1937년

'조영'과 '고영', 양대 회사의 출현

영화제작 기반을 마련하기 위한
기업화 추구

정종화

1935년 첫 번째 토키 〈춘향전〉이 성공하며 조선영화계는 발성영화기로 들어섰고, 이후 '조선영화주식회사'(대표 최남주)와 '고려영화사'(대표 이창용)라는 양대 회사가 설립되면서 조선영화의 제작이 활기를 띤다. 조선영화주식회사(이하 '조영')는 광산 사업가 최남주가 1년여의 모색 끝에 1937년 7월 자본금 50만 원으로 설립했다. 사실 그는 1920년대 말부터 영화제작을 도모했는데, 처음 제작한 영화는 자신이 주연까지 맡은 〈꽃장사〉(안종화, 1930)였다. 이후 최남주는 금광업, 출판업 등에서 정력적인 사업가로 활동하다 영화계로 돌아왔다.

'조영'은 1938년 박기채의 연출로 창립작 〈무정〉(이광수 원작, 1939)에 착수했고, 1939년에는 일본영화계의 대형 스튜디오를 본뜬 의정부촬영소를 낙성했다. 스타 여배우 문예봉, 한은진이 100원의 월급을 받으며 전속으로 활동하는 등 직원 수만 80명이었다. 설립 초기 '조영'은 도쿄의 연극연출가 무라야마 도모요시村山知義를 불러들여 〈춘향전〉 제작을 진행하는 등 야심찬 행보를 보였으나 이후의 제작 상황은 순탄치 않았다. 〈대지〉(시드니 프랭클린Sidney A. Franklin, 1937)를 떠올리게 한다는 평가를 받은 〈새출발〉(이규환, 1939)과 김유영 감독의 유작 〈수선화〉(1940)까지 단 세 작품 제작에 그친 것이다. 조선 영화인들의 첫 번째 주식회사였던 '조영'은, 1942년 9월 일제 당국에 의해 단 하나의 국책영화사로 통합된 조선영화제작주식회사에 흡수되며 사라진다.

이창용의 고려영화사(이하 '고영')는 일제가 그리는 영화판을 한발 앞서 읽어 내는 기획력과 일본 본토와 만주까지 시장을 넓혀 제작하는 추진력으로 1930년대 후반의 조선영화계를 주도했다. 이창용은 현대영화로 치자면 '프로듀서'라 명명할 수 있는 조선영화계의 유일한 인물이었다고 해도 과언이 아니다. 그는 원래 나운규 영화의 촬영기사 출신으로, 토키 〈춘향전〉의 전국 배급권을 획득해 흥행에 성공하며 일약 전도유망한 배급업자로 변신했고, 1938년 11월 일본인 흥행사 소유의 경성촬영소를 인수하며 제작 기반을 마련했다. 이어 경성촬영소의 기재를 전부 옮기고 도쿄에서 새로 토키 시스템을 구입해 1939년 9월 고려영화사의 남대문촬영소를 만든다. 영화 〈수업료〉(1940)

와 〈집없는 천사〉(1941)의 실내 공간 장면을 여기서 촬영했다. 한편 '고영'은 만주영화협회와 일본 산에이샤三映社의 조선 지사이기도 했는데, 제작 부문은 따로 '고려영화협회'로 불렀다. '고영'은 1938년 창립작으로 착수한 전창근의 〈복지만리〉(1941)를 비롯해 최인규의 〈수업료〉(1940), 〈집없는 천사〉(1941), 방한준의 〈풍년가〉(1942) 등 일제의 식민 정책을 반영한 작품을 연이어 제작했다.

이창용은 일본영화 관계자 그리고 조선총독부 당국과 적극적으로 교섭하며 조선영화의 마지막과 함께했다. 그는 국책영화사 설립이 민간 수준에서 결정될 수 없음을 감지한 후 1941년 7월 '고영'의 모든 기자재를 일제의 조선영화제작주식회사에 넘긴 후 '고영'을 해산한다. 이로써 '조영', '고영'이라는 양대 회사를 중심으로 한 조선의 민간 영화제작은 막을 내린다. 두 회사에 소속해 영화에 대한 야망을 불태우던 영화인들도 대부분 조선영화제작주식회사에 입사해 군국주의 선전영화를 만드는 데 동참하게 된다.

1 〈수업료〉 세트 촬영 중인 고려영화협회의 남대문촬영소 내부
2 조선영화계의 기업화를 꿈꾼 '고영'의 이창용
3 '조영' 스튜디오 앞 〈새출발〉 제작진
4 '고영' 제작진(앞줄 오른쪽에서 두 번째가 촬영기사 이명우, 네 번째가 이창용, 그의 뒤 오른쪽이 진훈, 맨 앞에 앉아 있는 이가 배우 심영, 앞줄 왼쪽에서 네 번째가 전창근)

1   2   3

1930년대

조선영화
여배우 트로이카,
문예봉·김신재·김소영

배우이자 여성으로서
당대 조선 여성의 삶을 표현하다

이화진

1930년대 중반 조선영화계에서 눈에 띄는 변화는 문예봉으로 대표되는 새로운 세대 여배우들이 조선영화의 아이콘으로 부상했다는 점이다. 조선의 무성영화가 '나운규 사망'과 같은 상징적 사건과 함께 저물고, 기술적으로나 산업적으로나 변화하고 있는 조선영화에 대한 사회적 관심에 비례해 신진 영화인들에 대한 기대가 높아졌다. 발성영화 시대의 얼굴이 된 여배우들은 신문과 잡지 지면에서 소극적이나마 자신을 알리고 전문성을 평가받을 기회를 얻었다. 특히 문예봉, 김신재, 김소영은 저마다의 개성으로 조선영화의 여성 캐릭터를 구축하며 주목할 만한 필모그래피를 만들었다.

이규환 감독의 〈임자없는 나룻배〉(1932)에서 뱃사공 춘삼의 딸 역으로 데뷔한 문예봉은 최초의 조선어 토키영화 〈춘향전〉(이명우, 1935)의 주인공을 맡으며 조선영화의 얼굴이 되었다. 성봉영화원이 일본 신코키네마新興キネマ와 합작한 〈나그네〉(이규환·스즈키 시게요시鈴木重吉, 1937)에서는 주인공 복룡의 아내 '옥희'로 출연해 일본영화계에까지 그 이름을 알렸다. 이후 그는 '조선의 이리에 다카코入江たか子', '조선의 마를레네 디트리히Marlene Dietrich' 등으로 불리며 조선영화계를 대표하는 여배우로서 굳건히 자리매김했다.

결혼과 함께 스크린을 떠난 과거의 여배우들과 달리, 문예봉은 극작가 임선규와 결혼한 후에도 왕성히 활동했다. 오롯이 가정경제를 책임졌던 그에게 배우라는 직업은 '은막 스타'의 화려한 삶과는 거리가 있었다. 문예봉은 검소한 습관이 몸에 밴 데다 "좀 더 공부해서 영화예술을 진정으로 이해할 수 있도록 노력"하고 싶다고 자주 이야기할 정도로 성실한 연기자였으며, 성봉영화원 동인으로 참여할 만큼 적극적으로 활동하는 영화인이었다. 이런 생활 태도는 '정숙한 현모양처'와 '모범적 영화인'이라는 문예봉의 이미지를 강화하는 동시에, 그동안 여배우들을 결박해 온 무식·사치·허영·방종 등의 타락한 이미지로부터 그를 완전히 분리하는 효과를 가져왔다.

일제 말기 식민지 주민의 전쟁 동원을 위해 제작된 선전영화에서 문예봉의 이미지는 스크린 안팎에서 선전 효과를 증폭하는 데 이용되었다. 그러나 〈나그네〉에서 떠나는 남편을 말없이 배웅하는 '옥희'의 이미지가 〈지원병〉(안석영, 1941)의 '분옥'으로 전유되었을 때 그 슬픔과 비애의 정서는 제국의 전쟁에 출정하는 식민지 청년의 표정에서 비감悲感을 읽게 만든다. 이런 비애의 정서는 조선인 관객을

1 문예봉은 최초의 조선어 발성영화 〈춘향전〉의 주인공을 맡으며 스타로 부상했다.
2 〈심청전〉으로 데뷔한 김신재는 선전영화에서 독보적 위치를 차지했다.
3 김소영은 연극 무대에서 단련한 연기력으로 조선영화에 입성한 뒤 1940년대 말까지 활약했다.
4 〈미몽〉 속 문예봉

4

극장으로 끌어들이는 데는 유효할지라도, 애초 선전영화가 목표하는 바는 아니었다.

이와 대조적으로 명랑한 이미지로 선전영화에서 활약한 배우가 김신재였다. 〈심청전〉(안석영, 1937)으로 영화계에 발을 들인 이래 〈도생록〉(윤봉춘, 1938), 〈애련송〉(김유영, 1939), 〈무정〉(박기채, 1939)으로 인지도를 넓힌 김신재는 남편 최인규 감독의 〈수업료〉(최인규·방한준, 1940)와 〈집없는 천사〉(1941)에 출연하며 더 주목받았다. 이후 이마이 다다시今井正가 연출하고 최인규가 협력한 〈망루의 결사대〉(1943) 그리고 〈사랑과 맹서〉(최인규, 1945)에서 김신재는 유창한 일본어 연기로 '총후銃後의 조선 여성'을 구현해 선전영화에서 독보적인 자리를 차지했다.

문예봉과 김신재가 영화인으로서나 가정부인으로서나 모범적 이미지를 구축했던 것과 달리, 김소영은 연극 무대에서 단련된 연기력에도 불구하고 평탄치 못한 사생활 때문에 제대로 평가받지 못했다. 〈심청전〉에서 호연했던 김소영은 최인규 감독의 〈국경〉(1939)에서 색주가를 전전하며 타락해 가는 '영자' 역을 통해 요염하면서도 애수를 자아내는 연기로 주목받았다. 그러나 이후 좌익 평론가 추민과의 이혼, 감독 최인규, 무용가 조택원 등과 불거진 스캔들은 김소영을 남편과 아이를 버리고 남자들을 이용하며 옮겨 다니는 부도덕하고 방종한 요부妖婦로 낙인찍었다. 가족의 생계를 책임졌던 문예봉, 남편의 잦은 외도에도 묵묵히 가정을 지킨 김신재의 삶도 녹록지 않았을 테지만, 가부장제 사회에서 가정이라는 굴레는 여배우의 평판을 지켜 주는 울타리이기도 했던 것이다. 김소영 역시 〈그대와 나〉(허영, 1941), 〈거경전〉(방한준, 1944) 등 선전영화에 출연했지만 '현모양처'의 표상은 그의 것이 아니었다. 영화 〈반도의 봄〉(이병일, 1941)에서 '춘향'의 조선적 미美와 일본으로 떠나는 신예 배우 '정희'가 품은 근대적 가치의 교차를 보여 주는 김소영의 연기는 가정에 머물지 않았던 그 자신의 위치와 연관 지어 살필 수도 있을 것이다.

문예봉, 김신재 그리고 김소영, 세 배우는 조선영화제작주식회사의 조선인 제작진이 총출동한 〈조선해협〉(박기채, 1943)에 함께 출연했다. 공교롭게도 조선영화가 일제의 선전 미디어로 도구화될 때 활동한 이들의 필모그래피의 상당 부분은 선전영화로 채워졌는데, 그중 〈조선해협〉은 선전영화 중에서도 공전의 흥행을 기록한 화제작이다. 이 영화에서 문예봉은 출정한 남편 세이키成基를 기다리는 긴슈쿠錦淑로, 김신재는 세이키의 동생 기요코淸子로 출연했다. 허락받지 못한 결혼이라 홀로 아들을 출산하고 공장에서 과로로 쓰러지는 긴슈쿠, 그런 그를 '병사의 가족'으로서 따뜻하게 감

5

싸 안는 기요코를 두 배우가 각각 연기함으로써, 문예봉의 '정숙한 현모양처' 이미지와 김신재의 '명랑한 누이' 이미지는 '병사의 가족' 안으로 포섭된다. 이 영화에서 김소영은 마지막 장면에 '간호부' 역으로 등장해 부상당한 세이키와 함께 조선해협 너머를 바라본다. '병사의 가족'이 되는 것이 그에게는 허락되지 않는다는 듯 바다 너머는 아득히 멀다.

　세 여배우는 해방 후 각자 다른 길을 걸었다. 아이로니컬하게도 해방 후 그들의 행로는 냉전의 지형 안에서 세 가지의 선택지를 보여 준다. 문예봉은 임선규와 함께 월북해 인민 배우가 되었고, 김신재는 한국전쟁 중 최인규가 납북된 후 남한에서 배우 생활을 이어 갔다. 그리고 1948년 무용가 조택원과 함께 도미渡美했던 김소영은 이혼 후에도 미국에 남아 돌아오지 않았다.

5　촬영 현장의 김소영
6　〈망루의 결사대〉 촬영 현장에서 하라 세쓰코(오른쪽)와 함께한 김신재

6

씨나리오

透明人의 最后

韓國映畵撮影所 作品

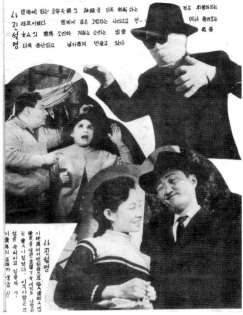

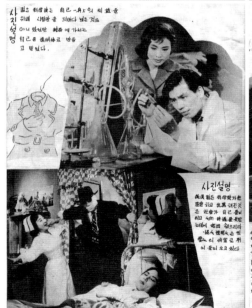

1930년대

'트릭 촬영의 일인자'
이창근 감독

독자 개발한 기재로
특수촬영을 시도

공영민

한국영화사에 화려한 족적을 남기지는 않았지만 기재器材 개발과 특수촬영에 힘을 쏟으며 '트릭trick 촬영의 일인자'로 불린 이가 있다. 1932년 무성영화 〈돌아오는 영혼〉부터 1969년 컬러 시네마스코프 〈마법선〉까지 40여 년에 걸쳐 영화 기술의 발전과 특수촬영에 대한 열정을 보여 준 감독 이창근이다. 미국 미첼 카메라의 이름을 본뜬 국산 카메라 '코첼'과 촬영 시스템을 독자 개발한 이창근 감독은 1960년 작 〈투명인의 최후〉에 출연한 배우 이민의 표현처럼 한국 영화계의 독보적 '발명가'였다. "무형무시無形無視의 마력魔力 영화"라는 홍보 문구와 함께 특수촬영을 전면에 내세운 〈마법선〉을 자신의 영화 인생 40주년 기념작으로 삼은 것도 그가 영화를 처음 연출한 해가 아니라 영화 기재 개발을 시작한 시기에 의미를 둔 것이었다.

1929년 도쿄의 전기학원 유학 시절 우연히 시대극 촬영을 구경한 후 영화에 관심을 갖게 된 이창근은 고향인 평양으로 돌아와 카메라를 만들기 시작했다. 몇 년의 노력 끝에 완성한 카메라는 우리나라에서 만들었다는 의미를 담아 훗날 '코첼 1호'라 이름 붙였다. 평양 창전리 자택에서 '서선西鮮키네마'를 창립한 이창근은 코첼 1호로 〈돌아오는 영혼〉을 만들었는데, 극중 "북간도에서 죽은 조선인의 영혼이 압록강 철교 위로 날아오는 모습을 특수촬영" 했다. 발성영화 시대를 맞이해 다시 한번 기재 개발에 들어간 이창

근은 몇 년의 노력 끝에 코첼 2호와 발성영화 시스템을 완성해 〈처의 모습〉(1939)을 내놓았다. 〈처의 모습〉이 평양뿐 아니라 전국에서 흥행에 성공하자 그는 촬영과 후반 작업 시설을 갖춘 150평 규모의 '동양토키영화촬영소'를 창립했지만 1942년 일제의 조선영화사 통합 조치로 문을 닫고 말았다.

몇 년의 공백기를 지나 1948년 월남해 기록영화 〈북한의 실정〉(1949)을 연출한 이창근은 한국전쟁 후 코첼 3호를 제작해 본격적으로 영화 일을 재개했다. 기록영화 〈건국십년〉(1954)을 시작으로 〈인생화보〉(1958), 〈세 쌍동〉(1959), 〈투명인의 최후〉(1960), 〈마법선〉(1969) 등을 연출했고, 〈암흑을 뚫고〉(신현호, 1960), 〈춘향전〉(홍성기, 1961)의 현상과 〈애정삼백년〉(윤봉춘, 1963)의 촬영을 맡는 등 영화계에서 다양한 활동을 했다.

일제강점기부터 1960년대까지 활동한 이창근의 영화 이력에서 무엇보다 주목할 점은 영화 기술을 드러낼 수 있는 특수촬영에 꾸준한 관심과 노력을 기울였다는 것이다. 무성영화 시절부터 특수효과를 활용해 '신기한 활동사진'을 보여 주려 했던 그는 이후의 작업에서도 자신이 개발한 기재를 선보일 방법을 택했다. 공상과학영화라는 것을 전면에 드러낸 〈투명인의 최후〉를 제외한 나머지 영화들이 형식상으로는 통속 장르를 취하는 듯해도 그의 영화에서 가장 중요한 부분을 차지하는 것은 특수촬영이었다. 따라서 서울이 아니라 '지역'에서 영화를 시작해 독자적으로 기재를 개발하고 비주류 장르의 영화를 지속적으로 시도한 이창근은 한국영화사의 여러 측면을 들여다보는 데 중요한 인물이라 할 수 있다.

2

1   시나리오북 형식으로 만든 〈투명인의 최후〉의 홍보물
2   '특수촬영' 기술에 각별한 관심과 노력을 기울였던 이창근 감독

1946년

광복영화에 불 댕긴 <자유만세>

해방 후 제자리 찾기 고심한
영화계

조준형

일제강점기의 오랜 질곡이 끝나고 해방이 되었으나 영화 산업은 제자리를 찾지 못했다. 남북한 분단과 이데올로기 대립으로 대한민국 전체가 극심한 혼란에 휩싸인 가운데, 새로운 영화 체제의 성립은 쉽지 않았다. 분단된 남한의 통치를 맡은 미 군정 당국은 남한인들이 일본 군국주의에 물들었다고 생각해 민주주의 교육을 무엇보다 우선시했고, 이에 따라 한국 상업영화 제작보다는 교육용 뉴스영화 및 계몽영화의 제작과 할리우드 영화의 보급에 그나마 제한된 자원과 시설을 집중 지원했다.

이러한 상황에서도 소수지만 극영화 제작이 이루어진다. 특히 <불멸의 밀사>(서정규, 1947), <삼일혁명기>(이구영, 1947), <윤봉길 의사>(윤봉춘, 1947) 등 항일영화 혹은 광복영화가 상당수 제작된 것은 해방 이후의 분위기를 감안할 때, 어쩌면 당연하다 하겠다. 이러한 광복영화에 불 댕긴 영화가 최인규의 <자유만세>(1946)였다. <자유만세>는 이규환의 <똘똘이의 모험>(1946)과 함께 해방 이후 공개된 최초의 극영화 중 하나로 알려져 있다. 광복 직전인 1945년 8월을 시간적 무대로, 경성 내에서 항일 혁명 봉기를 주장하는 한중(전창근)의 활약과 그의 비장한 죽음을 담은 이 영화는 당대 관객과 평자들에게 좋은 반응을 얻었다.

그런데 이 영화의 반전反轉은 감독에 있다. <수업료>(1940), <집없는 천사>(1941) 등 최인규 감독이 만든 초기

주요 작이 내선일치를 강화하는 내용을 담아 친일 혐의를 받고 있고, 1944년과 1945년에 만든 <태양의 아이들>과 <사랑과 맹서>는 노골적인 친일영화였기 때문이다. 그런 최인규가 해방이 되자 태도를 바꾸어 이 <자유만세>로 시작해 <죄없는 죄인>(1948)과 <독립전야>(1948)까지 '광복영화 3부작'을 연출한 것이다. 나아가 <자유만세>의 촬영감독 한형모는 최인규가 연출한 2편의 친일영화에 촬영감독으로 참여한 바 있다. 말하자면 '광복'을 기치로 내건 해방 후 한국영화사의 출발은 아이로니컬하게도 이미 친일의 역사에 오염되어 있었다. 이는 당시 친일 청산이 제대로 이루어지지 못한 채 출발했던 해방 후 한국영화사, 나아가 한국현대사의 상황을 잘 보여 준다. 개봉 당시 이 영화의 상영 시간은 70분을 넘었던 것으로 보이나, 현재 한국영상자료원에는 50분가량의 분량만 남아 있다.

1 <자유만세>의 한 장면
2 <자유만세>의 포스터
3 감독 최인규

1949년

해방 후 북한에서 활약한 영화인들

<마음의 고향>의 윤용규 감독,
여배우 문예봉과 김연실…

한상언

1949년 윤용규 감독은 함세덕의 희곡 『동승』을 원작으로 <마음의 고향>을 연출했다. 이 영화는 뛰어난 영상미와 종교적 사유를 바탕으로 그해 가장 뛰어난 영화로 손꼽혔다. 하지만 한국전쟁 발발 이후 월북 작가와 예술가의 작품을 접하는 것이 금지되자 이 영화는 남한에선 볼 수 없는 영화가 되었다. 영화를 연출한 윤용규 역시 잊힌 이름이 되었다. 전쟁 중 북한으로 가 그곳에서 영화를 만들었다고만 알려졌을 뿐 오랫동안 알 수도 없고 알아서도 안 되는 위험한 존재였다.

한국영화사에서 주요하게 언급되는 영화인 중 해방과 전쟁 사이에 북한에서 활약하며 인프라가 구축되지 못한 북한영화의 토대를 닦은 인물들이 많다. <마음의 고향>을 연출한 윤용규를 비롯해 이 영화에 출연했던 남승민, 최운봉, 김선영 등도 전쟁 중 북한으로 가 그곳 영화에 출연했다.

해방 이후 북한에서 활약한 영화인을 '월북영화인'이라 부른다. 월북영화인이라 부르는 인물 중에는 해방 전부터 북한에서 살던 인물도 있다. '재북영화인'이라 부를 수 있는 이들로는 나운규의 <아리랑>(1926)에 출연했던 주인규와 이규설, 영화배우이자 가수로도 유명했던 강홍식, 도쿄학생예술좌를 이끌던 주영섭 등을 들 수 있다. 이 중 주인규는 북한영화의 총책임자로 북조선영화동맹 위원장, 북조선국립영화촬영소 총장 등을 지냈으며 강홍식은 북한 최초의 예술영화 <내고향>(1949)을 연출했고 <금강산 처녀> 등을 연출한 주영섭은 평양영화대학교 교원으로 활동했다.

재북영화인의 수는 많지 않았다. 영화인 대부분이 서울을 중심으로 활동했기에 초기 북한영화계에서 중요한 역할을 담당했던 영화인 대다수는 서울에서 올라간 월북영화인이었다. 예를 들어 연출가로는 윤용규, 박학, 전동민, 민정식, 정준채 등이 확인되며 남배우로는 심영, 황철, 최운봉, 남승민, 독은기, 김동규 등이, 여배우로는 3,000만의 연인으로 불렸던 문예봉을 비롯해 김연실, 문정복, 김선영, 박영신 등이 확인된다. 그 밖에도 시나리오 작가로는 카프 출신의 추민을 비롯해 도쿄학생예술좌 출신의 윤두헌과 서만일이, 영화미술가로는 강호, 김혜일, 최연해 등이 기억할 만한 인물이다.

한국전쟁 이후 30여 년 동안 일제강점기 한국영화사에서 중요한 위치를 차지했던 영화인들을 월북해 활약했다는 이유로 제대로 언급할 수 없었다. 일제강점기의 대표작이라 할 수 있는 영화 <아리랑>조차 주인규, 김태진, 이규설 등 영화에 출연했던 인물들이 북에서 활약하고 있다는 이유로 남한에서는 상영될 수 없었다. <아리랑>이 그러했으니, 1950년 이전에 제작된 한국영화 대다수는 상영할 수 없는 영화였다.

한국전쟁 시까지 존재하던 많은 수의 일제강점기 필름들이 사라질 수밖에 없었던 것도 이들 영화가 '가지고 있으면 안 되는' 위험한 영화였기 때문이다. 문제의 소지가 있는 영화는 부분적으로 삭제한 채로 공개하는 경우도 있었다. <자유만세>(최인규, 1946)는 그렇게 해서 필름이 남을 수 있었다. 영화 속에 등장하는 박학과 독은기 등 월북 배우들의 클로즈업 장면을 삭제하고 비슷한 외모의 다른 배우들로 다시 찍은 필름을 삽입하는 등 문제가 될 법한 부분을 제거하고 녹음을 새로 하고 나서야 이 필름은 상영될 수 있었다. 1946년 공개될 당시 관객들을 흥분시켰던 그 영화가 아니라 누더기가 된 불완전한 영화가 되고 나서야 한국영화사의 정전에 위치할 수 있었던 것이다.

1988년 월북 작가와 예술인에 대한 해금 조치가 이루어졌을 당시, 그때만 해도 남아 있는 필름을 찾을 수 없어 월북영화인 해금은 큰 주목 대상이 아니었다. 1991년 윤용규 감독이 연출한 <마음의 고향>이 프랑스에서 발견되었을 때도 윤용규 감독보다는 원작자인 함세덕과 주연 배우 최은희가 더 주목받았다. 윤용규 감독에 대해서는 알려진 것이 별로 없었기 때문이다.

2000년대 중반 이후 외국의 아카이브에서 일제강점기 필름이 대거 발견되었다. 기억 속으로 사라진 영화인들의 행적을 발굴하는 것은 한국영화 100년에 즈음해 중요한 사명이다. 지금부터라도 북으로 간 영화인에 대한 관심과 조명이 필요하다.

1 <마음의 고향> 촬영 현장(둘째 줄 맨 왼쪽 맨 처음의 넥타이 맨 이가 윤용규 감독, 앞줄 왼쪽에서 다섯째부터 김선영, 변기종, 최은희, 유념)
2 뛰어난 영상미와 종교적 사유를 바탕으로 한 <마음의 고향> 연출 후 한국전쟁 중 월북한 윤용규 감독
3 배우 문예봉

한국영화,
전쟁을 딛고 비상하다

한국전쟁 이후 한국영화는 질적·양적 성장을 거듭한다.

정치적·제도적 변화 속에서 역량 있는 감독과 스타를 배출하고

다양한 장르를 시도하며 화려한 황금기를 맞는다.

1950 — 1953년

포탄 세례 속에서도
멈추지 않은 카메라

한국전쟁 시기 기록영화 제작과
피란 도시에서의 영화제작

정종화

해방 이후 열악한 제작 환경에도 불구하고 영화인들은 '한국'영화를 찾아 나아가는 데 열중했다. 1948년 22편, 1949년 20편이라는 제작 편수는 당시 영화계가 어느 정도 안정을 얻었음을 말해 준다. 하지만 1950년 발발한 한국전쟁으로 그나마 일궈 낸 영화 산업은 원점으로 돌아간다. 민족상잔의 비극 앞에서 10여 편이 진행되던 촬영 현장은 곧바로 중단되었고, 영화인들 역시 피란민들과 같이 뿔뿔이 흩어질 수밖에 없었다.

주목할 부분은 영화인들이 곧 다시 집결했고 영화제작에도 착수했다는 점이다. 1·4후퇴 이후 영화인들은 각각 국방부 촬영대, 공군 촬영대, 육군본부 촬영대, 해군 촬영대 등 군과 미 공보원, 대한민국 공보처 등의 관에 소속되어 뉴스영화와 기록영화를 만드는 것으로 영화 현장에 복귀한다. 이른바 종군 활동으로 영화 작업을 이어 간 것이다. 한국전쟁 시기에 제작된 기록영화 중 유일하게 남아 있는 작품은 국방부 정훈국 촬영대가 만든 〈정의의 진격〉(1951, 1952) 2부작이다. 3년여에 걸친 〈정의의 진격〉 제작기는 전쟁기 한국영화사의 집약이라 해도 과언이 아닌데, 그 출발점은 한형모 감독이 흰 광목천에 검은 글씨로 직접 '국방부 촬영대'라고 쓴 완장을 만들어 차고 전장으로 촬영을 나간 것이다. 미 보병부대의 전투를 취재하던 촬영감독 김학성과 이성춘이 박격포탄에 맞아 부상을 입는 등 한국영화사에 다시없을 열악한 상황에서도 영화인들의 역량을 여실히 보여 준 작품으로 기록된다.

기록영화만이 아니라 극영화도 기적적으로 생명을 이어 갔다. 서울이 아닌 대구, 부산, 마산 등 피란 도시에서 영화가 만들어진 것 역시 한국전쟁으로 인한 주목할 만한 특징이다. 특히 전쟁 발발 전에 서울에서 촬영을 시작했던 신상옥 감독의 데뷔작 〈악야〉(1952)는 배우가 모이면 촬영을 이어 나가는 방식으로 촬영하여 대구에서 마무리를 했다. 당시 신문 지면은 "한국의 할리우드"라는 아이로니컬한 표현으로 피란 도시 대구의 영화제작 열기를 주목하고, 〈공포의 밤〉(손일포, 1952), 〈태양의 거리〉(민경식, 1952), 〈베일부인〉(어약선, 1952), 〈청춘〉(이만흥, 1953) 등의 제작 소식에 지면을 할애했다. 지역의 영화제작 열기는 부산도 예외가 아니었다. 〈낙동강〉(전창근, 1952)과 〈고향의 등불〉(장황연, 1953) 등이 경상남도 공보과의 후원으로 제작되었다. 한편 제2육군병원의 후원을 받은 〈삼천만의 꽃다발〉(신경균, 1951)은 마산을 거점으로 만들어졌다. 이처럼 한국전쟁기는 영화제작의 중심이 잠시나마 서울에서 지역으로 이동했던 한국영화사의 유일한 시기다.

전쟁이라는 악조건과 수공업 수준의 장비와 시설에도 불구하고 1950년부터 1953년까지 영화계는 뉴스 영화와 기록영화만이 아니라 17편의 극영화를 제작해 한국영화의 맥을 이었다. 한국전쟁 기간 영화인들이 보여 준 고군분투는 1954년 이후 한국영화계가 곧바로 가동하는 데 기반이 되었다.

1 전황을 기록 중인 한형모 감독. 왼팔의 마크는 당시 U.N. 특파원 소속임을 말해 준다.
2 한국전쟁 시기의 한형모 감독(오른쪽)
3 국방부 장관으로부터 금성화랑무공훈장을 받고 있는 김학성 촬영감독. 부상을 입어 목발을 짚고 있다.

1955년

한국 최초의 여성 감독, 박남옥

고군분투 끝에
데뷔작 <미망인>을 완성하다

임순례

한국영화 100년의 역사에서 최초의 여성 감독으로 등장했던 박남옥 감독이 2017년 별세했다. 한국영화 역사에 단 1편의 감독작을 남겼지만 '박남옥'이라는 이름 앞에 붙는 '최초의 여성 감독'이라는 수식어는 작품만으로 다 설명할 수 없는 의미와 상징성을 갖는다.

박남옥 감독이 1950년대에 최초의 여성 감독으로 활동한 사실이 대중에게 알려진 것은 1997년 제1회 서울국제여성영화제에서 복원 상영한 <미망인>(1955)을 통해서다. 당시 이 영화는 한국 최초의 여성 감독의 영화라는 역사적 사실만이 아니라, 박남옥 감독이 고무신과 한복 차림에 포대기로 아이를 들쳐 업은 채 연출한 촬영 현장 사진으로 더 화제였다. 그리고 아이를 업은 여성 감독의 이야기는 그제야 한국영화 역사에 제대로 기록되기 시작했다.

박남옥 감독이 <미망인>을 준비하던 1950년대 중반, 여성 감독에게 선뜻 연출을 제안하는 제작자는 없었다. 결국 그는 경제력 있는 손위 언니의 도움을 받아 제작비를 스스로 조달했고 영화에 참여할 스태프도 자신의 인맥을 동원하고 밥을 팔아 가며 어렵게 꾸릴 수밖에 없었다. 어린 딸을 맡길 데가 없어 포대기에 업고 현장으로 나가야 했고, 제작비를 아끼려고 직접 밥을 지어 스태프를 먹이며 영화를 찍었다. 영화 후반 작업은 "녹음실에 아침부터 여자가 드나들면 재수가 없다"라는 비아냥거림을 견뎌 내며 가까스로 마쳤다.

2000년대 초반에 초기 여성 영화인들의 발자취를 좇는 다양한 프로젝트를 통해 박남옥과 그의 뒤를 이어 감독 데뷔를 한 홍은원, 최은희, 황혜미, 이미례, 편집기사 김영희, 이경자 그리고 영화의상을 담당했던 이해윤 등이 조명받기 시작했다. 이들은 다큐멘터리 <아름다운 생존: 여성 영화인이 말하는 영화>(임순례, 2001)에서 1950~1980년대 보수적인 한국영화계에서 버텨 낸 자신들의 이야기를 전했다. 특히 박남옥 감독은 어렵사리 만든 <미망인>의 힘들었던 현장을 회고하면서도 영화에 대한 여전한 열정을 드러냈다. '최초'라는 타이틀의 무거운 짐을 짊어진 박남옥 감독의 용기 있는 시도 덕분에 그의 뒤를 이어 수많은 여성 감독이 더욱더 빛을 발할 수 있었다. 앞으로도 박남옥 감독은 '언제나 두 번째 영화를 꿈꾸었던 첫 번째 여성 감독'으로 기억될 것이다.

1 <미망인> 촬영 현장의 박남옥 감독(왼쪽)
2 1962년 도쿄에서 열린 아시아영화제에 참석해 김진규, 미후네 도시로(나비넥타이 맨 이)와 함께한 박남옥 감독
3 어린 딸을 포대기에 업고 촬영 현장에 나왔던 박남옥 감독

1955년

<피아골>을 둘러싼
용공 시비와 이중 검열

공산주의에 대한 비판성 결여라는
이유로 검열에 검열을 거듭

김종원

공산 유격대가 출몰하던 지리산 노고단과 반야봉 사이에 자리 잡은 피아골로부터 200여 리 떨어진 화엄사 부근에서 촬영한 이강천 감독의 <피아골>(1955)은 반공정신을 앙양한다는 당초 의도와는 달리 반공영화로 타당치 않다는 지적을 받았다. 문제가 된 것은 대체로 공산주의에 대한 회의와 비판성 결여, 빨치산 여주인공 애란(노경희)의 귀순 동기가 애매하다는 점이었다.

먼저 비판에 나선 것은 당시 국방부 정훈국장인 시인 김종문(「국산 반공영화의 맹점」,《한국일보》, 1955년 7월 24일)이었다. 그는 "첫째 빨치산들의 산 생활을 통해서 인간 본연의 존엄성을 역설적으로 표현하고 있으나 공산주의라는 '이즘'에 대해서는 적극적 비판이 없고, 둘째 자유와 반자유라는 상반된 두 세계가 대결하는 모습은 고의적으로 제외되고 있으며, 셋째 우리가 '어찌해서' 싸워야 하는가라는 이유와 또한 '어떻게' 싸우고 있는가라는 점에 대해서는 한 장면도 취급되지 않고 있다. 넷째 이 영화는 빨치산들을 영웅화하는 맹점을 갖고 있어 나이 어린 청소년을 위해서는 오히려 역효과를 가져올 위험이 있다"라고 비판했다. 영화평론가 이청기(「'피아골'에 대한 소견」,《한국일보》, 1955년 9월 2일)는 "일단 작품 정신이나 표현 기

능에 있어서는 우리 영화계가 아직 시도하지 못했던 새로운 독창적 영역"이라고 평가하면서도 "비록 여 빨치산 애란이 귀순하지만 무엇 때문에 산을 내려오는지의 계기와 극적 시튜에이션이 박약하고 애매하다"라고 비판했다.

검열 당국(문교부)은 '빨치산을 영웅화'한 것으로 간주되는 여섯 군데 장면을 삭제했다. 그러나 이번에는 내무부가 국방과 치안상 공개 상영은 좋지 않다는 이유를 들어 제동을 걸었다. 당초 예정했던 1955년 8월 24일 서울 국도극장 개봉이 그렇게 무산되고 말았다. <피아골>은 이런 난관을 겪고 거의 한 달 만인 그해 9월 23일에야 개봉했다. 제작자 측이 국책에 순응하겠다며 상영허가 신청을 취소하고 최종 검열 과정에서 불온하다고 지적받은 대사 일부를 다시 잘라 낸 결과였다.

---

1 <피아골> 촬영 현장. 배우 노경희와 호흡을 맞추고 있는 배우 김진규(왼쪽에서 두 번째).
2 <피아골> 촬영 현장(왼쪽부터 배우 노경희, 이강천 감독, 배우 김진규)
3 <피아골>의 한 장면

2

3

1956년

당대의 동양 최대 스튜디오, 안양촬영소

전후 재건 흐름 속
영화 부흥을 도모하다

조준형

1950년대 중·후반은 1960년대 영화 부흥의 기반이 마련된 시기였다. 특히 이 기간에는 극장과 촬영소(스튜디오)가 활발히 만들어져 향후 영화 부흥에 가장 중요한 토대가 되었다. 스튜디오의 경우 1956년 아시아재단이 후원한 정릉촬영소, 삼성영화사가 건립한 삼성스튜디오 등이 준공되었다. 안양촬영소는 1956년 공사에 들어가, 1957년 하반기에 준공했다. 3만 평 넘는 부지에 각각 400평과 300평 규모의 대형 스튜디오 공간 두 동, 세트 작업실, 현상소, 식당, 레코드 공장까지 갖춘 안양촬영소는 당대의 동양 최대 스튜디오로 불릴 만큼 대규모 시설과 장비를 자랑했다.

건립 및 운영은 수도영화사와 수도극장을 운영하던 홍찬이 맡았다. 홍찬은 이승만 전 대통령의 측근 중 한 사람이었다. 그래서인지 안양촬영소 상량식에서 이승만 전 대통령이 직접 축사를 했다. 건립 과정에서도 정부의 특혜가 있었던 것으로 보인다. 그러나 산업은행의 대규모 융자로 건립된 안양촬영소는 이미 공사 과정에서 재정 문제가 불거졌고, 1958년 준공 기념으로 야심차게 제작에 들어간 한국 최초의 시네마스코프 영화인 〈생명〉(이강천, 1958)이 흥행에 실패하면서 너무도 빨리 운영 불능 상태에 빠진다. 1960년 주채권자 산업은행이 잠시 선민영화사의 홍성기 감독에게 운영을 맡기기도 했으나, 1962~1963년 홍찬이 대표로 있던 범아영화사로 운영권이 다시 넘어갔다. 그러나 당시 기사를 참고할 때, 이러한 형식적 운영권과는 별개로 실제로는 운영이 제대로 되지 않고 거의 방치되다시피 했던 것으로 보인다. 그저 대형 스튜디오 촬영장으로 활용되다가 1964년 홍찬이 작고하면서 형식적인 관리인마저 사라지고 만다.

신상옥의 신필름이 방치되어 있던 안양촬영소를 인수한 것은 1966년인데 그 과정에서 김종필의 도움이 있었다고 전한다. 신필름은 인수 직후 안양영화예술학교를 설립, 1967년 3월 개교했고 1970년부터는 최은희가 이 학교의 교장을 맡았다. 신필름은 안양영화사를 설립하고 안양촬영소 시설을 태창 등의 영화사에 대여해 주며 충무로에서 영향력을 키웠다. 그러나 이미 재정적으로 열악한 상황에 놓여 있던 신필름은 안양촬영소 인수 직후부터 유지비를 제대로 부담하지 못하며 재정난에 시달렸고, 이로 인한 위기가 1975년 신필름의 영화사 허가 취소 시점까지 이어졌다. 그리고 최은희와 신상옥이 납북된 1978년 이후 안양촬영소는 사실상 그 기능을 다했다고 볼 수 있다.

1   공중 촬영한 안양촬영소 전경
2   안양촬영소 앞에서 포즈를 잡은 영화인들의 모습
3   1968년 7월경의 안양촬영소

1956년

한형모와
<자유부인>의 시대

당대 사람들의 변화하는
정서 구조 반영

조준형

1 촬영지인 댄스홀에서 포즈를 잡은 <자유부인>의
   스태프와 배우들의 모습(맨 앞 줄 왼쪽에서
   여섯 번째가 한형모 감독)
2 <자유부인>의 출연 배우들
3 <자유부인> 포스터

한국전쟁은 모든 것을 파괴했다. 한국에서만 200만 명 가까운 전사자, 실종자, 부상자가 발생했다. 건물과 기계 설비는 거의 50퍼센트가 파손되었고, 생산재는 전쟁 전의 40퍼센트 정도만이 유지되었다. 거대한 파괴와 디아스포라의 시대였다. 파괴된 것은 생명과 건물만이 아니었다. 생존자들에게 가해진 심적 충격과 트라우마는 외면적 파괴보다 더 깊은 상처를 주었을 것이다.

한국전쟁과 전후 복구 과정을 거치며 훨씬 강화된 미국의 영향력은 이 시기 한국 사회 구성원들의 의식 변화를 가져온 큰 동인 중 하나였다. 전후 피폐해진 경제를 40퍼센트 이상 지탱한 것은 미국의 원조 물자였다. 그리고 원조 물량만큼이나 미국의 영향력은 커져 갔다. 눈이 휘둥그레질 정도로 사람들 눈에 신기했던 미국산 물건들, 소비문화와 자유로움, 정치적 민주주의와 근대적 과학주의가 미친 영향하에서 한국의 대중은 부러움과 질투, 열등감이 뒤얽힌 복잡한 감정으로 미국을 선망하고 스스로를 부정해야 했다. 이런 상황에서 이기주의, 찰나주의, 향락주의, 물질주의가 강하게 나타났다.

정비석의 동명 소설을 원작으로 한 한형모 감독의 영화 <자유부인>(1956)은 이 같은 복잡한 당대 대중의 정서 구조와 가치관을 투영한다. 당시 논쟁을 불러일으킨 대학교수 부인의 춤바람이나 불륜 그리고 이러한 일탈에 대한 처벌 등 표면적 서사 이상의 의미가 영화 <자유부인>에는 존재한다. '부인'의 일탈을 처벌하는 것으로 영화는 끝나지만, 실제로 관객을 매료한 것은 점차 참화에서 벗어나 복구

3

되어 가는 화려한 서울의 중심가와 댄스홀, 호사스러운 양장품, 무엇보다 양장품을 두르고 화려한 거리를 활보하는 여성들로 상징되는 '자유'의 공기, 풍요로움, 화려함이었던 것 같다. 그리하여 이 영화 속에는 자유와 방탕에 대한 처벌의 욕망과 부러움과 질투의 감정이 공존한다. 이러한 불균질성이야말로 <자유부인>을 당대 삶의 복잡한 단면과 변화하는 정서 구조를 묘사하는, '현대극'이라는 장르 아닌 장르 영화의 선두주자로 만든 동인 중 하나였을 것이다.

<자유부인>의 감독 한형모는 일제강점기 말 최인규가 연출한 2편의 영화에서 촬영감독을 맡으며 영화계에 데뷔했다. 데뷔작이자 한국 최초의 반공영화 중 하나인 <성벽을 뚫고>(1949)와 한국전쟁기에 만든 다큐멘터리 <정의의 진격>(1부 1951, 2부 1952)을 포함해 20편의 영화를 연출했는데, 그중 12편의 영화가 1950년대에 만들어졌다. 여기에는 <자유부인>을 비롯해 스파이스릴러영화 <운명의 손>(1954), 전후 최초의 본격 로맨틱코미디영화 중 하나인 <청춘쌍곡선>(1956), 최초의 탐정스릴러 <마인>(1957)이 포함된다. 그에게 유독 최초라는 수식어가 따라붙는 것은 그가 단순히 한국영화사의 초창기에 활동한 감독이기 때문만은 아니다. 그는 이전에 없던 낯선 장르를 두려움 없이 시도하는 용기와, 이를 일정 수준 이상의 영화로 만들어 내는 기술적·미학적 능력, 대중의 기호에 대한 날카로운 감각을 모두 갖추고 있었다. 그런 면에서 한형모는 해방 후 한국의 대중영화 혹은 장르영화의 창시자라 해도 과언이 아닐 것이다.

1957년

아시아영화제와
한국영화의 해외 진출

아시아 국가 간 교류 확대와
한국영화 기반 조성에 역할

공영민

1950~1960년대 아시아영화의 교류와 협력의 장으로 자리했던 아시아영화제Asian Film Festival는 1954년 일본 다이에이大映영화사의 나가타 마사이치永田雅一와 홍콩 쇼브라더스Shaw Brothers, Ltd.의 런런쇼邵逸夫가 주축이 된 동남아시아제작가연맹Federation of Motion Pictures of Southeast Asia, FPSEA 산하 국제영화제로 설립되었다. 이 영화제는 동남아시아영화제라는 명칭으로 시작해 1957년 제4회부터 아시아영화제로 개칭한 후 1950~1960년대에 전성기를 누렸고, 1983년 제28회부터 아시아-태평양영화제로 명칭을 바꿔 운영하다가 2006년 제51회를 끝으로 막을 내렸다. 매년 회원국을 순회하며 개최된 아시아영화제의 주요 목표는 영화 산업의 공동 증진, 영화의 기술 및 예술성 향상, 영화를 통한 문화 교류 촉진과 참가국 간 친선 도모였으며, 경쟁 영화제 성격보다는 전시와 문화, 상업적 교류와 연대를 위한 비경쟁 영화제의 성격이 강했다.

한국은 1955년 싱가포르에서 열린 제2회 영화제에 아시아재단의 후원과 정부의 협조를 받아 옵서버로 참가한 후 한국영화제작가협회를 발족해 1956년 홍콩에서 열린 제3회 영화제부터 정식 회원국이 되었다. 1957년 도쿄에서 열린 제4회 영화제부터 영화를 출품했는데, 이해에 이병일 감독의 〈시집가는 날〉(1956)이 특별상인 '희극영화상'을 수상하자 아시아영화제에 대한 관심 또한 급격히 높아졌다. 김승호가 1960년 도쿄에서 열린 제7회 영화제에서 〈로맨스빠빠〉(신상옥, 1960)로, 1961년 마닐라에서 열린 제8회 영화제에서 〈박서방〉(강대진, 1960)으로 2년 연속 남우주연상을 수상하고, 1962년 제9회 영화제가 서울에서 국가 주도 행사로 개최되면서 아시아영화제에 대한 관심과 호응은 절정을 이루었다.

하지만 아시아영화제를 둘러싼 잡음도 끊임없이 제기되었다. 참가 초기부터 나온 출품작 선정 시비부터 수상작바터barter 시비 그리고 해외영화제 출품 및 수상의 보상책이었던 외국영화 수입쿼터제로 인해 영화제용 문예영화가 양산된다는 비판까지 다양한 문제가 부작용으로 지적되었다. 그럼에도 불구하고 아시아영화제가 한국영화의 해외 진출에 교두보 역할을 했다는 데는 이의가 없다. 한국영화계는 아시아영화제 참가를 계기로 아시아영화 산업을 시찰

2

하기 시작했으며 해외 교류로 쌓은 경험을 한국영화의 산업 기반 조성에 적극 반영할 수 있었다. 또한 한국·일본·홍콩이 공통 목표로 설정한 해외시장 확대는 적극적 연대의 계기가 되어 1950~1970년대에 다양한 합작영화 제작으로 이어졌다.

1 1960년 제7회 아시아영화제에서 수상한 뒤 귀국하는 영화인들(왼쪽부터 남우주연상을 받은 김승호, 국립영화제작소 영화과장 이성철, 제작자 성동호)
2 1955년 5월, 싱가포르에서 열리는 동남아시아영화제에 참석하기 위해 비행기에 오르는 영화인들(맨 앞이 감독 윤봉춘)
3 제7회 아시아영화제 참가자들이 일본 닛카쓰촬영소를 방문한 모습

異國情鴛

全部伊士曼七彩

邵氏製片廠 中韓合作奇情音文鉅
巨製

陳崔尹楊金美吳王劉屈華全
芸龍卿和南莎琦傑仁啓克昌
　峰　　　　　三志　光　根

林和秀
邵郵人

尤敏

金振奎

<이국정원>,
합작영화의 시작점

한국과 홍콩, 합작 역사를 시작하다

조영정

1957년 한국의 대형 영화사 한국연예주식회사와 홍콩의 쇼브라더스가 함께 영화를 제작하는 데 합의한다. 그리고 그해 6월 촬영에 들어간 <이국정원>異國情鴛은 한국의 전창근 감독과 홍콩의 도광계 감독 그리고 쇼브라더스가 최초로 시도하는 '이스트만 컬러'의 완성도를 높이기 위해 요청한 일본의 와카스키 미쓰오若杉光夫 감독이 공동 연출을 맡았다. 홍콩의 가수와 한국인 작곡가가 남매 사이인 줄 모르고 첫눈에 서로에게 빠져드는 애절한 사랑 이야기였다. 한국이 남자 주인공을, 홍콩이 여자 주인공을 내세우고, 한국과 홍콩을 오가는 촬영으로 제작비를 분담하며, 각자 시장의 판권을 소유하는, 외형적으로 공평해 보이는 공동 제작이었다. 그러나 새로운 시장을 얻고자 했던 양국 모두에 이 공평한 분배는 만족스러운 결과를 가져다주지 못했다. 그럼에도 <이국정원>은 이후 한국과 홍콩의 오랜 합작 역사의 시작점이 되었다.

1962년 서울에서 개최된 아시아영화제에서 신상옥의 <연산군>(1961)에 깊은 감명을 받은 쇼브라더스의 대표 런런쇼의 제안으로 신필름과 쇼브라더스는 5편의 영화를 합작하기로 합의했다. 1964년 <달기>로 시작하여, <대폭군>(1966), <흑도적>(1966), <철면황제>(1967)로 이어진 일련의 영화들은 쇼브라더스의 화려한 세트와 한국의 자연 풍광이 만나고, 한국과 중국 관객 모두에게 친숙한 중국의 설화와 역사를 소재 삼아 대규모 액션과 눈부신 의상으로 남다른 스펙터클을 선사했다. 그러나 당시 한국영화보다 3배 가까운 촬영 기간이 소요되는 합작영화의 제작비는 득보다 실이 많았다.

이후 합작영화는 변형된 형태로 계속 만들어졌다. 1954년부터 엄격히 제한되던 수입영화 편수는 1966년부터 스크린쿼터제 도입으로 더 강화되었고, 한국의 영화인이 참여한 작품들도 '합작'영화로 한국에 들어왔다. 한국에서 인기가 많던 홍콩 무협영화나 권격拳擊영화 장르로 홍콩과 타이완에서 활동한 정창화 감독과 장일호 감독이 연출하거나 남석훈·김기주·진봉진 같은 배우가 출연한 영화들이 수입영화가 아닌 한국영화로 소개되었다. 그러면서도 이 영화들이 홍콩과 동남아 등에서 상영되었다는 이유로 수출 실적을 인정받아 외국영화 수입권을 포상으로 받기도

했다. 이런 편법이 늘어나면서 합작의 역사를 이야기할 때 '위장합작'이 전면에 등장하는 오점을 남기기도 했다.

글로벌 시대를 살아가는 현재에도 합작영화는 그 이름을 달리해 존재한다. 공동 제작 혹은 글로벌 프로젝트라고 불리는 영화들이다. 우리나라가 제작국으로 포함되지 않더라도, 우리 감독과 배우가 연출하고 출연한 영화라면 반갑게 받아들이며 국경을 초월해 문화를 향유하고 있다. 이 열린 세상에서 합작영화의 역사 역시 다시 한번 되짚어야 할 주제일 것이다.

1·2   <이국정원>의 홍보 스틸 사진
3   <이국정원> 포스터

1957년

1950년대 후반 새로운 영화관들의 등장

국제극장 신축을 시작으로 한
극장계 전후 재정비

이지윤

그리 넓어 보이지는 않지만 푸릇한 생기를 전달하는 잔디밭과 그 사이로 솟은 나무들, 광장 한가운데의 분수대, 그 주위를 여유롭게 거닐거나 걸터앉아 휴식을 취하는 사람들, 분수대 뒤로 보이는 3층 높이의 대형 건물, 건물 외벽과 옥상에 걸린 영화 간판과 건물 꼭대기에 우뚝 선 네온 간판. 1962년 서울 세종로 네거리, 지금의 광화문 동화면세점 자리에 위치했던 서울의 대표 극장, 국제극장의 풍경이다. CGV와 롯데시네마, 메가박스 등 대기업 멀티플렉스 체인의 영화관이 익숙한 요즘 시각으로 보면 다소 생경한 풍경인데, 사실 1950년대 후반 시점으로 봐도 이것은 꽤 신선한 풍경이었다. 그도 그럴 것이 1950년대 초반까지만 해도 서울의 극장들은 일제강점기 때부터 운영되던 오래된 극장이 대부분이었기 때문이다.

1907년 개관해 민족의 대표 극장으로 자리매김한 단성사를 비롯해 1935년 개관해 약초극장이라는 이름으로 영업을 하다가 해방되고 나서 이름을 바꾼 수도극장, 1937년 황금연예관으로 개관해 해방 후 개칭한 국도극장 등이 있었지만 그마저도 한국전쟁과 함께 변화를 맞아야 했다. 한국전쟁 중 대구와 부산으로 피란민이 대거 유입되고 임시 수도가 부산에 마련되면서 흥행의 중심은 부산과 대구로 이동했고, 그 결과 1952년까지 서울의 극장들은 공백기에 가까운 시기를 보냈다. 휴전 후 흥행계가 다시 서울로 옮겨 왔지만 극장가의 지형은 예전 같지 않았다. 단성사나 국도극장처럼 전쟁 동안 무주공산이었다가 휴전 후 새로운 운영자를 만나는 '운 좋은' 극장도 있었지만, 잔혹한 전쟁을 겪으며 소실되거나 폐허가 된 극장도 있었기 때문이다. 따라서 흥행을 다시 시작하기 위해서는 무엇보다도 폐허의 공간을 재정비해야 했고, 경우에 따라서는 새로운 공간을 마련해야 했다.

이러한 배경에서 1957년 국제극장이 신축 개관했으며, 이 외에도 대한극장, 명보극장, 아카데미극장, 을지극장, 피카디리극장(당시 반도극장) 역시 1957~1959년경에 신축했다. 당시의 통계에 따르면 서울 시내 개봉관은 총 11개로 집계되는데, 그중 절반 이상인 6개 극장이 이 시기에 신축한 극장이다. 재개봉관까지 합한다면 서울 시내 48개 극장 중 34개 극장, 즉 70퍼센트 이상이 신축 극장이었다. 또한 이 시기 신축 개봉관들은 대체로 1,000석 이상을 보유한 대형 극장들로, 국제극장은 1,600석 규모, 대한극장은 2,000석 규모, 피카디리극장은 1,100석 규모를 자랑했다.

그러나 이들 신축 극장의 특징이 단순히 규모의 대형화로만 설명되는 것은 아니다. 당시 발간된 영화 잡지들이 앞다투어 '극장 탐방기'류의 기사들을 게재하는데, 이때 이 같은 신축 대형 극장들을 건물과 시설이 주는 현대적 감각이라는 면에서 긍정한다. 그중 국제극장을 예로 들어 보면, 한 기사는 "우연히 이루어진 극장 앞에 청수를 하늘 높이 내어 풍기고 있는 분수에 상쾌한 느낌"을 받았고 "우리나라 최초의 최신식 스타디움식 좌석 1,600석에 현출적인 감각을 맛보았"으며 "청결하게 정돈이 잘되어 있는 각 휴게실에는 차회 상연을 기다리는 신사숙녀로서 초만원을 이루고 있었고 모두 푹신한 안락의자에 걸쳐 앉아 아주 만족한 표정들"을 하고 있다고 전한다. 이는 1955년 지정좌석제와 교체입장제 도입 과정에서 겪어야 했던 진통 속에서 묘사되던 극장의 풍경, 이를테면 극장 곳곳에서 나는 코를 찌르는 화장실 냄새와 통제 불가능한 무료 입장자 등 비위생적이고 무질서했던 1950년대 중반까지의 극장과는 대비되는 풍경이다.

1 서울 세종로 네거리에 위치했던 국제극장의 1962년 5월 풍경. 이만희 감독의 〈살아있는 그날까지〉(1962)가 상영 중인 모습.

한편 이 시기의 극장들은 신문광고를 통해 자신들이 보유한 영사기와 대형 스크린을 대대적으로 홍보했다. 요즘 관점으로 보면 극장이 영사기와 스크린을 가지고 있는 것이 당연하건만 왜 호들갑이었을까 싶겠지만, 그 이전의 극장들이 영화 상영은 물론 연극·악극·가극 공연을 비롯해 집회 등에도 이용되는 다목적 공간이었음을 기억한다면, 신축 극장들을 중심으로 점차 영화를 전문으로 상영하는 '영화관'이 늘어났던 것으로 이해할 수 있다. 각각의 극장들이 홍보하는 심플렉스, 웨스트렉스 등의 전문 영사기와 와이드스크린 영화 상영이 가능한 대형화면은 극장 공간이 영화 상영을 위한 최적의 공간으로 탈바꿈했음을 보여 주는 것이기 때문이다. 이처럼 1950년대 후반, 서울의 극장들은 현대적 분위기의 건물, 최신식 시설과 함께 "상쾌함"을 뽐내며 '영화관'으로 거듭나고 있었다.

2 1962년 당시 국내 최대 극장이었던 충무로 대한극장
3 1959년 〈삼인의 신부〉를 개봉한 아카데미극장

1959 — 1960년

국내 대학의
연극영화학과 개설

중앙대학교를 시작으로 가속화…
1971년엔 한국영화학회 창립

안재석

1 1972년 중앙대 연극영화학과의 제작워크숍 현장. 맨 왼쪽이
  이중거 교수, 오른쪽에서 두 번째가 배우 이효춘.
2 1980년대 후반 영화교수협의회 회원들의 모습. 앞쪽에 앉아
  있는 이들은 왼쪽부터 이승구(중앙대)·김수용(청주대)·이충
  직(중앙대)·이응우(중앙대)·민병록(동국대) 교수이며, 서 있
  는 이들은 왼쪽부터 정용탁(한양대)·정재형(동국대)·김수남
  (청주대)·안병섭(서울예대)·유현목(동국대)·최영철(한양대)·
  김정옥(중앙대) 교수.

2

한국영화 산업이 중흥기를 맞던 1959년 중앙대학교 문리
과대학에 국내 4년제 대학 최초로 연극영화학과가 개설되
었다. 한국전쟁 휴전 협상이 진행 중이던 1953년 5월 한국
최초의 종합적 고등예술교육기관으로 설립 인가를 받은 서
라벌예술학교(서라벌예술대학)에 연극영화과가 개설된 바
있지만, 영화가 학문의 한 영역으로 인식되어 '학과'로 개설
되기는 이때가 처음이다. 더욱이 1970년대 초반까지 연극
영화학과는 예술대학이 아니라 문리과대학(현 인문대학)
에 소속되어 있었는데, 이는 학과 신설 당시부터 영화가 실
기 교육 이상의 이론적·학술적 교육 대상임을 분명히 한 것
이다.

하지만 우리나라에서는 오랫동안 '영화학과'가 아니라
'연극영화학과'라는 명칭으로 통용되어 왔다. 연극과 영화
는 엄연히 다른 예술임에도 유사 매체로 인식되어 통합 교
과로 운영되었던 것이다. 이듬해인 1960년 한양대학교 문
리과대학에 영화학과가 개설되었지만 결국 1968년 연극영
화학과로 개칭했고, 동국대학교도 1960년 문리과대학에
연극학과로 먼저 개설했다가 1962년 연극영화학과로 확대
개편했다. 그리고 이후 1980년대 들어 신설된 1981년 청
주대학교, 1983년 부산산업대학교(경성대학교), 1988년
단국대학교도 모두 연극영화학과로 개설했다.

아무튼 프랑스를 중심으로 영화가 '영화학'filmologie이
라는 학문으로 대두되던 1950~1960년대에 국내 대학에
도 동시대적으로 연극영화학과가 개설되었다는 점은 무척
고무적이다. 오랜 기간 다수의 유명 배우와 감독들을 배출
해 온 탓에 '연극영화학과'라고 하면 으레 스타 양성소 정도
로 인식되고 있지만, 이 시절 '영화학'을 접한 많은 1세대 영
화학도들이 유학길에 올랐고, 이들이 1970년대 각 대학 연
극영화학과에 교수로 부임해 후학들을 양성하게 되는 기틀
을 마련했다. 국내 대학들도 속속 대학원에 석사학위 과정
을 설치하기 시작하는데 1968년 중앙대학교, 1972년 동국
대학교, 1981년 한양대학교에 연극영화학과 석사학위 과정
이 개설되었다.

1971년 5월 28일에는 대학에서 영화학 강좌를 담당하
던 교수 및 평론가 22인이 한국영화학회를 창립했다. 영화
에 관한 연구·사업과 친목을 목적으로 한 이 학회는 1974년

7월 학회지를 창간하고 학술 세미나와 심포지엄을 개최하
는 등 지금까지 한국을 대표하는 영화 연구 단체로 국내에
본격적인 영화 연구 풍토를 조성하는 데 일익을 담당해 왔
다. 2003년 4월 '사단법인 한국영화학회'로 재창립했으며,
2008년에는 학회지 《영화연구》가 영화 관련 학술지 최초
로 한국학술진흥재단(2009년 6월 한국연구재단으로 통
합) 등재지로 선정되었다.

1988년 중앙대학교는 국내 최초로 대학원에 연극영화
학과 박사학위 과정을 설치하고, 학과 개설 후 거의 30년
만에 연극학과와 영화학과를 분리하는 개편을 단행했다.
1964년 설립된 서울예술전문대학(서울예술대학교)에 유
일하게 영화과가 단독으로 설치되어 있었지만 여전히 연극
영화학과가 대세이던 시절, 중앙대학교의 연극학과/영화
학과의 분리 개편은 상당히 획기적이며 선구적인 것이었고
이후 1995년 상명대학교 영화예술학과, 1997년 세종대학
교 영화예술학과, 2003년 목원대학교 영화학부, 2004년
건국대학교 예술학부 영화예술전공 등의 학과 신설에 영향
을 미쳤다. 동국대학교를 비롯한 기존의 연극영화학과 설
치 대학들도 2000년대 초반부터 학부제로 개편해 연극전
공과 영화전공으로 분리하기 시작하는데, 2001년 동국대
학교는 연극영상학부 연극전공/영화영상전공, 2005년 청
주대학교는 공연영상학부 연극전공/영화전공, 2007년 한
양대학교는 예술학부 연극학전공/영화학전공, 단국대학교
는 공연영화학부 연극전공/영화전공 등으로 분리했다.

1995년 국내 최초의 국립예술대학인 한국예술종합학
교 영상원(영화과, 방송영상과, 멀티미디어영상과, 애니메
이션과, 영상이론과)이 개원하고, 1990년대 후반 한국영화
의 르네상스가 도래하면서 각 대학에 영화(영상) 관련 학과
가 우후죽순으로 생겨났는데 그 수가 전국에 50여 개, 서
울에만 10여 개에 이른다. 하지만 반짝 인기에 편승해 시
설이나 기자재, 교수진 등 기본적 교육 환경도 갖추지 못한
채 신설된 함량 미달의 학교도 적지 않으며, 최근에는 학령
인구 감소로 입학 정원을 채우지 못해 다시 유사 계열로 통
폐합되는 학과도 늘어나고 있는 실정이다.

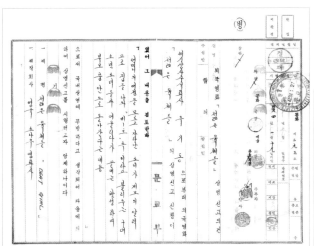

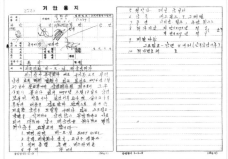

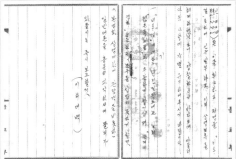

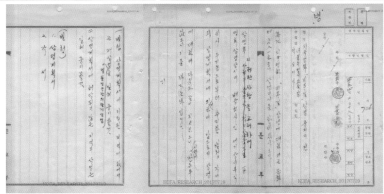

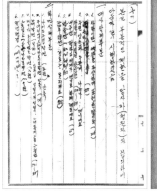

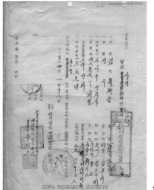

1960년

영화윤리전국위원회의 등장과 해체

4·19혁명 이후 민간단체들이
조직한 자율적 심의 기구

조준형

2

1960년의 4·19혁명은 한국의 정치·사회 영역을 넘어 영화계에도 영향을 미쳤다. 가장 큰 변화는 정부의 영화 검열이 사라졌다는 것이다. 혁명 이후 문교부는 국내외 영화에 대한 검열을 포기했고, 심의 업무는 민간으로 이관했다. 영화윤리전국위원회(이하 '영륜')는 검열 철폐라는 행정상의 공백을 메우기 위해 한국영화제작가협회와 외국영화배급협회, 한국영화단체협의회, 전국극장연합회 등 민간단체가 조직한 자율적 심의 기구였다. 영륜은 1960년 8월 5일 출범했으며 위원장에 이청기, 부위원장에 이진섭, 전문위원으로 허백년, 이진섭, 최일수 등을 임명했다.

심의의 기준이 된 영화윤리규정에는 "민권을 존중하며 관료 우위 사상을 부정한다"라는 조항을 삽입, 4·19혁명 이후의 '자유화' 분위기를 반영했다. 이러한 분위기에서 〈연인들〉(1958), 〈챠타레이 부인의 사랑〉(1955), 〈적과 흑〉(1954)과 같은, 한국의 전통적인 성이나 부부 윤리에서는 감당하기 힘든 영화들이 수입되어 큰 반향을 일으켰다. 나아가 이 기간의 자유로운 분위기는 〈오발탄〉(유현목, 1961), 〈돼지꿈〉(한형모, 1961), 〈삼등과장三等課長〉(이봉래, 1961), 〈하녀〉(김기영, 1960)와 같은 한국영화의 문제작 혹은 걸작을 만들어 내는 토양이 되었다.

영륜의 존재 의의 및 검열 기능과 관련하여 큰 논란이 되었던 사례는 1961년 2월 〈비트 걸〉(1960, 한국 개봉명은 〈젊은 육체들〉) 사건이었다. 영국 청소년들의 난행과 퇴폐, 상실감을 그린 〈비트 걸〉은 1961년 11월 문교부의 수입 심사를 통과했는데, 문교부는 영륜이 심의를 끝내기도 전에 이 영화에 심의필증을 발부함으로써 영륜과 시민사회의 반발을 샀다. 영륜은 개봉 불가 의견을 냈고 수입사는 영륜의 심의에 법적 강제력이 없다는 점을 들어 개봉을 강행했다. 이후 외국영화배급협회는 이미 외화의 수입 심사 과정에서 문교부의 실질적 검열 과정을 거친다는 이유로 영륜의 심의와 문교부의 심의가 이중 검열이라 판단했고, 영륜 심의 무용론을 주장하기에 이른다. 결국 이중 검열의 문제는 1961년 3월, 영륜과 문교부가 수입 허가 업무를 공동으로 진행하는 '심의 일원화'의 방향으로 해결되었다.

영륜은 1961년 5·16군사정변과 함께 직무 정지 상태에 들어갔고 결국 흐지부지 폐지되고 만다. 영륜이 활동한 약 9개월의 짧은 시간은 한국영화사에서 유일하게 관의 검열이 존재하지 않았던 기간이다. 그리고 이 짧은 기간 동안 만들어진 영화들의 목록은 영화라는 예술의 성취가 영화에 허용된 자유와 비례한다는 것을 잘 보여 준다.

1 〈비트 걸〉에 대한 이중 검열 논란 당시의 검열 서류들
2 영화 〈비트 걸〉의 한 장면

1961년

신상옥과
영화제국 '신필름'

한국영화 산업과 현대사의
흥망성쇠를 보여 주다

조준형

신상옥은 한국영화사를 대표하는 감독이자 제작자 중 한 사람이다. 최인규 감독으로부터 영화를 배우고 1952년 한국전쟁 기간 중 〈악야〉로 데뷔한 그는 〈지옥화〉(1958), 〈로맨스빠빠〉(1960), 〈사랑방 손님과 어머니〉(1961), 〈성춘향〉(1961), 〈빨간 마후라〉(1964), 〈대원군〉(1968) 등 한국영화사의 걸작을 포함해 80편에 가까운 작품을 연출했다.

그는 또한 1950년대부터 1970년대까지 200편이 넘는 영화를 제작한 영화사의 대표이자 영화 산업계의 거물이기도 했다. 많은 영화인이 신필름을 신상옥의 영화사 명과 동일시하지만, 실제 신상옥의 영화 인생에서 신필름이 공식적 회사명('신필름')으로 존재했던 기간은 그리 길지 않다. 1952년에서 1975년까지 신상옥은 영상예술협회, 신상옥푸로덕슌, 서울영화사, 신필름, 안양필림, 안양영화주식회사, 신프로덕션 등 다양한 이름의 영화사로 활동했다. 1983년부터 1986년까지 평양에서도 '신필림'이라는 회사명으로 활동했고, 탈북 후 미국에서는 '신프로덕션'Sheen Production으로 활동했다. 남한만으로 한정할 경우, '신필림'이라는 사명은 정확히 1961년부터 1970년, 즉 신상옥 영화 활동의 최전성기 10년 동안만 쓰였는데, 그 대표성으로 인해 신상옥과 신필름이 동일시되는 것이다.

'신필름'의 역사는 한국영화 산업 혹은 정책의 역사와 궤를 같이한다. 1960년대 초 군사정권이 추진했던 영화제작사의 대기업화 정책과 제작·수입 통합 정책에 정권과 친밀한 관계를 유지했던 신상옥의 입김이 작용했다는 소문이 있었다. 본인은 부인했으나, 당시 〈성춘향〉의 흥행 성공으로 막대한 자본을 보유했던 신필름이 정책의 수혜자였던 것은 부인할 수 없는 사실이다. 이후 그는 영화 정책의 사각지대를 활용하는 편법으로 자신의 영화제작상 편의를 도모하기도 했다. 특히 1966년의 안양촬영소 인수, 1969년 허리우드극장 신설 등에서 정권 핵심의 도움을 받았다고 전한다. 그러나 아이로니컬하게도 신필름은 정부의 대량생산 정책에 의해 약화되었다. 특히 안양촬영소에 대한 막대한 고정비 지출은 사업 유지에 큰 부담이 되었고, 이후 신필름은 지속적인 재정적 어려움에 처한다. 영화 산업이 불황에 접어들고 검열이 심해지기 시작한 1970년대 이후 정권과의 관계는 소원해졌다. 1975년 〈장미와 들개〉 예고편에 검열에서 삭제당한 장면을 포함했다는 사소한 이유로 영화사 허가까지 취소되었다.

1978년 납북된 신상옥 부부는 1983년부터 1986년 탈북 전까지 북한에서 영화를 만들었다. 탈북 후 신상옥은 미국에서 활동하며 〈3 Ninjas〉 시리즈(1992~1998), 〈영웅 갈가메스〉(1996), 〈더 가드너〉(1998) 등을 연출·제작했다. 〈3 Ninjas〉 시리즈의 첫 번째 영화는 할리우드에서 상당한 흥행 성공을 거두기도 했다. 탈북 후 한국에서도 영화 연출을 이어 가 〈마유미〉(1990), 〈증발〉(1994)을 감독했고, 〈겨울이야기〉(2004)를 유작으로 남겼다. '남한, 북한, 홍콩, 미국에서 영화를 만든 세계 유일의 영화인'이라는 설명처럼 신상옥은 영화라는 국가 안에서 살다 간 인물이었고, 인생의 거의 모든 순간을 영화에 바친 한국영화사의 거인이다.

1   영화 〈청일전쟁과 여걸 민비〉(1965) 촬영 현장의 신상옥 감독과 배우 최은희 부부
2   〈3 Ninjas〉 촬영 현장에서 신상옥·최은희
3   북한영화 〈돌아오지 않는 밀사〉(1984)를 작업 중인 신상옥·최은희

2   3

1961년

<성춘향> VS <춘향전>

최초의 컬러 시네마스코프 영화의
등장과 두 커플의 대결

공영민

한국인이 사랑하는 고전 『춘향전』은 지난 한 세기 동안 여러 차례 영화화되었다. 한국영화사에서 <춘향전>은 기술의 변화, 산업의 흥망성쇠와 함께했다. 무성영화 시대 일본인 흥행사가 만든 최초의 <춘향전>(1923)을 시작으로, 발성영화의 문을 연 것이 이명우 감독의 <춘향전>(1935)이었고, 전후 영화제작 붐의 발동을 건 작품은 이규환 감독의 <춘향전>(1955)이었으며, 불발되었지만 1950년대 후반 홍콩과의 합작으로 기획한 고전도 『춘향전』이었다. 1960년대 최초의 컬러 시네마스코프 영화 역시 신상옥 감독의 <성춘향>과 홍성기 감독의 <춘향전>이 타이틀을 가져갔으며, 1970년대 한국 최초의 70밀리 영화도 <춘향전>(이성구, 1971)이 장식했다. 이렇듯 제작할 때마다 대중의 열광을 이끌어 내고 새로운 스타를 발굴한 『춘향전』은 영화 산업의 부진과 함께 잊혔다가 2000년 임권택 감독에 의해 부활했다. 임권택 감독의 <춘향뎐>은 한국영화사 최초의 칸국

제영화제 경쟁부문 진출 작품으로 기록되었다.

영화제작 시마다 늘 화제에 오른 '춘향'이지만 그중에서도 가장 유명한 뒷이야기는 1961년 '최초의 컬러 시네마스코프' 타이틀을 두고 벌인 <성춘향>과 <춘향전>의 대결'일 것이다. 신상옥 감독의 신필름과 홍성기 감독의 홍성기프로덕션이 벌인 '춘향 경작競作'은 한국인이 사랑하는 이야기 외에도 한국영화의 기술적 성취를 담아냈으며, '1960년대 한국영화 산업의 패권을 누가 차지할 것인가'라는 거대한 포부가 어우러진 기획이었다. 따라서 신상옥·최은희 부부의 <성춘향>과 홍성기·김지미 부부의 <춘향전>의 동시 개봉은 일명 "'신申춘향'과 '홍洪춘향'의 피 묻은 대결"이라 일컬어지며 온갖 가십난을 장식했다. 두 감독 모두 최인규 감독의 조감독 출신이고 톱스타 부인을 주인공으로 하는 영화를 만들어 냈던 터라 이들의 라이벌 구도는 한국영화 산업의 부흥에 긍정적으로 작용했다. 하지만 '춘향'을 두고

벌인 경쟁은 긍정적으로만 작용하지 않았다. 둘 중 먼저 제작 신청을 하고 촬영에 들어간 영화는 〈성춘향〉이었는데 〈춘향전〉이 뒤이어 제작에 들어가면서 무분별한 경작 소동에 시달렸다. 결국 '춘향'의 경작 문제는 한국영화계의 패권 경쟁과 신구세대의 갈등으로 확대되었다. 1960년 4·19 혁명으로 한국영화계 재편이 일부 이루어진 상황에서 두 감독의 '춘향'이 미처 해결하지 못한 영화계의 갈등을 가장 뜨거운 쟁점으로 이끌어 낸 것이었다.

장기간에 걸친 양측의 신경전은 예상과 달리 싱거운 승부로 끝났다. '최초의 컬러 시네마스코프'에 가장 큰 방점이 찍혔던 라이벌전에서 화려한 색감과 입체감을 살려 내는 데 성공하고 코미디와 멜로드라마 요소를 적재적소에 배치해 이야기를 짜임새 있게 구성한 〈성춘향〉이 완승을 거둔 것이다. 〈춘향전〉이 일주일 앞서 개봉했음에도 불구하고 흥행과 비평에서 실패한 반면 〈성춘향〉은 호평 속에 서울에서만 74일간 38만 명을 동원하는 흥행 신기록을 세웠다. 지방에서도 신필름이 직영 배급해 몇 개월에 걸쳐 장기 상영하며 "돈을 쌀자루에 담아야" 할 정도로 대성공을 거두어 1960년대 신필름이 일약 영향력 있는 메이저 영화사로 도약하는 데 결정적 역할을 했다. 또한 〈성춘향〉은 일본에도 배급되어 신상옥이 한국을 넘어 아시아의 감독으로 부상하는 데 중요한 역할을 했다.

신상옥이 〈성춘향〉의 성공을 바탕으로 한국영화 산업의 패권을 차지하며 1960년대 초중반 승승장구한 반면 홍성기는 〈춘향전〉 이후 침체의 길을 걸었다. 1950년대 〈애인〉(1956), 〈실락원의 별〉(1957), 〈별아 내 가슴에〉(1958) 등이 연이어 흥행에 성공하며 한국영화사의 일면을 '홍성기의 멜로드라마'로 장식했던 그였지만 〈춘향전〉의 실패 후에는 대중의 눈길을 끌지 못하면서 끝내 전성기의 영광을 되찾지 못했다.

신상옥과 홍성기가 '춘향'을 두고 벌인 치열한 대결은 하나의 소재를 두고 벌인 '경작'의 에피소드에 그치지 않고, 1950년대에서 1960년대로 넘어가는 한국영화 산업의 국면을 잘 보여 준다는 데서 한국영화사의 중요한 사건으로 기록할 수 있다. 1950년대 후반부터 1960년대 초반까지 한국영화계는 그 어느 때보다 변화무쌍한 시기를 보냈다. 급속히 성장한 영화 산업을 두고 경쟁이 치열했지만 산업의 크기에 비해 배우를 비롯한 영화 인력은 태부족한 상황이어서 서울의 주요 개봉관과 제작사를 중심으로 전속제가 시행될 정도로 경쟁이 가열되었다. 영화 산업이 성장하며 한국영화 기술의 발전을 위한 다양한 요구 또한 이어졌는데, 이는 국내의 흥행 산업만이 아니라 해외시장 진출에 대한 염원이 커진 이유도 있었다. 〈성춘향〉과 〈춘향전〉 모두 해외 진출을 염두에 두고 제작된 연유가 여기 있다. 결과적으로 1960년대 초반 한국영화계에서 가장 뜨거운 이슈였던 '춘향 경작'의 수혜자가 된 신상옥과 최은희 그리고 신필름은 이 성공을 바탕으로 한국을 넘어 아시아 영화 산업으로 진출한 것이라고 할 수 있다.

3 김지미 주연, 홍성기 감독의 영화 〈춘향전〉 포스터

1950 —
1960년대

최은희, 전성기
한국영화사의 여성상

고전적 미모와 연기력으로
독자적 영역 구축

김종원

최은희는 해방 후부터 1960년대 중반까지 한국영화계의 대표 배우였다. 이 시기에 활동한 여배우로 황정순, 이민자, 조미령, 주증녀, 문정숙, 김지미 등이 있으나 최은희만큼 대중에 어필하지는 못했다. 황정순과 주증녀, 문정숙 등 연기력을 갖춘 배우들이 미모를 앞세워 치고 나오는 후배인 김지미의 기세에 주춤거리는 사이에도 최은희의 아성은 흔들리지 않았다. 그녀 역시 이에 못지않은 고전적 미모와 연기력으로 독자적 영역을 구축했기 때문이다. 게다가 그녀에게는 신필름이라는 막강한 배경이 있었다.

1947년 신경균 감독의 〈새로운 맹서〉에서 순박한 어촌 처녀 역으로 데뷔한 이후 신상옥 감독의 〈코리아〉(1954)와 〈젊은 그들〉(1955), 〈무영탑〉(1957)에 이어 〈지옥화〉(1958)의 양공주 소냐 역을 맡으며 그녀는 날개를 단다. 그동안 자칫 매너리즘에 빠질 뻔한 연기에 활력을 불어넣을 수 있었던 것이다.

그사이 김기영 감독의 〈황혼열차〉(1957)로 영화계에 등장한 후 홍성기 감독의 〈별아 내 가슴에〉(1958), 〈청춘극장〉(1959), 〈길은 멀어도〉(1960) 등을 거치며 스타의 반열에 오른 김지미가 한때 '최은희의 라이벌'로 떠오르기도 했으나 1961년 1월 18일 구정 대목 영화로 신상옥-최은희 콤비의 〈성춘향〉(1961)에 맞서 국제극장에서 개봉한 홍성기-김지미 커플의 〈춘향전〉(1961)이 흥행에 실패하면서 한계에 부딪힌다. 〈성춘향〉은 서울에서만 74일간 38만 명의 관객을 동원, 시네마스코프 색채 대형화면 시대를 열어젖힌다. 중년에 들어선 서른다섯 살의 성춘향(최은희)이 스물한 살의 젊은 춘향(김지미)을 물리친 뜻밖의 승부였다. 최은희는 잇따라 〈사랑방 손님과 어머니〉(1961)를 비롯한 〈상록수〉(1961), 〈열녀문〉(1962), 〈로맨스그레이〉(1963), 〈벙어리 삼룡〉(1964), 〈날개부인〉(1965), 〈청일전쟁과 여걸 민비〉(1965) 등에서 뛰어난 연기력을 보이며 1960년대 중반까지 한국의 대표적 여배우로 자리 잡았다.

1 한국영화 전성기의 얼굴이었던 배우 최은희
2 10대 때의 최은희
3 1954년 2월 메릴린 먼로가 대구 동촌비행장을 통해 한국에 입국했을 때 환영 나간 최은희의 모습

2

3

1950 —
1960년대

김지미,
1950~1960년대의 아이콘

길거리 캐스팅으로 데뷔 후
이어진 드라마 같은 삶

주유신

전쟁의 상흔이 여전히 남아 있던 1950년대 중반, 막 발돋움하던 한국영화계에 혜성같이 등장한 김지미. 그녀는 이후 수십 년 동안 '미의 대명사'이자 '스크린의 여왕'으로 군림하면서 그 누구도 대체할 수 없는 이미지와 페르소나를 스크린에 아로새겼다. 입체적인 이목구비와 균형 잡힌 몸매, 귀여우면서도 당돌한 매력을 지녔던 그녀는 최은희, 조미령, 문정숙과 같은 동시대 여배우들과는 달리 도시적 세련미와 현대적 감각을 보여 주는 서구형 미인이었다. 그래서인지 전후의 서울을 배경으로 한 모던한 멜로영화 〈비오는 날의 오후3시〉(박종호, 1959)에서 한국 영화사상 최초로 시종일관 한복이 아닌 양장을 입고 나오는 여주인공 역은 당연히 김지미의 몫이었다.

김지미의 데뷔가 거장 김기영 감독의 길거리 캐스팅이었다는 사실이 당시로서는 매우 이례적이었다면, 1950년대 최고의 흥행 감독인 홍성기와의 결혼은 그녀의 이력에 드라마틱한 영향을 미쳤다. '한국 멜로드라마의 황금 콤비'라고 불리며 여러 성공작을 만들어 냈지만, 1961년 '신상옥-최은희' 커플과 동시에 '춘향전' 영화를 만들며 벌였던 대결에서 참패하자 홍성기 감독과의 인연도 종지부를 찍었기 때문이다.

하지만 김지미는 한국영화의 르네상스기였던 1960년대 내내 가장 많은 영화에 출연했고, 가장 높은 개런티를 받았으며, 가장 뜨거운 인기를 누린 여배우였다. 〈혈맥〉(김수용, 1963), 〈메밀꽃 필 무렵〉(이성구, 1967), 〈렌의 애가〉(김기영, 1969)와 같은 문예영화는 물론이고, 〈장희빈〉(정창화, 1961), 〈불나비〉(조해원, 1965), 〈육체의 길〉(조긍하, 1967) 등의 성공적인 장르영화를 통해 그녀는 강인한 의지와 품위를 지닌 현대적 여성상, 운명의 소용돌이 속에서 스러져 가는 비운의 여인, 뭇 남성들을 유혹하고 파멸시키는 고혹적인 팜므 파탈을 연기했다. 특히 1980년대에 임권택 감독의 〈길소뜸〉(1985)과 〈티켓〉(1986)에서 그녀는 연기의 정점을 보여 주었다. 그 후 〈명자 아끼꼬 쏘냐〉(이장호, 1992)를 끝으로 40여 년이 넘는 기간 동안 700편 넘게 이어진 그녀의 필모그래피는 막을 내린다.

1 1950년대 중반 혜성같이 등장한 배우 김지미
2 은퇴 후 오랜 공백기를 거쳐 복귀한 작품 〈길소뜸〉으로 김지미는 대종상 여우주연상을 수상했다.
3 명연기를 보여 준 〈티켓〉의 김지미
4 극중 처녀 시절부터 중년 시기까지를 모두 소화해 낸 〈명자 아끼꼬 쏘냐〉 속 김지미

1961년

<마부>의 김승호

베를린국제영화제
특별은곰상 수상을 견인하다

김종원

'김승호' 하면 맨 먼저 떠오르는 영화가 강대진 감독의 <마부>(1961)다. 이 영화는 제11회 베를린국제영화제에서 특별은곰상을 받았다. 황금곰상에 버금하는 큰 상이다. 심사위원대상, 최우수감독상, 최우수남우주연상과 최우수여우주연상, 최우수각본상 등이 여기 해당한다. 그런데 영화를 만든 감독보다 오히려 김승호의 이름이 먼저 거론되는 것은 타이틀 롤을 맡은 그의 연기가 워낙 뛰어났기 때문이다. <마부>는 사실상 국제영화제에서 우리나라가 거둔 최초의 쾌거라고 할 수 있다. 이에 앞서 이병일 감독의 <시집가는 날>(1956)이 제4회 아시아영화제에서 특별희극상을 받기는 했으나 이 영화제는 극동 지역이라는 한계를 벗어나지 못한 것이었기 때문이다. <마부>의 성과는 <시집가는 날>(제8회), <종각(또 하나의 새벽을 그리며)>(제9회, 양주남, 1958), <구름은 흘러도>(제10회, 유현목, 1959) 등 세 차례나 되는 베를린국제영화제 출품 끝에 얻어낸 결실이었다.

서민의 애환을 표출하는 데 탁월한 재능을 보인 김승호는 이에 앞서 <박서방>(1960)으로 강대진 감독과 호흡을 맞추었고 <마부>에서는 특유의 발성법으로 캐릭터를 소화했다. 특히 눈이 수북이 쌓인 광화문 앞길에서 고등고시 합격의 꿈을 이룬 아들(신영균)과 얼싸안고 나뒹구는 <마부>의 마지막 장면이 눈길을 끌었다.

그는 연극 무대에서 쌓은 연기력을 바탕으로 <시집가는 날>을 비롯해 <돈>(김소동, 1958), <인생차압>(유현목, 1958), <육체의 길>(조긍하, 1959), <로맨스빠빠>(신상옥, 1960), <삼등과장>(이봉래, 1961), <서울의 지붕밑>(이형표, 1961), <로맨스그레이>(신상옥, 1963), <혈맥>(김수용, 1963), <역마>(김강윤, 1967), <장군의 수염>(이성구, 1968) 등 한국영화 중흥기의 토대를 마련한 가작佳作들에 출연해 독보적 국민배우가 되었다. 특유의 익살과 넉살을 넘나들며 한국영화의 전성기 형성에도 크게 기여했으나 자신이 직접 영화제작(<사화산>, 고영남, 1969)에 뛰어들었다가 흥행에 실패하면서 22년여의 연기 생애를 마감한다.

1 <마부>에서 큰아들 역을 맡은 신영균(왼쪽)과 함께한 김승호
2 <마부>에서 짐수레를 끄는 홀아비 춘삼을 연기한 김승호

2

1961년

리얼리즘의 수작
<오발탄>

군사정부에 의한 영화 상영 중단

김종원

유현목 감독의 <오발탄>(1961)은 장면 내각 때인 1961년 5월 13일 광화문 국제극장에서 개봉했으나 쿠데타로 집권한 군사정부에 의해 상영이 중단(7월 7일)되는 시련을 겪었다. 남북 분단과 이산을 겪으며 충격으로 실성한 늙은 어머니(노재신)가 하늘을 가르는 전투기 편대의 소음을 들을 때마다 손을 휘저으며 부르짖는 "가자!"의 절규, 해방촌 산동네의 누추한 빈민굴 묘사, 청계천 다리 아래서 애를 업은 채 목매달아 죽은 여인의 모습, 상업은행 앞에서 행인이 방뇨하는 장면 등이 밝은 사회를 지향하는 '혁명 공약'에 위배된다는 이유였다. 결국 이 영화는 '이승만 정권하의 빈곤한 사회상을 그린 것'이라는 자막을 넣고 재검열을 받고 나서 1년 후에야 다시 을지극장에서 상영했다.

월남한 피란민들이 자리 잡은 해방촌 판잣집에는 계리사무소 직원 송철호(김진규) 일가가 모여 산다. 그에게는 돌봐야 할 6명의 식솔이 딸려 있다. 정신 나간 늙은 어머니와 만삭인 아내(문정숙), 새 신발 신어 보는 게 소망인 어린 딸과 학업을 포기하고 신문팔이로 나선 막냇동생 그리고 양공주가 된 여동생(서애자)과 상이군인인 남동생(최무룡)이 그들이다. 송철호는 치통에 시달리면서도 병원 갈 엄두조차 내지 못한다. 이런 상황에서 동생이 은행강도 짓을 하다 붙잡히고 아내마저 애를 낳다 죽고 만다.

상영 중이던 영화가 중단되며 재검열을 받은 데는 '이북으로 가자'라는 뜻으로 해석될 수 있는 노모의 대사("가자!")와 출구가 보이지 않는 절망적인 삶의 모습이 북한 정권에 악용되어 한국 사회의 현실로 선전될 우려가 있다고 본 당국의 판단 때문이었다. 동족상잔을 부른 한국전쟁의 후유증을 자신과 같은 월남 실향민의 관점에서 접근하면서도 애소哀訴하지 않고 특유의 앵글과 몽타주기법으로 잘 빚어내 평단의 주목을 이끌어 낸 유현목 감독의 리얼리즘 수작 <오발탄>은 이런 곡절 끝에 빛을 보았다.

1 <오발탄>의 한 장면. 배우 최무룡(왼쪽)과 김혜정(오른쪽).
2 <오발탄>의 촬영 현장. 왼쪽에서 첫 번째가 문혜란, 최무룡(두 번째), 그의 옆에서 담배를 문 이는 촬영감독 김학성이다.

2

1960년대

김진규,
지성과 고뇌의 아이콘

시대의 아픔과 무력한 개인을
연기로 구현

오영숙

해방 전부터 연극계에 몸담아 오던 김진규가 영화계로 진출한 것은 1950년대 중반의 일로, 데뷔작은 〈피아골〉(1955)이다. 무대에서 활약하던 김진규를 눈여겨본 이강천 감독은 그에게 지식인 출신 빨치산 철수 역을 맡겼다. 총이 아니라 책을 든 그는 아가리 대장(이예춘)이나 만수(허장강) 같은 인물과는 매우 달랐다. 부드러우면서도 고뇌하는 김진규의 표정은 관객들에게 강렬한 인상을 남겼으며 빨치산에 대한 통념까지 바꾸었다.

이후 그가 연기한 인물은 첫 배역과 크게 다르지 않았다. 건실한 수재, 고학생, 학도병, 의용군, 회사원, 예술가, 이상주의자까지, 대부분이 이지적 캐릭터를 벗어나지 않았다. 영화의 배경도 달랐고 지위도 각각이었지만, 온화하며 사려 깊은 성정을 가진 인물이라는 공통점이 있었다. 때론 폭력배에 맞서는 부듯가 노무자(〈지상의 비극〉, 1960)나 전쟁고아 출신의 건달 청년(〈울려고 내가 왔던가〉, 1960), 충직한 벙어리(〈벙어리 삼룡〉, 1964)를 연기하기도 했지만, 그에게 맡겨진 배역은 주로 행동보다는 생각을 우선시하는 인물이었다. 이런 인물 연기의 진정성을 보여 주려는 듯 언론은 그가 독서광임을 강조했다. 사교 자리를 싫어하고 많은 시간을 책 읽는 데 할애하며, 책을 읽다 남는 시간은 사색에 열중하는 배우라는 점이 대중적으로 공유되면서 그의 페르소나는 더 공고해졌다.

그러나 시대적 상황에 따라 '지성'은 나약하거나 위선적인 것으로 비춰지기도 한다. 그가 가졌던 이지적 이미지는 역으로 지식인의 이중성을 잘 구현하는 기제로도 활용될 수 있었다. 1960년대 들어 등장한 〈파멸〉(1961), 〈마의 계단〉(1964) 같은 스릴러영화에서 그는 애인을 살해하는 의사 역을 맡았다. 완전범죄를 꾀하지만 결국 그가 범인임이 드러나는 순간의 긴장감은 매우 컸다. 온화한 이미지가 그의 스타 페르소나로 자리한 상황이기에 더욱 그러했다.

그의 연기가 특히 빛을 발했던 것은 역사에 상처 입은 남자의 역할에서다. 태평양전쟁에 강제 징집되었다가 행방불명되거나(〈사랑하는 까닭에〉, 1958) 심한 화상을 입고 돌아온 남자(〈돌아온 사나이〉, 1960)나 한국전쟁에서 입은 부상으로 하반신이 마비된 사나이들(〈이 생명 다하도록〉, 1960; 〈귀로〉, 1967)이 그러했다. 전쟁 통에 월남해 어려운 생활을 거듭하다 치통으로 죽어 가는 〈오발탄〉(1961)의 장남도 비슷한 맥락이었다. 온유하던 그의 얼굴이 고통으로 일그러지는 순간은 대중에게 쉬 지워지지 않는 기억을 남겼다. 역사가 가한 상처로 훼손된 내면을 그만큼 잘 전달하는 배우는 없었다. 억압적이거나 폐쇄적인 사회가 개인의 삶을 어떻게 망가뜨렸는지도 그의 연기를 통해 체현되었다.

1970년 서울대생들이 선호하는 배우를 조사했을 때 김진규는 1위를 차지했다. 신영균과 신성일을 제치고 가장 나이 많고 활동 시기도 길었던 그가 선두를 차지한 것은 그의 페르소나가 갖는 호소력이 그만큼 크고 지속적이었음을 말해 준다. 당시 그에게 가해진 촌평은 '점잖다', '교양 있다', '은은한 멋이 있다'라는 것이었다. 그는 어느 배우도 흉내 내지 못할 지성과 고뇌의 아이콘이었다. 그러한 페르소나의 소유자답게 그는 시대가 가한 아픔과 무력한 자신에 대한 죄책감을 스크린에서 가장 잘 구현한 배우로 자리매김했다.

1 배우 김진규(《국제영화》 1960년 5월호)
2 〈벙어리 삼룡〉의 김진규
3 작곡가 역을 맡은 〈애상〉(1959)의 김진규(《국제영화》 1959년 9월호)

*1963 —
1967년*

청춘영화·청춘문화·
신성일의 시대

길거리 깡패 두수,
1960년대 최고의 청춘스타가 되다

이길성

청춘영화의 시작을 알린 영화는 1963년 〈가정교사〉와 〈청춘교실〉이었다. 두 작품 모두 당시 베스트셀러였던 이시자카 요지로石坂洋次良의 소설을 각색한 영화였다. 흥행에 성공한 두 영화가 청춘영화의 시작을 알렸다면 1964년 개봉한 〈맨발의 청춘〉의 인기는 청춘영화의 위치를 공고하게 만들었다. 이미 이전부터 한국영화에도 젊은 세대를 그린 작품들이 제작되고 있었지만 하나의 장르이자 문화 현상으로서 '청춘영화'가 성립된 데는 스타 신성일의 역할이 컸다. 신성일의 등장이야말로 이 장르의 시작을 알리는 신호였다.

신필름 신인 배우 공개모집을 통해 배우의 길에 들어선 신성일은 1962년 유현목 감독의 〈아낌없이 주련다〉로 이름을 알리기 시작했다. 신성일은 무려 열한 살 연상의 여인과 비극적이고 무모한 사랑에 빠져드는 청년 역을 무리 없이 소화해 호평을 받았다. 그가 가진 본연의 분위기와 불행의 소용돌이에 거침없이 뛰어드는 청년 역할은 기묘하게 어울렸다. 이후 유복한 집안의 배다른 형제(〈가정교사〉)나 출생의 비밀을 알게 된 부잣집 아들(〈청춘교실〉)을 맡으면서 그의 인기는 점차 올라갔다. 그리고 그가 분한 인물의 정점에 부잣집 딸을 사랑하게 된 '맨발의 청춘', 길거리 깡패 두수가 있었다. 계급 차이의 장벽 앞에서 죽음도 불사하며 순수한 사랑을 지키려는 젊은 연인의 이야기는 공전의 히트를 했고 신성일·엄앵란 커플의 인기는 최고 정점에 올랐다. 이후 두 사람이 결혼하면서 엄앵란은 배우 일선에서 잠시 물러났지만 신성일은 문희, 남정임, 윤정희를 상대역으로 맞이하며 1960년대 최고의 청춘스타로 군림했다.

〈맨발의 청춘〉을 기점으로 청춘영화는 건달이나 하층 청년의 일그러진 욕망을 담거나 조직폭력배 신분으로 비극적 운명을 맞는 설정을 주류로 하게 된다. 특히 청춘영화의 후기 대표작인 〈초우〉(1966)에서 신분 상승의 꿈이 깨지자 폭력적으로 애인의 인생을 망가뜨리는 신성일의 광기는 두수와 비교했을 때 충격적이다. 이처럼 1960년대 후반기 이후 청춘영화 주인공들은 계층적 박탈감과 출구 없는 도시의 냉정함에 저항하다 파멸한다. 청춘영화가 보여 주는 젊은 세대의 반항은 당시 한국 사회의 문제를 시사하는 것으로, 사회에 편입하고자 했던 욕망이 불러낸 결말이기에 더 비극적이다. 신성일·엄앵란 스타 커플, 광화문 아카데미극장으로 대변되던 청춘영화는 1967년까지 한국영화의 주류 장르였다. 신성일은 자신과 엄앵란이라는 존재가 청춘영화에 의해 탄생한 "스타 시스템 1호"라고 회고했다. 1964년 인기 정점에 올라 있던 배우 신성일과 엄앵란의 결혼식에는 경찰 추산 4,000명이 넘는 인파가 모였다. 청춘영화의 인기를 기반으로 최고 스타의 자리에 오른 신성일은 1960년대 말까지 연예계 최고의 납세자였으며, 각종 시상식에서 인기상을 독차지했다.

청춘영화를 통해 스타가 된 신성일은 기성세대에 저항적이며 자신의 욕망을 추구하지만 연민을 자아내는 독특한 인물을 연기했다. 청춘영화는 당대 사회가 만들어 낸 어두움과 계급 간 장벽을 바라보는 청년들의 인식을 우회적으로 보여 주었으며, 신성일은 그들의 욕망과 분노를 대변하는 데 적역의 배우였다.

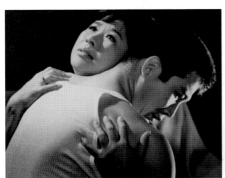

1 1960년대 '청춘영화' 장르의 얼굴이었던 배우 신성일
2 〈맨발의 청춘〉의 두수(신성일)와 요안나(엄앵란)

1964 — 1965년

<7인의 여포로>와 <춘몽> 사건

이만희 감독은 40일간 옥살이,
유현목 감독은 기소

조준형

<7인의 여포로>는 한국영화사 최초의 반공법 위반 영화이자 최초의 감독 구속 사건을 불러일으킨 영화다. <돌아오지 않는 해병>(1963)의 성공으로 한창 주가를 올리고 있던 이만희 감독은 1964년, 한국전쟁을 소재로 하는 새로운 영화를 연출했다. 북한군에게 사로잡힌 간호부대 소속 여군 및 민간인 포로 7명을 호송하던 북한군 수색대가 중공군에게 강간당할 위기에 처한 여성들을 구하고 남한으로 귀순한다는 줄거리의 <7인의 여포로>라는 영화였다.

이 영화는 개봉 직전인 1964년 12월 중순 검찰에 의해 "①감상적 민족주의를 내세웠고 ②무기력한 국군을 묘사했으며 ③북한 괴뢰군을 찬양하고 ④미군에게 학대받는 양공주들의 참상을 과장 묘사하는 등 외세 배격 풍조를 고취했다"라는 네 가지 혐의로 기소되었다. 그 결과 1965년 2월에 구속된 이만희 감독은 3월에 보석으로 풀려날 때까지 약 40일간 옥중 생활을 했다. 그해 7월에 검열로 만신창이가 된 <7인의 여포로>는 <돌아온 여군>으로 제명을 바꾸고 개봉했다. 그리고 12월, 이만희 감독은 선고유예 판결을 받았다.

<7인의 여포로> 사건 재판이 진행되는 도중 검열과 관련된 또 하나의 사건이 발생했다. 1965년 3월 세계문화자유회의 한국 본부가 신문회관에서 주최한 세미나에서 유현목 감독이 이만희 감독을 옹호했다. 그러자 7월에 검찰은 그 발언을 문제 삼아 유현목 감독을 입건했다. 당시 언론에 따르면 검찰이 문제 삼은 대목은 "대한민국의 국시는 반공일 수 없다. 한국의 작가는 국가적 현실 때문에 주체로서의 권리가 타의에 의해 침해당하고 있다"였다. 그러나 당시 발표문을 인용한 기사들을 참고하면 유현목은 반공이 국시임을 명확히 인정하고 있고, 이후 판결문 역시 검찰의 논고 내용을 인용하지 않았음을 감안할 때, 아마도 검찰 측이 문제를 과장하기 위해 인용문을 왜곡한 것이 아닌가 짐작한다.

그런데 이듬해인 1966년 1월 4일 검찰은 <춘몽>(1965)에 대해 반공법 위반에다 음화반포淫畵頒布(혹은 제조) 혐의까지 더하여 유현목 감독을 기소하기에 이른다. 여배우가 6초가량 누드로 촬영한 것이 문제가 되었는데, 완성본에서는 편집된 장면인데도 이를 문제 삼아 기소한 것은 무리라는 비판이 많았다. 그럼에도 검찰은 기소를 진행해, 한 감독이 반공법과 음란 관련 조항 위반으로 동시에 기소되는 초유의 상황이 벌어졌다. 1967년 3월 15일 서울형사지법은 반공법에 대해서는 무죄, 음화제조죄에 대해서는 유죄 취지로 벌금 3만 원을 선고했다. 이에 검찰과 유현목 감독은 공히 항소했고, 1969년 10월 항소심 재판부는 반공법에 대해서는 역시 무죄, 음화제조죄에 대해서는 선고유예 판결을 내렸다. 비록 선고유예이긴 하지만 유죄 취지의 판결이 난 것이다. 유현목 감독의 검열 사례는 '풍속'

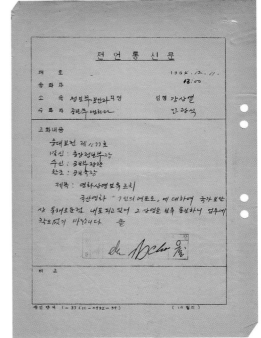

1 <7인의 여포로>의 촬영 현장(맨 앞 의자에 걸터앉은 이가 이만희 감독)
2 <7인의 여포로> 상영 보류 지시 서류

2

3

3 〈7인의 여포로〉의 영화 속 장면들
4 〈춘몽〉의 한 장면

4

이라는 주제가 정치적 검열에 어떤 식으로 이용되었는지 잘 보여 준다. 또한 이 두 사건은 군사정권 기간 중에서도 상대적으로 검열의 칼날이 무뎠던 시간이 거치며, 1960년 대 후반을 지나며 엄혹한 검열의 시대가 오고 있음을 보여 주는 사례들이었다.

실제로 1960년대 후반부터 검열은 다양한 방식으로 강화되었다. 이전에도 영화제작 신고 단계에서 시나리오에 대한 검열이 비공식적으로 이루어졌으나 1970년부터는 예술윤리위원회('예륜')를 통한 시나리오 검열을 공식화했다. 이제 한국영화는 공식적으로 시나리오 검열과 실사 검열 이라는 이중의 검열을 받아야 했다. 또한 중앙정보부가 공

식적 검열자로 참여했고, 외화 수입 단계에서는 중앙정보 부 외에도 세관까지 검열의 주체로 참여하며 검열은 한층 까다로워졌다. 유신정권 수립, 긴급조치 시기로 접어드는 1970년대 중반부터는 사회 비판적 영화는 거의 검열을 통 과할 수 없어, 기획조차 되지 못하는 상황에 처한다.

한편 1976년 예륜의 후신으로 설립된 공연윤리위원회 ('공륜')는 문공부로부터 위임받아 1979년에는 영화 실사 검열까지 수행하게 된다. 1980년 서울의 봄 기간에 잠깐의 해빙기가 있었으나, 곧바로 신군부가 수립되면서 검열은 종전의 방침과 체제를 회복했다. 다만 '3S 정책'의 일환으 로 영화의 섹슈얼리티 검열은 완화되어 1980년대 내내 '에

로영화'가 전성기를 누린다. 그러나 사회 비판적 영화에 대 한 검열은 1987년 6·10민주항쟁 이전까지 여전히 엄격하 게 유지되었다.

1967년

최초의 만화영화 <홍길동> 제작

한국의 장편 애니메이션이
걸어온 길

공영민

1967년 1월 겨울방학을 맞이한 어린이 관객에게 한국 최초의 '장편 만화영화'가 찾아왔다. 1965년 2월부터 3년여 동안 1,200회를 넘기며 《소년조선일보》에 연재된 신동우 화백의 인기 만화 『풍운아 홍길동』을 애니메이션으로 제작한 〈홍길동〉이었다.

〈피노키오〉(1940), 〈신데렐라〉(1950), 〈피터팬〉(1953) 등 디즈니 애니메이션을 꾸준히 수입·상영하던 세기상사는 1966년 유명 만화가이자 CF 애니메이션 감독인 신동헌에게 극장용 장편 애니메이션 제작을 제안한다. 세기상사의 제안에 신동헌 감독은 장편 애니메이션 제작 불모지인 한국에서 과감하게 디즈니 애니메이션 제작 방식인 '선녹음 후작화의 풀Full 애니메이션'을 기획한다. 그리고 "7개월에 걸쳐 40여 명의 애니메이터가 6만 장 이상의 셀 작업을 한" 끝에 작품이 완성되었다. 이러한 방식 때문에 당시 극영화 제작비의 몇 배가 소요되었지만 〈홍길동〉은 상영 6일 만에 관객 수 12만 명을 넘길 정도로 흥행에서 대성공을 거두며 '한국 만화영화의 제작 붐'을 이끌었다.

신동헌 감독은 대중에게 익숙한 이야기인 '홍길동'을 새로운 방식으로 재창조해 성공했다. '홍길동'은 영화, 연극, 만화 등 다양한 매체에서 여러 차례 리메이크할 정도로 대중에게 익숙하고 사랑받는 이야기였다. 신동헌 감독은

원작을 중심에 놓고 디즈니 애니메이션처럼 다양한 캐릭터(호피, 차돌바위, 곱단이, 골반대사, 백운도사 등)를 추가하여 이야기를 다채롭게 구성하고 만화적 재미를 살려 관객의 호응을 이끌어 냈다.

〈홍길동〉 이전의 한국 애니메이션은 광고용 애니메이션이나 국가의 정책 홍보와 교육 계몽을 위한 프로파간다 애니메이션으로 주로 제작되었다. 1956년 한국 최초의 텔레비전 방송국 KORCAD-TV 미술부의 문달부가 연출한 'OB시날코'를 비롯해 '럭키치약'(문달부, 1956), '진로소주'(신동헌, 1960) 등의 광고와 신문만화 「코주부」로

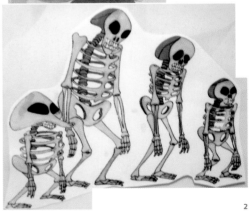

1 한국 최초의 장편 만화영화 〈홍길동〉의 스태프
2 〈홍길동〉의 제작 단계에서의 셀

2

3

4

5

6

유명한 김용환과 국립영화제작소 미술부에 소속된 박영일, 정도빈, 한성학 등이 참여한 단편 애니메이션 〈쥐를 잡자〉(1959), 〈개미와 베짱이〉(1962), 〈나는 물이다〉(1963), 〈112〉(1963) 등이 1950~1960년대 한국 애니메이션 역사에 기록되었다.

따라서 상업용 광고나 교육 계몽을 위한 선전물로 활용된 단편 애니메이션과 달리 〈홍길동〉은 극장 개봉을 위한 상업용 장편 애니메이션으로 제작되었다는 데 큰 의의가 있다. 그리고 그 배경에는 한국영화의 환경 변화가 있었다. 1960년대 한국영화 산업이 성장하면서 한국영화의 장르가 다양해졌고 이에 따라 관객 분화도 다채롭게 이루어졌는데, 그중 한 부분을 어린이 관객이 차지했다. 1960년대 중반 여가 문화에 관심이 높아지면서 어린이와 가족 대상의 콘텐츠가 증가함에 따라 한국영화계도 그러한 환경변화에 발맞춰 어린이와 가족 대상의 영화 장르에 주목하기 시작했다. 애니메이션은 공상과학영화와 함께 어린이

관객을 위한 최적의 장르로 주목받았다. 이와 같은 환경에서 등장한 〈홍길동〉은 신동헌 감독의 장인적 성취와 더불어 한국 장편 애니메이션 역사의 본격 시작을 알리는 작품이었다.

〈홍길동〉 이후 인형 애니메이션 〈흥부와 놀부〉(강태웅, 1967)를 비롯해 〈호피와 차돌바위〉(신동헌, 1967), 〈손오공〉(박영일, 1969), 〈홍길동 장군〉(용유수, 1969) 등이 연이어 나왔지만 애니메이션 제작 열기는 그리 오래가지 않았다. 불안정한 제작 시스템에 부족한 인력과 기술 그리고 TV 애니메이션의 인기로 1970년대 초반 휴지기에 들어갔던 한국 장편 애니메이션 제작은 1976년 〈로보트 태권 V〉(김청기)가 등장하며 다시 한번 활기를 띠었다. 〈로보트 태권 V〉 시리즈와 〈태권동자 마루치 아라치〉(임정규, 1977) 등의 성공으로 극장용 장편 애니메이션이 다수 제작되었지만 앞선 사례처럼 여러 가지 난제에 부딪히며 단기간의 제작 붐에 그치고 말았다.

1980년대 들어서는 1988년 서울올림픽을 앞두고 정부 장려로 〈떠돌이 까치〉(KBS, 1987), 〈달려라 하니〉(KBS, 1988) 같은 만화 원작 작품이 연이어 제작되며 TV 애니메이션 시대가 개막했다. 이에 따라 한동안 소강상태를 겪던 극장용 장편 애니메이션은 1990년대 중반 〈아마게돈〉(이현세, 1995), 〈아기공룡 둘리-얼음별 대모험〉(김수정·임경원, 1996) 등이 제작되며 명맥을 이어 갔다. 2000년대로 접어들어서는 〈마리이야기〉(이성강, 2002)와 〈오세암〉(성백엽, 2003)이 세계 최고 권위의 안시국제애니메이션 페스티벌에서 그랑프리를 수상하며 한국 애니메이션의 성과를 알렸다. 이후 〈돼지의 왕〉(연상호, 2010), 〈마당을 나온 암탉〉(오성윤, 2011), 〈언더독〉(오성윤, 2018) 등이 작품성을 인정받았다. 하지만 〈홍길동〉 이후 50년이 지난 현재도 극장용 장편 애니메이션 제작 시스템의 안정은 여전히 요원한 상황이다.

3 〈로보트 태권 V〉 포스터
4 〈마리이야기〉 포스터
5 〈돼지의 왕〉 포스터
6 〈마당을 나온 암탉〉 포스터

1967년

한국식 공포영화
<월하의 공동묘지>

영화 성공 이후 1980년대까지
전성기를 맞은 한국식 장르

백문임

옛날이야기의 여귀女鬼는 무섭다기보다는 가여운 존재였다. 사또 앞에 나타나 자기의 억울한 죽음을 알리고 범인을 찾아 징치懲治해 달라고 호소할 때 그녀는 선량한 백성으로서 공권력에 의지해 한을 풀고자 했던 것이다. 20세기 들어서도 시댁의 인정을 받지 못해 자결한 기생 강명화의 귀신이 동네에 나타나 울고 있으면, 사람들은 두려워하기보다 연민을 보냈다(이해조의 소설 「강명화실기」(1925)의 경우).

이렇게 호러보다는 멜로드라마 주인공에 더 가까웠던 여귀가 공포의 대상이 된 것은 1960년대 영화, 그중에서도 <월하의 공동묘지>(권철휘, 1967)를 통해서였다. 물론 옛날이야기에도 여귀를 본 사람들이 심장마비로 사망하는 경우가 있었지만(『장화홍련전』의 사또들), 그건 삶과 죽음의 경계를 넘나드는 존재에 대한 두려움 때문이었지 여귀가 어떤 액션을 취해서는 아니었다. 반면 <월하의 공동묘지>가 성공하면서 하나의 장르로 확립된 '여귀 공포영화'는 억울하게 죽은 여성이 돌아와 직접 복수한다는 내용을 전면에 내세웠다.

독립운동 하는 오빠와 애인 한수의 옥바라지를 위해 기생 일을 했던 여학생 명순은, 남편이 된 한수가 찬모의 꾐에 빠져 자신의 정조를 의심하여 "더러운 기생년"이라 부르며 내치자 자결한다. 여기까지는 <사랑에 속고 돈에 울고>(1939)류의 흔한 멜로드라마적 전개라 할 수 있다. 그런데 찬모가 아들 영진마저 독살하려 하자 명순은 분연히 무덤을 가르고 나와 복수를 시작한다.

멜로드라마적 요소와 호러 요소가 시각적으로 결합되는 가장 흥미로운 장면은, 독약을 마신 갓난아이를 안고 눈물을 철철 흘리는 명순의 숏과 찬모 일당에 대한 분노를 표현하는 명순의 숏이 몽타주 되어 있는 곳이다. 앞 숏에서는 단정하게 한복을 입고 쪽을 진 명순이 한없는 절망과 좌절에 잠겨 눈물을 흘렸다면, 뒤의 숏에서는 독약을 발견하고 분노한 명순이 머리를 풀어헤치고 독살스러운 표정을 짓는 원귀로 갑작스럽게 변해 있다. 당시 유행했던 모성 멜로드라마의 전형적 장면에서 호러로의 이런 비약은, 멜로드라마와 호러의 결합이 '슬픔→분노'라는 감정상의 비약에 근거하고 있음을 말해 준다. 이제 관객은 손수건을 쥐고 눈물을 짜는 것과 더불어, 비명을 지르며 공포를 향유하는 또다른 관람의 쾌락도 경험하게 되었다.

잊지 말아야 할 것은 이때 여귀가 흡혈귀의 송곳니를 장착하고 있었다는 사실이다. 한국의 옛날이야기에서 찾아볼 수 없는 이 흡혈귀 전통은 할리우드와 일본영화를 통해 유입된 것인데, 여귀에게 막강한 파워를 부여하는 무기가 되었다. 찬모와 공모한 의사 태호를 응징할 때 기계음과 더불어 십여 차례 인서트 된 그녀의 송곳니는 명백히 태호에 대한 상징적 거세를 의미한다. <월하의 공동묘지>의 히트 이후 1980년대까지 첫 전성기를 맞은 한국의 공포영화는 외래 무기로 전통적 가부장들을 거세하는 흡혈 여귀의 복수판이었던 셈이다.

1 <월하의 공동묘지> 포스터
2 원귀로 변한 명순
3 흡혈귀 송곳니가 자라난 명순

105

1968년

공전의 히트를 기록한
<미워도 다시한번>

히트작 연작물 관행의 효시가 되다

이길성

1956년 〈자유부인〉의 성공을 시작으로 멜로드라마는 한국 영화에서 가장 많이 제작하는 중요한 장르였다. 1950년대 후반기 멜로드라마의 중심에는 '아프레걸'이 있었다. 영화 속에서 그녀들은 자신들의 욕망에 충실함으로써 타인을 불행하게 만들었다. 1960년대 초반까지 대부분의 멜로드라마에 등장하는 '제멋대로인 사장 딸'은 가난한 연인들의 사랑을 위협하고, 질투에 찬 '나쁜 여성'은 두 연인을 갈라놓는다. 순정의 여주인공은 돈을 내세운 사장 딸이나 고관대작의 영애를 염두에 둔 남자의 어머니 때문에 눈물 흘리고 결국 남성의 성공을 위해 자신을 희생한다. 이 서사에서는 남성도 희생양이 되어 가족 때문에 연인과 이별한다.

이런 내용의 멜로드라마가 변곡점을 겪는 것은 1964년 경인데 〈아빠안녕〉(최훈, 1963)의 흥행 성공이 이를 잘 드러낸다. 이전 멜로드라마가 대체로 선량한 본처의 희생을 강조하는 데 비해 이 작품은 드센 본처와 선량한 여대생 첩으로 구도가 바뀌었다. 괴로워하던 여대생이 자살하고 반성한 본처가 아이를 맡으면서 영화는 종결되는데, 눈물 흘리는 '순종적 현모양처'의 도식에서 한발 벗어났지만 여전히 여성의 눈물은 다른 '악한' 여성 때문이며 남성 역시 피

해자라는 식의 서사는 바뀌지 않는다.

그리고 1968년 〈미워도 다시한번〉(정소영)이 보여 준 공전의 히트는 멜로드라마 속 여성과 남성의 관계 변화와 지속이라는 양면을 여실히 보여 주었다. 여주인공 혜영은 신호가 유부남인지 모르고 연애를 하고 임신하지만 사실을 알게 되자 떠난다. 몇 년 후 혜영은 미래를 위해 아들을 신호에게 보내지만 아이가 적응하지 못하자 다시 데려온다. 이 작품에서 여전히 여성은 눈물을 흘리고 모든 문제를 자신의 책임으로 돌리며 비극을 감내한다. 순종적이고 희생적인 여주인공 구도는 이전과 비슷하다. 그렇지만 이 영화는 몇 가지 점에서 뚜렷한 변화를 보여 준다. 그 하나는 모두를 불행하게 만드는 '악녀'가 사라졌다는 점이다. 주인공 신호는 불륜을 지속하기 위해 자신이 유부남임을 숨긴다. 본처와 여주인공 모두가 이 사실을 알았을 때 그는 어떠한 해결책도 제시하지 못하고 머뭇거린다. 이후 아이 문제로 세 사람이 다시 모였을 때도 남성은 아무것도 책임지지 못하는 무기력한 모습을 보인다. 이 과정에서 영화는 불행이 누구의 책임인지 명확하게 보여 준다. 이전까지 멜로드라마는 '악녀' 때문에 비극이 시작되었다고 주장하면서 남성

1 〈미워도 다시한번〉 포스터
2 〈미워도 다시한번(속)〉 포스터
3 〈미워도 다시한번(3편)〉 포스터

5

4 〈미워도 다시한번〉의 히로인 문희(오른쪽)와 영신 역의 김정훈
5 〈미워도 다시한번(속)〉 영화 속 장면들

에게 면책권을 부여했다. 남성들은 '사회악'으로 거론되던 여성들 뒤에 숨었지만 이제 이런 변명에 대해 사회적 시선은 더 날카로워졌다. 또 다른 하나는 여인들의 태도가 변화한 것이다. 이전에 아이를 남기고 자살했던 여인들은 이제 당당히 아이를 다시 데려간다. 영화는 여성의 시선을 부각하고 남성들의 무책임을 변호해 주지 않으며 무력한 남성들에게서 부권을 소거해 버린다.

이처럼 〈미워도 다시한번〉은 기존 가부장적 윤리가 지속되는 동시에 그에 반하는 새로운 의식이 성장하고 있음을 보여 준다. 그러나 여전히 미혼모를 매개로 여인의 순종과 희생을 강조하는 구조와 아이를 둘러싸고 벌어지는 '눈물 짜내기' 장면 등은 신파적 구성의 강력한 흥행력과 기존 가부장제가 가진 사회적 힘을 여실히 보여 주었다. 당시 많은 평론가가 이 영화의 신파적 측면을 질타했고, 이후 연구자들에게도 〈미워도 다시한번〉은 1960년대 후반기 국가 주도의 경제 발전에서 소외된 사람들의 퇴영적 감성을 담은 작품이었다. 이런 비판이 설득력 있었던 이유 중 하나는 이 영화의 인기에 힘입어 만들어진 수많은 아류작 때문이기도 하다. 〈미워도 다시한번(속)〉, 〈미워도 다시한번(3편)〉, 〈미워도 다시한번(대완결편)〉 등으로 이어진 후속들은 원래 영화가 가진 변화의 함의가 제거된 채 아이를 둘러싸고 벌어지는 갈등 구조만 반복했다.

이 전형적인 신파적 구성은 1970년대 초반까지도 내내 지속되었다. 〈별들의 고향〉(1974)을 필두로 호스티스 멜로드라마가 한국영화계를 재편하기 전까지 대다수 멜로드라마는 미혼모의 불행과 불륜으로 인한 가족의 위기라는 소재를 반복했다. 어쩌면 〈미워도 다시한번〉과 그 아류작들은 1950년대부터 이어진, 가족을 통해 사회문제를 바라보려는 마지막 시도였는지 모른다. 호스티스 멜로드라마에 등장하는 도시의 무기력한 청년들과 사회에서 배제된 호스티스 여성들에게는 가족이 부재하거나 그 흔적만 희미하게 남아 있기 때문이다.

1960년대

신영균, 1960년대의 야성과 열정

넘치는 에너지와 우직한 신념으로
영화 서사를 직조한 배우

오영숙

1960년대에 신영균의 등장은 여러모로 남달랐다. 교육자 집안의 자제이자 서울대 출신 치과의사라는 이력부터가 그러했다. 영화계에서 드물게 그는 "정규의 고등교육 과정을 완주한 인텔리"였다. 데뷔했을 때의 나이가 이미 30대 중반에 접어들고 있었고 1남 1녀의 아버지이기도 했지만 톱스타 반열에 오르는 속도는 이례적으로 빨랐다. 데뷔한 지 채 1년이 되지 않아 국내외 영화제에서 남우주연상을 여럿 수상하며 한국영화계를 대표하는 배우가 되었다. 그만큼 신영균만의 독자성이 존재했고, 그것이 당대와 긴밀하게 조응했던 것이라 할 수 있다.

무엇보다 그는 남성적이었다. 통상적으로 '강한 남성'을 일컫는 특성에 그는 잘 부합했다. 몸집부터가 그러했다. 학창 시절 그는 전국체육대회의 선수권까지 보유한 헤비급 레슬링 선수였다. 무게감 있는 캐릭터를 소화할 수 있는 조건이 갖춰진 셈이었다. 그래서인지 개인적 이력과는 매우 다르게 데뷔작 〈과부〉(1960)에서 그에게 주어진 배역은 머슴이었다. 과부가 된 양반가 며느리(이민자)와 관계를 맺고 아기까지 갖게 하는 머슴 성칠을 연기한 그에게 평단은 적역이라며 호평했다. 이후로도 '임꺽정'과 '일지매' 같은 의적은 물론이고 태조와 연산군, 철종, 온달장군, 독립군, 석가모니 같은 배역이 그에게 집중되었다. 계급이 다르고 처한 상황이 각각인 인물일지라도 신영균을 통과하면 인물에 카리스마가 입혔다. 몸을 쓰는 장사는 물론이고 지도자의 역할이 그만큼 어울리는 배우는 드물었다.

성격도 그러했다. 라이벌이었던 '이지적 김진규'와는 다르게 신영균은 '야성적'이었다. 그가 맡은 인물은 대부분, 생각이 정리되기 전에 몸이 먼저 움직였다. 이런저런 고민으로 행동을 자제하거나 움직임이 지체되는 사람들과는 달랐다. 능동적이고 적극적이었으며 주저함이 없었다. 결단이 빨랐고 한번 내린 결정을 밀고 나가는 뚝심도 있었다. 사색이나 심리적 번민은 그에게 어울리는 것이 아니었다. 우직하게 신념을 실천해 가는 배역들을 그는 마치 실제 자신을 그대로 보여 주는 것처럼 연기하고 있었다.

그렇다고 해서 그의 페르소나가 단일한 양상으로만 구현되었다는 것은 아니다. 행동 지향적 인물은 상황에 따라 전혀 다른 모습이 될 수도 있기 때문이다. 그는 시대의 변화에 맞춘 듯 건강성과 위험성이라는 양극단을 자연스럽게 넘나들었다. 4·19혁명 직후처럼 미래의 비전이 보이는 열린사회에서는 민중의 에너지를 대변했고 사람들을 이끄는 계몽적 영웅이었다. 한편 1960년대 중반에 접어들어 사회의 불안이 커질 때는 이성적 판단이 어려운 무모한 인물로 변모했다. 상처 입은 광인(〈연산군〉, 1961), 타협을 모르는 낭만적 사랑의 실천자(〈남과 북〉, 1964), 욕망에 감춤이나 주저함이 없는 남자(〈갯마을〉, 1965), 마을 여인들과 몸을 섞는 북한군(〈산불〉, 1967)처럼, 신영균이 연기한 인물들은 누구보다도 솔직하고 열정적이었다. 그 진정성 앞에서는 이념이나 계급의 경계가 크게 문제되지 않았다.

물론 신영균이라는 배우가 소유한 매력은 현실적 생활 감각과는 거리가 있었다. 감춰지지 않는 야성미 때문에 그에겐 평범하고 일상적인 연기를 할 기회가 드물었다. 세련된 도시인의 감각 역시 그와는 거리가 멀었다. 그러나 그것은 오히려 그를 '영화적 서사'에 적합한 배우로 만드는 힘이었다. 게다가 움직임이 크고 표정이 풍부한 탓에 그가 전달하는 감정은 보다 힘이 있었다. 의식 과잉 시대였던 1960년대에 신영균이 보여 준 탈일상적 열정은 스크린이 사랑할 수밖에 없는 매력이자 시대의 희망과 절망을 되비추는 매개물이었다고 하겠다.

1   1960년대의 '강한 남성'을 주로 연기한 배우 신영균
2   〈남과 북〉의 신영균(왼쪽)
3   〈연산군〉의 신영균(오른쪽)

2

3

1

1960년대

1960년대의
여배우 트로이카,
문희·남정임·윤정희

1960년대 한국영화 전성기 형성에
주도적 역할을 하다

김종원

1960년대 한국영화 전성기는 여배우 트로이카, 문희·남정임·윤정희가 만들었다 해도 과언이 아니다. 이만희 감독의 〈흑맥〉(1965)으로 데뷔한 문희, 민간 텔레비전방송(TBC-TV)이 중계하는 가운데 800여 명의 경쟁자를 물리치고 연방영화사의 〈유정〉(김수용, 1966) 주인공으로 뽑힌 남정임, 합동영화사의 공개 모집을 통해 1,200여 명의 응모자 가운데 선택된 〈청춘극장〉(강대진, 1967)의 윤정희는 이후 서로 경쟁하며 한국영화계에 활기를 불어넣었다.

문희는 〈초우〉(1966), 〈막차로 온 손님들〉(1967), 〈이 조잔영〉(1967), 〈카인의 후예〉(1968), 〈젊은 느티나무〉(1968) 등으로 눈매가 고운 청순가련형 이미지를, 남정임은 〈초연〉(1966), 〈만선〉(1967), 〈분녀粉女〉(1968), 〈봄봄〉(1969) 등을 통해 발랄한 감성의 매력을 각인시켰고, 윤정희는 데뷔 첫해부터 〈강명화〉(1967), 〈황혼의 검객〉(1967) 등 12편이 넘는 영화에 출연해 관객들에게 단아하고 청결한 인상을 심어 주었다. 이들은 어느새 지방 흥행사들이 선호하는 1순위 배우의 반열에 올라 있었다.

정소영 감독의 멜로 〈미워도 다시한번〉(1968)의 여주인공으로 기용된 문희는 이 영화가 한여름 국도극장에서 개봉해 37만여 명의 관객을 동원, 1968년도 최고의 흥행

기록을 세우는 돌풍에 힘입어 1971년 완결편까지 4편의 시리즈 작품에 출연하는 기록을 세웠다. 이에 앞서 국도극장 1개 스크린에서만 33만여 명의 관객을 동원해 그해 최다 수익을 올린 〈유정〉의 남정임도 그 뒤 〈까치소리〉(1967), 〈막차로 온 손님들〉(1967), 〈엘레지의 여왕〉(1967), 〈일월〉(1967) 등 46편에 겹치기로 출연해 신성일, 신영균, 김지미에 이어 1967년도 상반기 소득 4위의 배우가 되었다. 그보다 1년 늦게 영화계에 발을 들여놓은 윤정희 또한 남다른 승부욕으로 〈안개〉(1967), 〈장군의 수염〉(1968), 〈내시〉(1968), 〈독짓는 늙은이〉(1969) 등에서 연기력을 입증하고, 잇따라 〈첫경험〉(1970), 〈일요일 밤과 월요일 아침〉(1970) 등 44편에 출연해 1971년에는 신성일, 문희에 이어 세 번째로 고액 세금 납부자가 되었다.

이 세 배우의 인기가 어느 정도였는지는 당시 《조선일보》의 독자 투표로 결정되던 청룡영화상 인기 남녀배우상(각 3인)의 결과가 잘 말해 준다. 그동안 최은희, 엄앵란, 김지미 등이 차지했던 관객 선호도가 1967년 제5회 때부터 바뀌기 시작한 것이다. 1967년에는 김지미만 남고 남정임과 윤정희가 뽑혔으나 제6회(1969)와 제7회(1970)에 이르러 트로이카 스타가 모두 선택되는 변화를 가져왔다. 그러나 치열한 경쟁 속에 1960년대 한국영화계를 이끌었던 여배우 트로이카 시대는 세 배우가 함께 출연한 정인엽 감독의 〈결혼교실〉(1970)을 분기점으로 막을 내린다. 그 이듬해에 문희와 남정임이 결혼을 발표하며 은퇴를 선언했기 때문이다.

1 세 배우가 함께 출연한 〈결혼교실〉의 한 장면(왼쪽부터 문희, 남정임, 윤정희)
2 〈결혼교실〉에서 독신녀 클럽의 세 아가씨로 분한 남정임(윗줄 왼쪽), 문희(가운데), 윤정희, 아래는 신성일
3 〈결혼교실〉 포스터

1

1960년대

1960년대 신 스틸러,
허장강·도금봉·김희갑

주·조연 넘나들며
스크린에 활력을 불어넣다

박선영

1960년대 한국영화계는 한 해 평균 200여 편 가까운 영화를 제작할 만큼 믿을 수 없이 왕성한 시기를 보내고 있었다. 이때 김진규, 김승호, 신영균, 신성일 등 남성 주연 배우들은 각각 300~500편 영화에 출연했다. 최은희, 김지미, 조미령, 엄앵란 등 기존의 톱스타부터 윤정희, 남정임, 문희 등 새롭게 등장한 트로이카 여성 주연 배우들 역시 각각 200~300편에 이르는 영화에 출연했다. 이처럼 1960년대 한국영화계는 전방위적으로 엄청난 생산력을 보여 주고 있었다. 그중에서도 주·조연을 가리지 않고 수많은 영화에 출연하며 개성과 존재감을 드러낸 배우가 바로 허장강, 도금봉, 김희갑이다. 이들을 빼놓고 1960년대 한국영화계 풍경을 그려 낼 수는 없다. 특히 이들은 각자가 연기력과 흥행을 보증하는 대체 불가 배우였지만, '허장강-도금봉' 또는 '김희갑-도금봉' 커플로 등장하는 경우 영화의 재미를 한층 더했다.

해방 후 반도가극단에서 악극 배우로 활동한 허장강은 한국전쟁기 국방부 정훈국에서 만난 이강천 감독의 데뷔작 〈아리랑〉(1954)으로 데뷔했다. 〈피아골〉(이강천, 1955)에서 인상 깊은 악역을 맡으며 주목받기 시작한 그는 1975년

심장마비로 사망할 때까지 20여 년간 600편 가까운 출연작을 남겼다. 강렬한 표정 연기와 카리스마로 기억되는 허장강은 1970년대에 유행하던 액션영화의 안티히어로로 각인되었지만 시대극, 코미디, 멜로드라마를 가리지 않고 어디서나 빛나는 배우였다. 특히 도금봉과 커플로 출연한 코미디에서 허장강은 기존의 역할에서 드러나던 강렬한 카리스마가 도금봉의 육체적·성적 공격으로 수세에 몰리고 마는 명품 공처가 모습을 보여 주며 사랑받았다.

도금봉은 해방 이후 악극단 창공에서 배우로 활약하다가 1957년 조긍하 감독의 〈황진이〉로 데뷔했다. 데뷔 초기부터 주연 배우로 입지를 굳힌 도금봉은 〈새댁〉(이봉래, 1962), 〈또순이〉(박상호, 1963) 등의 영화에서 생활력 강한 서민 역할을 소화했다. 또 한편 〈연산군〉(신상옥, 1961), 〈산불〉(김수용, 1967), 〈월하의 공동묘지〉(권철휘, 1967) 등에서는 타의 추종을 불허하는 관능미 넘치는 요부 연기를 선보였다. 수많은 영화에서 조연으로도 활약한 도금봉은 압도적 존재감으로 화면에 긴장감과 에너지를 부여했다. 무엇보다 허장강, 김희갑 등과 콤비를 이루어 출연한 코믹한 에피소드에서 단연 빛을 발했다.

1   왼쪽부터 허장강, 도금봉, 김희갑(이 중 김희갑 이미지는 《국제영화》 1962년 3월호에서 발췌)
2   〈메밀꽃 필 무렵〉(1967)에서 공연한 허장강(왼쪽)과 김희갑

3

3 〈사랑방 손님과 어머니〉(1961)의 김희갑(왼쪽)과 도금봉
4 〈백설공주〉(1964)의 도금봉(왼쪽)과 허장강

4

해방 시기 반도가극단의 스타였던 김희갑은 한국전쟁 중 군예대 소속으로 활동하다가 한형모 감독의 코미디 영화 〈청춘쌍곡선〉(1956)으로 데뷔했다. 이 영화에서 단역에 불과한 물장수 역할을 맡은 김희갑은 악극단 활동 시절 자신의 인기 레퍼토리였던 현인과 고복수 등의 모창을 선보이며 강한 인상을 남겼다. 이후 그는 권영순 감독의 〈오부자〉(1958)로 '합죽이'라는 애칭을 얻으며 인기를 얻었다. 1960년대 영화들은 김희갑이 출연한 영화와 그렇지 않은 영화로 나눌 수 있다고 말할 만큼 수많은 영화에서 주·조연으로 활약했는데, 그중 가장 강렬한 존재감을 드러낸 것은 단연 〈팔도강산〉 시리즈(1967~1972)다. 그간 수많은 영화에서 보여 준 개성과 연기력을 집대성해 그 자신의 페르소나가 된 '김희갑 노인'이 이 시리즈의 주인공이었는데 1970년대까지 수많은 아류작을 양산할 정도로 인기를 끌었다.

1960년대 한국영화계는 다양한 장르의 영화가 풍성하게 제작된 전성기였다. 양적·질적 성장과 팽창 속에서 허장강·도금봉·김희갑과 같은 개성 있는 배우들은 자신들만의 확실한 발자국을 강렬하게 남겼다.

1960년대

코미디영화,
코미디배우의 전성기

'홀쭉이와 뚱뚱이' 등
관객 동원 보증수표로 활약

박선영

1950년대 말부터 1960년대까지 한국영화의 전성기는 코미디 배우들의 전성기이기도 했다. 이미 악극단의 스타이자 라디오 스타였던 양석천과 양훈, 구봉서, 김희갑, 곽규석, 서영춘, 백금녀 등은 춤과 노래, 연기와 사회의 달인으로서 한국영화 부흥기와 함께 스크린으로 무대를 옮겨 한국영화의 인기를 견인하는 중요한 동력으로 작용했다.

양석천과 양훈은 '홀쭉이와 뚱뚱이'라는 별명으로 더 잘 알려져 있었는데, 1950년대 말 코미디영화들의 주연을 맡아 관객 동원의 보증수표로 활약했다. 특히 인기 코미디언의 장기와 레퍼토리를 볼거리로 내세우는 '코미디언코미디'가 1950~1960년대 코미디영화 제작 비율의 상당수를 차지했는데, 대표적 영화로 〈오부자〉(권영순, 1958)를 들 수 있다. 최근 한국영상자료원에 기증된 필름을 통해 실체를 드러낸 이 영화는 이종철, 양석천, 양훈, 구봉서, 김희갑 등 당대 인기 코미디언들이 총출동한 작품이다. 할리우드 뮤지컬영화 및 코미디악극의 영향과 간섭이 고스란히 반영된 이 영화는 당시 최고의 인기를 누렸다.

1960년대 초반 가족희극드라마의 등장을 통해 멜로드라마와 적극 교섭했던 코미디영화는 1960년대 중반을 지나면서 또 한 명의 걸출한 코미디 스타 서영춘을 만나 다시 한번 코미디언코미디의 붐을 이뤘다. 1965년 공전의 히트를 기록한 〈여자가 더 좋아〉의 성공 이후 〈살사리 몰랐지〉(1966), 〈남자는 절개 여자는 배짱〉(1966), 〈내것이 더 좋아〉(1969) 등에 출연한 서영춘은 특유의 여장과 새된 목소리, 거침없는 애드리브 등을 선보이며 도시 변두리 하층 노동자 계급의 정체성을 그려 냈다. 서영춘이 가학과 위반의 쾌락을 주는 코미디배우였다면, 위안과 동일시의 즐거움은 구봉서의 몫이었다. 구봉서는 1950년대 초부터 1960년대 말까지 연애와 취업 서사의 주인공을 맡아

1 '홀쭉이와 뚱뚱이'라는 별명으로 더 잘 알려져 있던 희극배우 양훈(왼쪽)과 양석천 콤비
2 〈여자가 더 좋아〉 포스터

119

3

4

좌충우돌 끝에 질서와 통합을 이루며 가부장으로 복권되는 코미디의 단골손님이었다. 그런가 하면 여성 신체와 섹슈얼리티의 문제를 드러내며 유일하게 남성 코미디배우들 틈에서 자신의 주연작을 선보였던 백금녀 또한 1960년대 코미디에서 **빼놓을** 수 없는 인물이다.

1960년대 영화계는 이처럼 주연 코미디배우들이 활약했던 코미디언코미디뿐 아니라 이들이 감초로 등장했던 수많은 장르의 영화와 박옥초, 송해, 박시명 등 다양한 조연들의 활약으로 풍부하고 반짝이는 결을 가질 수 있었다.

3 왼쪽부터 〈홀쭉이 뚱뚱이 논산 훈련소에 가다〉, 〈남자는 절개 여자는 배짱〉, 〈살사리 몰랐지〉의 포스터
4 〈신세 좀 지자구요〉의 구봉서

1950 — 1960년대

여성 영화 스태프의 활약

초창기 여성 영화인의 발자취

조영정

초창기 한국영화 현장은 카메라 앞에 선 여배우를 제외하면 남성들의 세계라 해도 무방할 정도였다. 그런 면에서 초창기 여성 영화인들이 남들 눈에 잘 띄는 촬영 현장보다는 눈에 띄지 않는 후반 작업 현장에서 영화 일을 시작한 것은 어쩌면 당연했다. 최초의 여성 편집기사 김영희는 1943년 사단법인 조선영화사에 입사해 편집 조수로 일하며 영화 인생의 첫발을 내딛었다. 해방기부터 한국전쟁기까지 그는 미국 군정청 공보부, 해군교재창 등의 기관에서 편집기사로 활동하며 다수의 뉴스영화와 문화영화를 편집했다. 그리고 1955년 한국영화 부흥의 출발점이 된 〈춘향전〉(이규환)의 편집을 담당하며 상업영화 데뷔를 했다. 이후 김영희는 1970년대 초반까지 영화 편집 분야에서 남성 편집기사 김희수와 함께 가장 왕성한 활동을 한 편집기사로 이름을 올리며 한국영화의 성장에 기여했다. 그리고 그의 뒤를 이어 양성란과 이경자가 다수의 한국영화 크레디트의 편집란에 여성 영화인으로서 이름을 새겼다. 특히 1963년 유현목 감독의 〈김약국의 딸들〉로 데뷔해 2002년까지 40년이라는 긴 시간 활동한 이경자는 한국영화사에 중요한 인물로 기록된다.

의상 역시 여성이 일찍이 활약한 분야다. 1950년대 최신 유행을 선도하던 명동 의상실의 양대 산맥이었던 노라노의상실의 노라노와 국제양장사의 최경자는 한국영화계가 급성장하며 탄생한 스타들의 의상을 담당하며 한국영화의 의상을 다채롭게 했다. 이들과 더불어 '의상 할머니'라 불리며 1990년대 말까지 활동했던 이해윤은 배우 개개인의 의상이 아니라 영화의 전체 의상을 담당하며 영화 의상의 전문화를 이끌었다. 또한 그는 최초의 여성 영화인 단체를 조직해 여성 영화인의 권익을 위해 노력한 인물이기도 하다. 오랜 시간 영화계에 몸담으며 여성 영화인에 대한 차별을 실감한 그는 1980년대 초반 "남자에게 뒤지지 않는" 여성 영화인 육성을 위해 '영희회'를 출범시켜 남성들의 세계인 한국영화계에서 활동하고 있는 여성 영화인의 존재를 알렸다.

이 외에도 1960년대 문화영화와 뉴스영화를 촬영한 최초의 여성 촬영감독 김문자, CF 애니메이션 업계에서 활동한 애니메이터 고금지, 1970년대 유일한 여성 영사기사였던 김정선 등은 영화계의 다양한 분야에 첫발을 내딛었던 개척자였다. 이들의 노력이 후배 여성 영화인이 정착하고 능력을 펼치며 더 넓은 영역으로 나아갈 수 있는 초석이 되었음을 기억해야 할 것이다.

1   우리나라 최초의 여성 편집기사 김영희
2   편집기사 이경자
3   편집기사 양성란(오른쪽 끝)

1960년대

지방 배급업자의 활약

한국영화 산업 전성기의
제작과 배급을 뒷받침하다

박진희

1960년대의 영화제작 환경을 소재로 한 일종의 '영화에 대한 영화' 〈어느 여배우의 고백〉(김수용, 1967)엔 당시 영화제작 풍토를 좌우하던 지방 흥행사와 관련한 에피소드가 나온다. 모든 배우가 실명으로 등장하는 독특한 설정 가운데 신인 배우 남정임의 기용을 두고 감독과 제작사 대표 그리고 지방 흥행사의 관계가 흥미롭게 그려진다. 전신을 덮는 모피 코트와 화려한 스카프를 걸친 지방 흥행사는 영화사 사장으로 분한 허장강에게 "아니, 시네마스코프 총천연색에 말이여, 워째 신인을 주연으로 쓴당가? 호남 지방에선 똥값으로 팔릴 것이여"라며 "좌우간 말이여, 두 장에 계약허더라고. 그 대신 말이여, 현찰이여, 현찰"이라고 말하며 돈뭉치를 꺼낸다. 이 흥행사는 광주 중앙극장을 중심으로 활동하던 1950~1960년대 호남 지역의 대표적 배급업자 이월금을 묘사한 캐릭터로 짐작된다. 1979년 《국제영화》에 연재된 '한국 흥행가 열전'에 따르면 "몇 안 되는 여류 흥행사 이월금은 흥행계 진출 25년 경력에 젊은 감독들의 연출 스타일이나 제작 규모를 파악하는 데 혜안을 지녀 그 프로젝트가 중단될지, 몇 달이 걸릴지를 정확히 점치는 사람"이었다.

'입도선매식 단매'라 불린 간접 배급 질서는 과거 서울 변두리, 부산 경남, 광주 호남, 대구 경북, 대전 충청, 경기·강원 등 6개 상권의 지방 배급업자가 제작사에 일정한 금액을 지불하고 지역 판권을 구입하여 해당 지역의 상영권을 확보하는 방식이었다. 제작사들 역시 직접 배급하는 서울 중심의 개봉관을 제외하고는 제작 영화를 지방 배급업자에게 입도선매해 제작비를 충당했다. 일반적으로 총제작비의 20퍼센트 정도만 제작사가 부담했고 나머지는 지방 배급업자들의 자본으로 충당했는데, 경우에 따라 많게는 총제작비의 90퍼센트까지 지방 배급업자의 흥행 자본이 들어간 경우도 있었다.

지방 배급업자와 제작사의 이해관계가 맞아떨어진 가운데 한국영화의 제작 환경을 주도하던 간접 배급 방식은 1950년대 중·후반 국산영화의 제작과 유통이 본격화하면서 자연스럽게 형성되어 1999년 UIP가 완전한 전국 직배를 실현하기 전까지 무려 40여 년간 유지되었다. 또한 1980년대 이후 대기업들이 비디오 시장 활성화를 등에 업고 제작 투자에 뛰어들기까지 영화 산업의 유일한 제작 자본으로 기능했다.

1 1954년 군산극장
2 1960년대 초반의 목포극장

2

1960년대

문예영화의 출현과 제도

반공·계몽과 함께
국가 장려 3대 장르로 시작

박유희

문예영화는 "문학작품을 각색하여 만든 영화" 또는 "흥행을 위한 오락성이나 흥미보다는 순수한 예술성에 중점을 둔 영화"로 사전에서 정의된다. 한국영화사에서 문예영화가 이런 의미로 쓰이기 시작한 것은 1930년대 후반이다. 여기에는 당시 일본에서 일어난 문예영화 제작 붐의 영향이 있었다. 더욱이 조선은 문예의 전통이 강했기에 문학을 원작으로 하면 예술적일 수 있다는 관념이 해방 이후에도 오래도록 강하게 지속되었다. 그래서 〈마음의 고향〉(윤용규, 1949)부터 〈벙어리 삼룡〉(신상옥, 1964)까지 해외로 내보내는 '우수 영화'들은 대부분 문학작품을 원작으로 했다. 이때 문예영화는 뚜렷이 장르화한 것이 아니었고, 그렇게 성립하기도 어려운 일이었다.

그런데 박정희 정권의 영화 통제가 강화되는 1960년대 중반 이후 문예영화는 국가가 장려하는 예술영화로 제도화되며 장르화한다. 1966년부터 '우수 영화' 보상 부문에 반공·계몽과 함께 문예가 선정되며 문예영화는 국가가 장려하는 3대 장르가 되었다. 그 첫 번째 수혜를 받은 것이 김수용 감독의 〈갯마을〉이다. 오영수의 동명 소설을 원작으로 제작한 이 영화는 1965년 개봉해 크게 흥행한다. 게다가 우수 문예영화로도 선정되었다. 흥행과 보상이라는 두 마리 토끼를 잡으면서 이 영화는 성공한 문예영화의 전범이 되었고 문예영화 붐을 견인했다. 이에 '서정적 멜로드라마'로 인식되던 〈사랑방 손님과 어머니〉(신상옥, 1961)나 '리얼리즘 문제작' 〈잉여인간〉(유현목, 1964) 등이 모범적 문예영화로 소환되고, 우수 영화 보상을 겨냥하는 문예영화들이 양산되었다. 그 결과 1967년과 1968년은 그야말로 문예영화 전성시대가 된다. 이때 문예영화 제작 편수는 한국영화 전체 제작 편수의 20퍼센트에 달했고, 주로 문단에서 인정받은 단편소설을 원작으로 했다. 이 시기는 한국영화의 역사에서 대중성과 예술성이 조응할 수 있다는 믿음이 가장 강했던 때이기도 하다.

문예영화는 크게 두 갈래를 형성한다. 하나는 〈갯마을〉과 같이 로컬 컬러가 두드러지는 '향토 서정 계열'이고, 다른 하나는 김승옥의 「무진기행」을 원작으로 하는 〈안개〉(김수용, 1967)류의 '도시 모더니즘 계열'이다. 전자에는 〈갯마을〉을 비롯해 〈물레방아〉(이만희, 1966), 〈메밀꽃 필 무렵〉(이성구, 1967) 등이 속하고, 후자에는 〈안개〉를 비롯해 〈장군의 수염〉(이성구, 1968), 〈나무들 비탈에 서다〉(최

1 오영수의 동명 소설을 원작으로 제작되어 1965년 개봉 시 흥행에 성공하며 문예영화의 전범이 된 김수용 감독의 〈갯마을〉.
  때 묻지 않은 자연 속에서 살아가는 여성들의 삶을 서정적으로 그리며 한국영화의 미적 수준을 크게 끌어올렸다는 평가를 받았다.
2 한국영화사상 최고의 세련된 영상미학을 구현한 작품으로 극찬받았던 이만희 감독의 〈만추〉.
  아쉽게도 필름이 남아 있지 않아 그 면모를 확인할 길이 없는 상황이다.

3

3   도시 모더니즘 계열의 문예영화 〈장군의 수염〉의 영화 속 장면들
4   김승옥의 「무진기행」을 원작으로 한 김수용 감독의 〈안개〉 속 한 장면

4

하원, 1968) 그리고 〈만추〉(이만희, 1966) 등이 포함된다. 여기서 특기할 것은 〈만추〉는 김지헌의 오리지널 시나리오로 제작된 영화임에도 원작이 따로 있는 문예영화로 호명되었다는 점이다. 당시 〈만추〉는 한국영화사상 가장 세련된 영상미학을 구현한 작품이라는 극찬을 받으며 누벨바그 영화에 비견되었다. 이는 문예영화라는 정책적 예술영화의 함의에 유럽 예술영화를 향한 동경과 지향이 있었음을 시사한다. '민족적인 것이 세계적인 것'이라며 로컬 컬러를 전면화하는 향토 서정 계열의 영화들 역시 서구 오리엔탈리즘에 부응한다는 점에서는 유럽 모더니즘을 지향하는 것과 궤를 같이했다.

1960년대 말 텔레비전 시대가 열리고 영화가 구톹미디어로 밀려나면서 문예영화는 점차 대중과의 소통에서 멀어져 단지 외화 수입권을 얻기 위한 수단이 되고 만다. 그 와중에 오히려 관객의 눈치를 보지 않아도 되는 것을 기회로 삼은 작가주의 실험이 이루어지기도 했다. 김기영의 1970년대 영화들(〈파계〉, 〈이어도〉, 〈흙〉)이 대표적 경우다. 그러나 청년문화가 부상하고 당대 인기 신문소설을 원작으로 한 〈별들의 고향〉(이장호, 1974)이나 〈겨울여자〉(김호선, 1977) 같은 영화가 흥행하면서 정부가 권장하는, 이른바 '순수 본격소설'을 원작으로 하는 '예술성을 지닌 영화'로서 문예영화의 의미는 퇴색한다. 1980년에 이르면 컬러TV 시대가 열리고 문예영화의 영상미학을 〈TV문학관〉이 전승하면서 문예영화의 설 자리는 더욱 좁아진다. 한국

영화평론가협회가 대종상 측에 문예영화 부문 폐지를 촉구하고 1983년에 실제로 폐지되면서 문예영화라는 말은 '예술영화'로 대체된다. 그러면서 문예영화의 주류였던 향토서정 계열은 토속적 에로티시즘과 해외영화제를 향한 '민족적 예술영화'로서 명맥을 유지한다. 그 미학적 흐름은 임권택 감독의 〈씨받이〉(1986)와 〈서편제〉(1993)로 이어지며 한국영화계가 '문예영화'를 통해 오랫동안 지향했던 바를 성취한다.

1960년대

만주활극,
대륙을 상상하다

<지평선>에서
<쇠사슬을 끊어라>까지

조영정

'만주활극'이란 일제강점기 만주를 배경으로 일본군에 맞서는 한국인의 활약을 담은 액션영화를 말한다. 이 장르의 영화들은 역사물의 외형을 지녔지만 역사적 사실을 그리기보다는 허구와 상상의 상황을 보여 주며 한국 액션영화의 영역을 확장했다.

만주활극이 본격적으로 등장한 것은 1960년대 초반이다. 이규환 감독의 <춘향전>(1955)으로 대표되는 사극과 한형모 감독의 <자유부인>(1956)을 필두로 한 일련의 멜로드라마, 김화랑 감독의 코미디영화로 대표되는 1950년대를 통과한 한국영화계가 새롭게 눈을 돌린 곳은 액션이었다. 뒷골목 범죄 세계를 그린 스릴러영화가 약진했고, 김기덕 감독의 <오인의 해병>(1961)이 한국전쟁을 배경으로 한 전쟁영화의 시작을 알렸으며, 정창화 감독의 <지평선>(1961)은 만주를 배경으로 한 만주활극의 시작을 알렸다.

만주활극이 단순히 만주로 터를 옮긴 전쟁영화에 머무르지 않는 이유는 스릴러와의 결합에서 찾을 수 있다. 적군과 아군이 분명하고 '전우애'로 무장한 전쟁영화와 달리, 만주활극은 광활한 대지에서 펼쳐지는 전쟁액션이지만 스릴러영화처럼 캐릭터들의 복잡한 관계까지 이야기 속에 녹여 냈다. 만주활극에서는 자신의 정체를 밝힐 수 없는 독립군부터 상대의 정보를 얻으려는 첩자, 대의명분 따위에 움직이지 않는 개인들까지 다양한 군상이 사건을 따라다니며 액션을 펼친다. 따라서 1960년대 중반까지 스릴러 전문 감독이라 불리던 김묵 감독이 만주활극의 대표주자로 떠오른 것도 우연은 아니다.

1960년대 후반 만주활극은 또 다른 모습으로 확장해 갔다. 현실이 아닌 상상으로 만들어 낸 만주라는 공간 안에 '서부영화'가 합세했다. 그 결과로 신상옥 감독의 1967년 영화 <마적> 같은 '오리엔탈 서부극'이 탄생했다. 미국 서부영화와 이탈리아 스파게티웨스턴까지 다양한 서부극 요소가 첨가되며 한국식 서부극이 탄생한 것이다. 만주활극은 독립군 대신 떠돌이 총잡이를 주인공으로 내세우고, 국가의 가치보다 개인의 가치에 방점을 찍었다. 뒤틀린 개인의 욕망과 복수에 초점을 맞춘 임권택의 <황야의 독수리>(1969)나 개인의 자유를 부각한 이만희의 <쇠사슬을 끊어라>(1971)가 대표적이다. 시대의 변화에 따라 자유분방한 변주를 보여 준 만주활극의 진정한 매력은 그 변주 속에 숨어 있는 시대의 가치와 대중의 욕망을 되짚어 보는 데 있는지도 모른다.

1   <쇠사슬을 끊어라> 포스터
2   <마적> 포스터
3   왼쪽부터 <지평선>, <송화강의 삼악당>, <황야의 독수리> 포스터

3

1

1960 — 1970년대

박노식과
<팔도사나이> 시리즈

'전라도 사나이'로
간판 액션스타에 등극하다

공영민

1961년 <5인의 해병>(김기덕)에서 전라도 사투리 연기를 선보이며 개성파 배우로 자리하기 시작한 박노식은 1960년대 후반부터 1970년대 초반까지 다시 한번 전라도 사나이로 강한 인상을 남기며 대중의 사랑을 받았다. 그는 한국 액션영화 장르에서 큰 성공을 거둔 <팔도사나이> 시리즈와 <용팔이> 시리즈에서 밝고 유머러스한 성격에 의리까지 갖춘 '촌 사나이' 역할을 맡아 한국영화사에서 지역성을 드러낸 대표 배우가 되었다.

<용팔이> 시리즈에 앞서 제작된 <팔도사나이> 시리즈의 성공 배경에는 1967년 국가 주도의 산업 발전과 관광 개발에 발맞춰 홍보영화로 제작된 <팔도강산>(배석인)의 흥행 성공이 있었다. <팔도강산> 성공 후 제작된 다양한 '팔도' 시리즈는 1960년대 후반 고속도로의 개통으로 '교통혁명과 전국 일일생활권'에 대한 기대가 높아지고 있다는 것을 보여 주었다. 이러한 영향으로 전국 각 지역에 대한 관심 또한 영화에 직간접적으로 반영되었다.

'팔도' 시리즈를 제작한 1960년대 후반의 한국 극장가는 <007>과 스파게티웨스턴 시리즈, 홍콩 무협영화가 인기를 끌고 있었다. 한국의 액션영화 또한 다양한 시리즈로 외국영화와 TV드라마의 인기에 대항하고자 했다. 그중에서도 1960년대 '팔도' 시리즈와 1970년대 <김두한> 시리즈는 전국 각 지역을 대표하는 '사나이'들이 대의를 위해 뭉쳐 싸우는 이야기로 대중성을 얻었다.

박노식은 '팔도' 시리즈의 성공을 바탕으로 전라도 사나이를 전면에 내세운 <용팔이> 시리즈에서도 활약하며 1970년대 액션영화의 간판스타가 되었다. <용팔이> 시리즈에서 콤비를 이룬 최지희 또한 액션 스타로 변신해 1970년대 액션 장르에서 활약한 여성 배우들의 선두에 나서며 제2의 전성기를 맞이했다. 이후 <인간사표를 써라>(1971)를 위시해 다양한 액션영화의 주연과 감독을 맡으며 활약한 박노식은 <방범대원 용팔이>(1976)와 <돌아온 용팔이>(1983)를 직접 연출하며 '용팔이'에 대한 지속적인 애정을 보여 주었다. <5인의 해병>과 <팔도사나이>를 거쳐 <용팔이>로 완성된 전라도 사나이는 박노식의 영화 중 대중에게도 가장 익숙하고 사랑받은 역할로 남아 있다.

1   <남대문출신 용팔이>의 박노식(왼쪽)과 최지희
2   <팔도사나이> 포스터
3   <방범대원 용팔이>에서 여장한 박노식(왼쪽)
    그리고 그 옆은 황해

1

1960 — 1970년대

한국영화를 빛낸 콤비들

이만희와 서정민, 7년간 28편의
영화에서 협업한 최고의 파트너십

조영정

이만희는 한국영화의 황금기인 1960년대 초중반을 가장 눈부시게 빛낸 감독이다. 그는 스릴러부터 사극, 공포, 전쟁, 문예 그리고 멜로드라마에 이르기까지 다양한 영화 장르에 도전했고, 늘 그 장르의 정점에 이르는 완성도를 선보였다. 그리고 감독 이만희의 곁엔 그의 천재성을 필름에 새겨 준 동료 서정민 촬영감독이 있었다.

이만희와 서정민의 운명적 만남은 임원직 감독의 〈인력거〉(1961) 촬영 현장에서 이루어졌다. 4·19혁명으로 미루어졌던 영화의 각색을 맡은 이만희와 마무리 촬영을 하던 서정민은 처음부터 마음이 잘 맞았다. 하지만 둘의 협력이 본격적으로 펼쳐진 것은 1962년 〈다이얼 112를 돌려라〉였다. 두 사람은 이때부터 1967년까지 28편의 영화로 이만희·서정민 콤비의 황금기를 함께 만들어 갔다. 정교한 세팅과 조명으로 음산한 긴장감을 더한 〈마의 계단〉(1964)이나 전쟁의 장엄한 스펙터클을 선보인 〈돌아오지 않는 해병〉(1963)이 단 한 대의 카메라로 이루어 낸 성과는 지금 봐도 놀랍다.

1960년대를 빛낸 또 다른 협업 관계로 문예영화의 대가 김수용 감독과 전조명 촬영감독을 빼놓을 수 없다. 완벽한 구도로 여백의 아름다움의 정점을 보여 준 두 사람은 문예영화를 비틀린 영화 정책이 탄생시킨 별종이 아닌, 한국의 예술영화를 대표하는 장르로 승화시키는 데 일조했다.

이와 더불어 한국영화사에 그 이름을 뚜렷이 새긴 임권택 감독과 정일성 촬영감독의 협업 또한 거론되어야 한다. 1950년대 말 영화계에 입문한 이들은 마침내 1980년대에 이르러 협업을 통해 영화 인생의 진정한 황금기를 맞았다 해도 과언이 아닐 것이다. 1981년 〈만다라〉로 시작된 임권택과 정일성의 협업은 〈장군의 아들〉(1990), 〈서편제〉(1993), 〈춘향뎐〉(2000), 〈취화선〉(2002) 그리고 〈천년학〉(2006)까지 '가장 한국적인 미학'을 세계에 알리며 한국영화의 부흥을 이끌었다.

1   서정민 촬영감독(왼쪽)과 이만희 감독(오른쪽)
2   카메라 파인더를 보고 있는 이가 전조명 촬영감독,
    베레모를 쓴 이가 김수용 감독
3   임권택 감독과 정일성 촬영감독(모자 쓴 이)

2   3

한국영화,
재도약을 꿈꾸며 나아가다

침체기로 접어들었던 한국영화는 다양한 방식으로 돌파구를 모색한다.

전문적 영화 교육을 받은 영화인으로 대대적인 세대교체가 이루어지고, 기술 발전을 도모한다.

비디오 시대와 함께 독립영화운동이 그 시작을 알린다.

1971년

한국영화의
새로운 기술적 시도

70밀리 대형영화와
테크니스코프 촬영 방식

정종화

한국영화는 그 산업 규모에 맞게 가장 경제적이면서도 효과적인 방식으로 영화 기술을 채택해 왔다. 이른바 한국 특유의 압축적 근대화 방식과 궤를 같이한 것이다. 일례로 할리우드 영화들이 1950년대 중·후반부터 컬러 시네마스코프(와이드스크린)를 채택했던 것과 달리 한국영화는 1960년대 내내 흑백 시네마스코프를 기술 표준으로 유지했다. 1961년 〈춘향전〉(홍성기)과 〈성춘향〉(신상옥)의 경쟁적 제작 과정에서 시도됐던 컬러 시네마스코프 기술은 흑백 시네마스코프에 밀려나 있다가 1960년대 말이 되어서야 본격적으로 안착한다. 컬러보다는 넓고 큰 화면을 관객에게 보여 주는 것이 더 경제적이고 효과적이었기 때문이다. 무엇보다 컬러 필름은 고가였고 새로운 현상 시설을 설비하는 비용도 만만치 않다는 사정이 있었다.

입체영화3D film 역시 할리우드에서는 1950년대 초·중반에 산업적 활기를 띠었지만 한국에서는 1968년에 처음 등장했다. 한국영화의 기술사에서 주목해야 할 인물인 촬영감독 장석준이 주도한 〈천하장사 임꺽정〉(이규웅)과 〈몽녀〉(임권택)를 통해서다. 할리우드 영화 산업이 텔레비전의 공세에 대응하기 위해 입체영화와 70밀리 대형영화를 내세웠던 것처럼, 1960년대 한국영화 황금기의 정점에서 입체영화가 등장한 것 역시 당시 한국의 텔레비전 보급 상황과 맞물리는 사건이었다.

한국영화는 1969년부터 본격적인 컬러 시네마스코프 시대로 진입했고 그해 1억 7,300만 명의 관람객 수를 기록하며 영화 산업은 정점에 달했다. 그리고 1970년 209편, 1971년 202편을 기록한 후 1972년부터 122편으로 제작 편수가 뚝 떨어진다. 1970년 초부터 하락세의 기운을 품고 있었던 것이다. 이처럼 한국영화의 산업적 정점과 불황의 시작이 겹쳐지던 시점에 한국영화계도 70밀리 대형영화에 도전했다.

1 한국 최초의 70밀리 대형영화, 〈춘향전〉(이성구, 1971) 포스터
2 장석준 촬영감독이 만든 입체영화 촬영기와 함께한 영화인들
   (왼쪽부터 노인택 미술감독, 전조명 촬영감독, 윤종두 촬영감독)

3

4

한국 최초의 70밀리 대형영화는 태창흥업이 1971년 구정 시즌에 개봉한 〈춘향전〉(이성구)이다. 첫 발성영화, 첫 컬러 시네마스코프 영화에 이어, 70밀리 대형영화 역시 고전소설 『춘향전』과 조우한 것이다. 도전의 주역은 촬영감독 장석준으로, 1969년 70밀리 카메라 제작 착수가 그 시작이었다. 미국에서 대여하는 비용이면 국내에서 충분히 제작할 수 있다는 계산이었다. 실제로는 70밀리 카메라를 만져 본 적도 없지만 35밀리 카메라 구조를 토대로 장석준은 직접 본체를 만들었고, 70밀리용 렌즈만 가까운 일본에서 구입해 부착했다. 이처럼 손수 제작한 촬영기로 어렵게 영화를 만들었지만, 단 1편을 제작하는 데 그친다. 70밀리 촬영기만으로 전체 공정의 기술적 완성도를 만족시킬 수는 없는 노릇이었고, 일반 제작비보다 5배 이상 많은 제작비를 투여했으나 흥행 수익이 그에 비례한 것도 아니었기 때문이다. 결과적으로 미국, 일본, 러시아, 이탈리아에 이은 다섯 번째 70밀리 영화 생산국으로 기록되는 것에 만족해야 했다.

1970년대는 컬러 시네마스코프 화면이 정착한 시기이지만, 필름의 반半프레임 즉 '하프 사이즈'로 촬영해 와이드 스크린 효과를 만드는 테크니스코프Techniscope 영화가 유행하기도 했다. 한국에서 테크니스코프가 등장한 것은 촬영 때 사용하는 필름인 네거티브 필름을 절약할 수 있다는 장점 때문이었다. 제작자가 예컨대 필름 1만 자를 허락하면 2만 자의 필름을 사용할 수 있는 마술 같은 비법이었다. 한국에서 테크니스코프를 시도해 영화제작에 성공하기까지 전 과정을 주도한 인물은 촬영감독 유재형이다. 그는 해외의 기술 서적을 뒤적이다 유럽에서 필름이 절반밖에 들지 않는 촬영 방식을 저예산 작업에 이용한다는 것을 알게 되었고, 직접 아리플렉스Arriflex 카메라를 개조한다. 테크니스코프 방식은 1970년 〈일요일 밤과 월요일 아침〉(최인현)을 시작으로 1970년대 내내 쓰였고, 1973년 전후로는 제작되는 영화의 절반을 시네마스코프 화면과 양분했다. 한국영화 침체기의 시작과 테크니스코프 방식이 맞물렸다는 점도 시사하는 바가 크다.

처음에는 네거티브 필름을 절약하기 위해 시작한 방식이지만, 감독들은 테크니스코프에서 저예산 제작에 어울리는 기술적 장점을 찾아내 이를 미학적 스타일로 승화시키기도 했다. 특히 정진우 감독은 농구 장면이 있는 〈섬개구리 만세〉(1972)에서, 임권택 감독은 역동적 무술 장면이 필요한 〈삼국대협〉(1972)에서 테크니스코프 촬영 방식을 사용했음을 회고한 바 있다. 현재 한국영상자료원은 테크니스코프 방식으로 촬영해 일반적 현상과 인화 시스템으로는 프린트를 만들 수 없는 특별한 오리지널 네거티브 필름 148편을 보관하고 있다.

3 한국 최초의 입체영화 〈천하장사 임꺽정〉(이규웅, 1968) 포스터
4 테크니스코프 촬영 방식을 미학적 장점으로 승화시킨 〈삼국대협〉(임권택, 1972)과 〈섬개구리 만세〉(정진우, 1972) 포스터

1972년

사간동 프랑스문화원과 문화원 세대

검열 없는 영화 상영, 시네필들의 명소

정성일

영화를 볼 수 있는 유일한 방법이 극장에 가는 것과 텔레비전에서 〈주말의 명화〉 시간을 기다리는 것 이외에 다른 경로가 전혀 없던 상황에서 유럽의 여러 나라들 모더니즘 작가 영화의 시대를 각자의 방식으로 맞이하고 있었다. 일본 영화는 해방 이후 반일 감정을 이유로 국내 수입이 금지되어 있었다. 1960년대 라틴아메리카의 해방영화들을 당시 남한의 시네필Cinephile들은 존재조차 알지 못했다. 다만 아메리칸 뉴 시네마 영화 일부가 수입되었으나 외국영화 수입쿼터제로 흥행 성공작들(중에서도 정치적으로 문제없는 영화들)만이 극장에 도착했다. 하지만 해외에서 도착한 비평들은 새로운 영화운동이 전 세계적 규모로 전개되고 있음을 풍문으로 전하고 있었다.

1972년 경복궁 맞은편 사간동으로 이사한 프랑스문화원은 건물 지하에 110석 규모의 작은 영화관 '살 르누아르'Salle Renoir를 열고 매달 새로운 프로그램으로 영화를 상영하기 시작했다. 이 프로그램은 프랑스영화사 전체를 대상으로 했지만 그중 1930년대 시적 리얼리즘 영화와 1960년대 누벨바그 영화에 집중했다. 외교적 협약에 따라 이 영화들은 검열의 가위로부터 자유로웠다. 이 장소는 대학가의 소수 시네필들 사이에 소문으로 알려지더니, 〈금지된 장난〉(르네 클레망René Clément, 1952)의 성공으로 일거에 명소가 되었다. 이 성공에 남산에 자리한 독일문화원도 1978년부터 영화 상영을 시작하면서 1920년대 표현주의 무성영화와 1970년대 뉴 저먼 시네마를 소개했다. 또한 각 문화원 안에 시네클럽이 경쟁적으로 결성되었으며 그것이 서울 시내의 대학교 시네필들이 만나는 기회가 되었다. 이 시기 시네클럽에서 활동한 시네필들을 '문화원 세대'라고 부르지만, 이들이 문화원에 어떤 소속감을 가진 것은 아니었다.

1980년 5월 직후 독일문화원에서는 일부 서클이 광주민주화운동과 정치적으로 연계되었다는 조사를 받으면서 모든 서클 활동이 금지되었고 시네클럽도 사라졌다. 또한 1980년대 초반 비디오가 들어오면서 매체의 변화와 함께 시네필들은 프랑스문화원에서 벗어나 여러 경로의 비디오 시장으로 발길을 돌렸다. 새로운 매체, 새로운 테크놀로지, 새로운 시장이 하나의 세대를 끝냈고, 거기서 다음 세대가 시작되었다.

1 쉽게 볼 수 없는 프랑스 영화들을 소개하며 시네필들의 욕구를 채워 주던 프랑스문화원의 살 르누아르
2 1970년대 당시 독일문화원을 중심으로 모였던 '동서영화동우회'의 동인지 《동서영화회보》

1973년

영화진흥공사 설립

한국영화의 제작 자본 조달 및 지원,
영화인 교육을 담당하다

조준형

영화진흥공사의 전신인 영화진흥조합은 1970년 3차 개정 영화법을 통해 설립 근거가 규정되었고, 1971년 2월 13일 발족했다. 영화진흥조합의 재원은 외국영화 수입쿼터제로부터 조성되는 자금과, 발기 당시 영화 수입사들이 부담한 출연금이었다. 이 재원을 바탕으로 영화진흥조합은 대종상 시상식, 제작 자금 융자, 우수 영화 보조, 수출 보조, 창작 기금 융자 등의 사업을 진행했다. 대체로 금융 융자 사업이 중심이었다. 초대 이사장은 당시 문공부 문화국장 김진영이 맡았다.

조합의 탄생 배경에는 영화 정책의 변화가 있다. 1963년 1차 개정영화법 이후 정부는 영화제작사의 대기업화 정책을 추진했는데, 부족한 한국영화 제작 자본을 외화 수입 사업에서 충당하려고 국산영화 제작사만 외화를 수입할 수 있도록 규정했다(제작-수입 일원화 정책). 그러나 외국영화 수입쿼터제를 매개로 한 이 정책은 많은 폐단을 낳았고, 1960년대 후반 현장 영화인들의 대규모 반발을 초래했다. 이에 정부는 1970년 영화법을 개정하면서 수입과 제작을 분리하는 방향으로 정책을 선회한다. 필연적으로 한국영화 제작 자본에 공백이 생길 수밖에 없었다. 이에 정부는 신규 외국영화 수입사들에게 외국영화 수입쿼터를 공매해 한국영화 제작 자본을 충당하기로 했고, 이 자금을 관리하기 위해 탄생한 기구가 영화진흥조합이었다.

1973년 영화법이 개정되면서 영화진흥조합이 영화진흥공사로 바뀌어 조합은 청산 절차를 밟았다. 1973년 4월 2일 창립된 영화진흥공사의 초대 사장으로 김재연 전 문화공보부 예술국장이 임명되었다. 1977년 문예진흥기금이 일부 투여되기 전까지, 재원은 거의 전적으로 외국영화 수입쿼터를 획득한 영화사들이 부담하는 국산영화진흥기금으로부터 조달되었다. 문제는 1973년의 4차 개정영화법에서 제작과 수입이 다시 일원화되었다는 점이었다. 즉 제작과 수입이 분리된 상황에서 탄생한 조합의 설립 이유가 사라져 버린 것이다. 이에 따라 1970년 이전처럼 개별 영화사가 외화 수입의 잉여 수익을 한국영화 제작에 투입하면 되는데, 굳이 인건비와 관리비 부담이 큰 별도 조직을 운영할 필요가 없다는 비판이 제기되었다. 그럼에도 정부는 영화진흥공사를 설립했다. 그 상징적인 첫 사업이 반공영화,

2

새마을영화 등 정책영화를 고예산으로 제작하는 것이었다. 영화계 안팎의 비판에 1975년 이후 직접 제작은 중단하고, 민간의 정책영화 지원으로 사업 방향이 전환되었지만, 이 사례는 당시 정부가 영화와 영화진흥기관의 임무를 어떻게 생각했는지 잘 보여 준다.

이후 영화진흥공사는 한국영화 제작 지원, 해외수출 지원, 한국영화아카데미 개설(1984) 및 영화인 양성 교육 등의 사업을 진행했다. 1994년에는 문예진흥기금과 국고 출연으로 영화진흥금고를 만들어 영화진흥 사업을 위한 안정적 자금원을 마련했고, 1997년 11월에는 한국영화계의 숙원 사업 중 하나이던 남양주종합촬영소를 개소했다. 1999년 김대중 정부 출범 이후 영화진흥공사는 영화진흥위원회로 명칭을 변경했는데, 영화 현장과 밀착하는 정책 실현을 위한 민관 협치 기구의 성격을 강화하기 위함이었다. 스크린쿼터 일수의 축소 결정 이후 2007년 영화진흥기금이 신설되어 2019년 현재까지 영화진흥 사업을 위한 안정적 재원으로서 유지되고 있다.

1   영화진흥공사가 제작한 고예산 정책영화 〈증언〉(1973)의
    한강 다리 미니어처 촬영 장면
2   영화진흥공사 현판식

1

2

3

1975년

'영상시대'의 뉴시네마 운동

신인 배우 및 연출 지망생 공모,
잡지 발간, 영화제작 활동

안재석

1970년대 한국영화계는 텔레비전 보급과 다양한 레저 문화의 발달에 따른 급격한 관객 감소로 '불황'이라는 먹구름에 휩싸여 있었다. 그러던 차에 〈별들의 고향〉(이장호, 1974)과 〈어제 내린 비〉(이장호, 1975), 〈영자의 전성시대〉(김호선, 1975), 〈바보들의 행진〉(하길종, 1975)의 잇단 흥행 성공은 "진실로 방화계에 예술적 정신이 소양素養되어 있는 일각이 도사리고 있다면 그 파워가 새로운 관객을 상대로 영화예술의 잃어버린 본령을 되찾을 때 그때 불황은 분명히 없어질 것이 아닌가 싶다"라는 하길종의 평소 믿음이 실현되는 것처럼 보였다.

이에 "연달아 일어난 흥행적 성공들을 그냥 지나쳐 버리기보다 한데 모여 의논하고 힘을 모으자"라는 하길종의 제안에 따라 이장호, 김호선은 물론 당시 이들과 자주 어울리던 또래 감독들인 홍파와 이원세 그리고 영화평론가 변인식 등 여섯 젊은 영화인들은 1975년 7월 18일, '영상시대'라는 동인同人 그룹을 결성한다. "'비키니 섬의 거북이'처럼 영화의 본질에서 벗어나 방향 상실로 허덕여 온 한국영화… 우리는 아직껏 이 땅에 영화는 있었어도 영화예술은 부재했음을 알고 있다…. '새 세대가 만든 새 영화', 이것은

구각을 깨는 신선한 바람, 즉 회칠한 무덤 같은 권위주의를 향한 예리한 투창이어야 한다"라는 선언문은 이들의 동인 활동이 '영화예술의 잃어버린 본령'을 되찾기 위한 토대를 마련하는 것인 동시에 1960~1970년대 서구의 '뉴시네마 운동'new cinema movement을 염두에 둔 것이었음을 분명히 보여 준다.

'영상시대' 동인들은 '한국영화의 예술화 캠페인'을 캐치프레이즈로 내걸고 영화제작은 물론 새로운 영화 인력의 발굴과 양성, 정기 영화 세미나 개최, 영화 전문 잡지 《영상시대》 발간(1977년 여름 창간호, 1978년 여름호) 등 다양한 활동을 펼쳤다. 특히 이들이 '영상시대' 결성 후 가장 먼저 추진한 '연출 지망생 공개 모집'과 '신인 배우 선발 대회'는 이른바 '청년문화의 기수'였던 '영상시대' 감독들에 대한 당대 젊은이들의 신뢰와 동경에 힘입어 엄청난 화제를 불러 모았다.

이어 '새 세대가 만든 새 영화'를 표방하며 내놓은 '영상시대'의 첫 작품은 〈숲과 늪〉(홍파, 1975)이었다. 공식적인 첫 작품답게 이 영화에서는 '영상시대' 동인들의 연대가 본격적으로 이루어졌는데, '영상시대'의 신인 배우 공모

1~3 한국영화계가 불황을 겪고 있는 와중에 흥행한 〈별들의 고향〉, 〈영자의 전성시대〉, 〈바보들의 행진〉
4 '영상시대' 결성 후 제작된 영화들(왼쪽부터 〈숲과 늪〉, 〈꽃과 뱀〉, 〈어디서 무엇이 되어 다시 만나리〉)

4

5·6

7·8

에서 선발된 신인들 중 맨 처음으로 최민희와 조영숙이 주연과 조연으로 출연할 기회를 얻었고, 여기에 각 감독들의 페르소나persona 배우인 〈바보들의 행진〉의 하재영, 〈영자의 전성시대〉의 송재호, 〈특별수사본부 외팔이 김종원〉(이원세, 1975)의 박근형이 가세했으며, 〈별들의 고향〉, 〈어제 내린 비〉 등에서 유려한 영상을 보여 준 바 있는 장석준이 촬영을 맡았다. 이른바 '영상시대'의 대표 주자들이 투입된 첫 번째 시험 무대였던 셈이다.

하지만 젊은이들의 애정 모럴에 관한 풍속도를 모더니즘적 뉴시네마 양식으로 담아낸 이 작품은 관객 2만 6,037명 동원이라는 참담한 결과를 맞는다. 이러한 결과는 〈꽃과 뱀〉(이원세, 1975), 〈여자를 찾습니다〉(하길종, 1976), 〈그래 그래 오늘은 안녕〉(이장호, 1976), 〈여자들만 사는 거리〉(김호선, 1976) 등 다른 동인들의 '영상시대' 결성 후 첫 작품들 역시 마찬가지였다. 더욱이 〈어디서 무엇이 되어 다시 만나리〉(홍파, 1977)나 〈한네의 승천〉(하길종, 1977)은 개봉조차 하지 못한 채 '1977년 상반기 우수영화'로 선정되어, 단지 제작사에 외화 수입쿼터를 수혜하도록 해 준 요식행위의 작품이라는 수치스러운 신세로 전락하고 말았다.

'영상시대'는 이념보다는 예술을 중심에 둔 운동이며 동시대의 정신을 표현하려는 영화적 시도였다. 하지만 이들의 '한국영화 예술화 운동'은 동시대 청년 관객들과 공감대를 형성하지 못했고 선언적 구호에 머물렀다는 한계를 지닌다. 또한 30대 흥행 감독이라는 지명도에 의존했다는 점과 개인적 친분으로 결성한 동인체가 갖는 느슨한 연대감 등은 '운동'으로서 그 동력을 허약하게 했다.

5~8 왼쪽 상단부터 번호 순서대로 〈여자를 찾습니다〉, 〈그래 그래 오늘은 안녕〉, 〈여자들만 사는 거리〉, 〈한네의 승천〉

1975년

청소년과 하이틴영화

10대 스타 임예진의 등장으로
시작된 하이틴영화 붐

정성일

1975년은 참혹한 시간이었다. 한 해 전 유신 정권은 1월에 긴급조치 1호·2호·3호를, 그리고 4월에 연달아 4호를 선포했다. 이제 모든 출판물이 검열의 대상이었고, 영화는 1차 시나리오 검열을, 그런 다음 영화가 완성되면 다시 납본 프린트로 이중 검열을 받아야 했다. 8월 15일, 테러리스트 문세광은 박정희 대통령을 저격했지만 육영수 여사가 희생자가 되었다. 그해 가을 《동아일보》는 '자유언론실천선언'을 했고, 신문은 광고 지면이 백지 상태로 인쇄되었다. 박정희는 1인 독재를 위해 1975년 1월 유신헌법을 국민투표로 통과시켰고, 그해 4월 긴급조치에 따라 인민혁명당 관련자를 사형선고 내렸고 18시간 만에 형 집행을 했다. 남한 사회는 숨 죽였으며 감시와 체포, 실종이 이어졌고 유언비어가 떠돌았다. 대다수 한국영화는 검열로 만신창이가 되었고 국책영화와 반공영화, 새마을영화, 외화 수입쿼터를 받으려고 만든 문예영화에 대중은 거의 관심을 잃었다. 한국영화 산업은 이 시기를 정책적 측면만이 아니라 시장의 측면에서도 가장 암울했던 시기로 기억한다. 이 배경을 먼저 이해해야만 아주 짧았지만 일시적으로 흥행에 성공했던 1975년에서 1978년까지의 하이틴영화 붐을 설명할 수 있다.

이 시기 한국영화 시장은 관객 공백기에 가까웠다. 좀 더 정확하게, 정부는 한국영화 시장이 마비되더라도 대중이 한 장소에 모이는 걸 원치 않았다. 문화 정책 담당자들은 검열 과정에서, 한국영화 시장의 관객 가운데 두 계층에 비교적 관대했는데 그 하나는 실직자이고 다른 하나는 미성년자였다. 실직자 관객에게는 성적인 장면들로 가득 찬 (이것을 장르로 구별하기에는 모호하지만) '호스티스 멜로드라마'를 허용했으며, 또 한편 미성년자 관객을 대상으로 한 '하이틴 청소년물'도 허용했다.

하이틴 청소년물의 첫 번째 영화는 1975년 8월 23일, 여름방학이 거의 끝나 갈 무렵 2학기 개학을 앞두고 개봉한 김응천 감독의 〈여고졸업반〉이다. 몇 가지 상황을 먼저 설명해야 할 것 같다. 1970년대 10대 청소년들에게 남녀 간 데이트는 학교 교칙에 따라 엄격하게 금지되었으며, (지금으로서는 상상할 수 없을 정도로 강력하게) 유교 이데올로기에 따른 남녀유별 도덕이 가정과 학교 및 사회에서 요구되었다. 또 학생들은 학교가 요구하는 단발과 교복 규정

을 준수해야 했다. 이 억압의 규제 속에서 〈여고졸업반〉은 거의 완벽한 판타지를 제공했다. 여기에 이 영화를 하나의 '장르'로 성립시킨 것은 임예진이라는 10대 스타의 탄생이었다.

다만 제목처럼 이 영화는 '여학생' 관객에 제한되는 소재와 서사를 가지고 있었다. 이 상업적 한계를 이해하고 하나의 장르처럼 패턴으로 만든 영화가 문여송 감독의 〈진짜 진짜 잊지마〉(1976)이다. 임예진과 이덕화를 하나의 커플로 설정한 다음 남학생과 여학생에게 각자의 판타지를 제공한 이 영화는 '진짜 진짜' 제목(〈… 미안해〉, 1976; 〈… 좋아해〉, 1978)을 지닌 (하지만 서사적으로 서로 연관이 없는) 3편의 영화로 이어졌다. 이 붐에 편승해 석래명 감독은 이승현, 진유영, 강주희 세 명의 트리오를 내세운 〈고교 얄개〉(1976)를 만들었고 작은 성공을 거둔 다음 〈얄개행진곡〉(1977)과 〈여고얄개〉(1977)로 그 뒤를 이었지만 성공하지 못했다. 또한 이 붐에 뒤늦게 다시 편승한 김응천 감독은 〈첫눈이 내릴 때〉(1977)를 임예진과 이덕화 주연으로 만들었지만 '진짜 진짜'의 성공을 재현하지는 못했다.

하이틴 청소년물의 붐은 의외로 스타 임예진이 고등학교를 졸업하고 성인물에 출연하면서 갑자기 끝났다. 물론 그게 전부는 아닐 것이다. 1979년 부산과 마산에서 대규모 민주화 시위가 있었고, 그해 10월 26일 궁정동에서 만찬 중이던 박정희가 중앙정보부장 김재규의 총에 맞아 죽었다. 다음 날 비상사태가 선포되었고, 이듬해 짧은 자유의 봄이 찾아온 다음 5월 광주에서 피비린내 나는 학살이 이어졌다. 이젠 아무도 하이틴 청소년물을 보러 가지 않았고, 충무로에서는 아무도 더는 만들지 않았다. 십여 년이 지난 뒤 강우석 감독이 〈행복은 성적순이 아니잖아요〉(1989)를 만들어 성공을 거두었지만 거기서 끝났다. 이 장르를 이어받은 것은 아이러니하게도 일련의 '하이틴' 공포영화 〈여고괴담〉 시리즈일 것이다. 하지만 그건 또 다른 이야기다.

1 〈진짜 진짜 잊지마〉의 임예진(오른쪽)과 이덕화
2 〈고교 얄개〉의 한 장면(왼쪽이 이승현, 오른쪽이 김정훈)
3 〈진짜 진짜 좋아해〉의 영화 속 한 장면(왼쪽이 김현, 오른쪽이 임예진)

1970년대

1 20만 명 넘는 관객을 극장으로 불러들인 유지인 주연의 〈내가 버린 남자〉
2 청순한 모습의 정윤희를 주인공으로 내세워 흥행에 성공한 〈나는 77번 아가씨〉
3 58만 5,000여 명의 관객을 동원하며 당대 최다 흥행 기록을 세운 장미희 주연의 〈겨울여자〉

2세대 여배우 트로이카, 유지인·정윤희·장미희

스크린과 안방극장 넘나들며 인기몰이

김종원

1969년 229편으로 영화사상 최다 제작 편수 기록을 세우며 1970년대를 맞은 한국영화계는 2년 만에 거의 절반(122편) 수준으로 떨어지는 침체에 빠졌다. 극장가에 활기를 불어넣던 1세대 여배우 트로이카가 해체 단계에 들어서고, 1974년 신년 벽두부터 불어닥친 산유국의 유가 인상 파동이 불황을 몰고 왔기 때문이다.

이런 시기에 유지인이 박종호 감독의 〈그대의 찬손〉(1974)으로 데뷔하고, 이어 정윤희와 장미희가 각기 〈욕망〉(이경태, 1975)과 〈성춘향전〉(박태원, 1976)에 발탁되었다. 그러나 이들의 존재감은 아직 건재한 김지미나 트로이카에서 혼자 남은 윤정희, 여전한 인기의 고은아와 같은 기존 스타의 벽을 넘어서기에는 역부족이었다.

그런데 1970년대 중반을 넘어서면서 장미희가 주연을 맡은 〈겨울여자〉(김호선, 1977)가 58만 5,000여 명의 관객을 동원하며 한국영화사상 최다 흥행 기록을 세운 데 이어 유지인의 〈내가 버린 남자〉(정소영, 1979), 〈청춘의 덫〉(김기, 1979) 등과 정윤희의 〈나는 77번 아가씨〉(박호태, 1978), 〈꽃순이를 아시나요〉(정인엽, 1978) 등이 20만 명 선을 넘는 돌풍을 일으키면서 상황이 달라졌다. 〈겨울여자〉의 장미희는 고고한 이미지로 성녀와 마녀의 요소를 동시에 지닌 이화라는 캐릭터를 성공적으로 표출해 냈고,

4

〈내가 버린 남자〉의 유지인은 단아한 개성미를 앞세워 현실과 이상의 경계에 선 여성의 모습을 보여 준 반면, 정윤희는 남성의 보호본능을 자극하는 특유의 청순미로 관객의 시선을 사로잡았다.

더욱이 이 시기에 정윤희와 장미희가 공연한 주간연속극 〈청실홍실〉(1977, TBC-TV)과 유지인이 주연한 〈서울야곡〉(1977, TBC-TV)이 안방극장 시청자들을 사로잡은 것도 이들의 주가를 높이는 데 한몫했다. 뚜렷이 떠오르는 새 얼굴이 없던 영화계에 모처럼 활기를 불어넣은 이들을 매스컴은 '신新트로이카'라고 불렀다. 어느새 스타덤에 오른 이들은 경쟁자로서 흥행물만이 아니라 작품성 있는 영화에도 관심을 보여 유지인은 〈심봤다〉(1979), 〈피막〉(1980), 〈바람불어 좋은날〉(1980), 〈도시로 간 처녀〉(1981), 〈그해 겨울은 따뜻했네〉(1984) 등에서, 정윤희는 〈최후의 증인〉(1980), 〈뻐꾸기도 밤에 우는가〉(1980), 〈안개마을〉(1982) 등으로, 장미희는 〈느미〉(1979), 〈세 번은 짧게, 세 번은 길게〉(1981), 〈적도의 꽃〉(1983), 〈깊고 푸른 밤〉(1985), 〈황진이〉(1986) 등에 출연하며 경쟁했다.

그러나 1970년대 후반부터 1980년대 중반까지 명맥을 유지한 2세대 트로이카는 선배 트로이카만큼 경쟁이 치열하지는 않았다. 컬러텔레비전 시대가 열리면서 경쟁 매체가 분산되었기 때문이다. 이런 가운데 그들은 원미경(〈청춘의 덫〉, 1979), 이미숙(〈모모는 철부지〉, 1979), 이보희(〈일송정 푸른솔은〉, 1983) 등 신인들의 도전에 직면한다.

4 〈피막〉(1980) 속 유지인
5 〈도시의 사냥꾼〉(1979) 속 정윤희
6 〈무녀의 밤〉(1982) 속 장미희

5

6

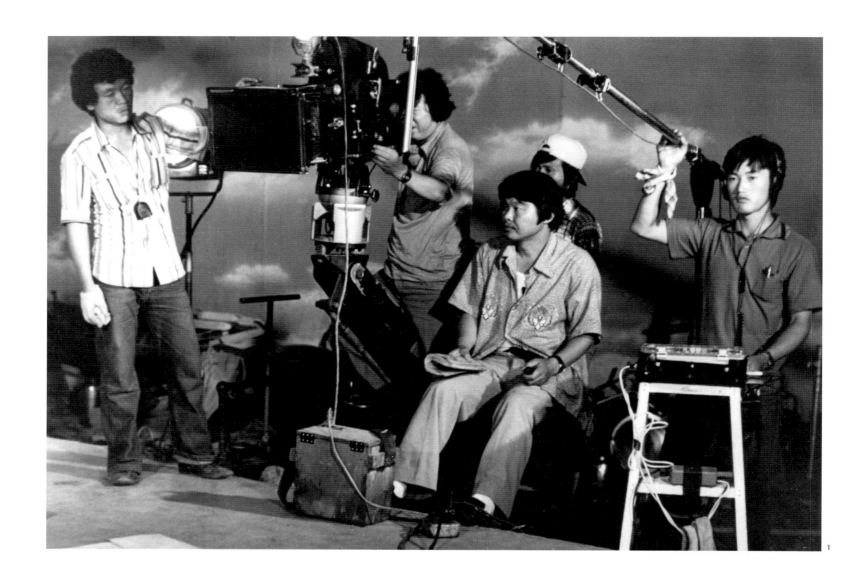

1978년

동시녹음의 개척자, 정진우 감독

<율곡과 신사임당>으로 시작해
<심봤다>에서 성공

정종화

'한국의 고전영화' 하면 가장 먼저 떠오르는 것이 성우의 후시녹음後時錄音 목소리다. 한 해 200편 이상 만들어지던 한국영화의 생산력은 후시녹음 덕분에, 다시 말해 동시녹음 작업을 포기함으로써 가능했다. 제작자 입장에서 동시녹음은 촬영 기일이 늘어나고, 제작비도 2배 이상 소요되는 불필요한 작업 공정이었다. 배우들 역시 후시녹음을 선호했다. 대사를 외울 필요 없이, 촬영 현장에서 불러주는 대사에 따라 입만 맞추면 되었기 때문이다. 배우 신성일이 1967년 한 해에만 무려 65편의 영화에 출연하는 엄청난 기록을 남길 수 있었던 결정적 이유이기도 하다. 이처럼 후시녹음은 당시 한국의 영화 산업이 선택한 가장 현실적인 시스템이었다고 할 수 있다. 서구영화에 미치지 못하는 후진성이 역설적이게도 한국의 영화 산업에 동력이 되어 준 것이다.

신상옥 감독이 <대원군>(1968)에서 동시녹음을 시도하기는 했지만, 동시녹음을 정착시키기 위한 본격적 행보를 펼친 이는 정진우 감독이다. 해외영화제에 참석하면서 동시녹음의 필요성을 절감한 그는 영국의 한 촬영소에서 동시녹음 시스템을 견학한 뒤 일본의 닛카쓰영화사에서 중고 미첼 NCMitchell Newsreel Camera 카메라를 들여와 첫 동시녹음을 시도한다. 그 작품이 바로 <율곡과 신사임당>(1978)이다. 전체 장면의 80퍼센트 정도에서 동시녹음을 시도했고, 여기에는 동시녹음을 미학적으로 실험한 5~6분짜리 롱테이크도 포함됐다. 그다음 작품들은 독일에서 동시녹음용 아리플렉스 BLArriflex BL 카메라와 무선 마이크, 나그라Nagra 녹음기 등을 구입해 100퍼센트 동시녹음에 성공했다. 대종상을 겨냥한 동시녹음 2회작 <심봤다>(1979), 대중적 상업성을 염두에 둔 3회작 <가시를 삼킨 장미>(1979)가 그것이다. 그의 동시녹음 행보는, 미첼 BNCRBlimped Newsreel Camera Reflex 카메라를 들여와 촬영한 5회작 <뻐꾸기도 밤에 우는가>(1980), 토드 AOTodd-AO 카메라를 들여와 촬영한 6회작 <앵무새 몸으로 울었다>(1981)로 이어졌다.

정진우 감독의 동시녹음 작품들은 오프닝이 매우 흥미롭다. '제 몇 회 동시녹음 작품'이라는 자막과 함께, 감독과 스태프가 동시녹음 촬영용 카메라와 녹음 장비들을 운용하는 실제 영상을 보여 주는 것이다. 동시녹음의 길을 개척하는 제작자 겸 감독으로서 자부심이 엿보이는 장면이다. 영화로 번 돈을 한국영화에 다시 투자한 정진우 감독의 이런 시도는, 당시 한국영화계의 제작 풍토에서는 의미가 컸다고 평가할 수 있다.

1 <심봤다>의 동시녹음 촬영 현장. 카메라 옆에 앉은 이가 정진우 감독.
2 <심봤다>(1979) 촬영 현장
3 <뻐꾸기도 밤에 우는가>의 오프닝 화면

2

3

1970년대

최초의 여성 영화인 집단 카이두

최초의 실험영화페스티벌과
나체 퍼포먼스를 펼쳐

맹수진

카이두 클럽은 1974년 이화여대 출신이 주축이 되어 결성한 한국 최초의 여성 영화인 집단이자 여성 실험영화 집단이다. 몽골의 전설적 왕후 '카이두'를 집단 이름으로 내세웠다는 점에서 짐작할 수 있듯이, 이들은 남성 중심적인 한국영화계에 반기를 들고 여성들의 적극적 현실 참여 방안을 모색했던 전위적 영화 집단이다. 카이두 클럽의 주요 멤버는 이 클럽을 창립하고 공동대표를 역임한 한옥희, 미술을 전공한 김점선 그리고 한순애·정묘숙·왕규원 등으로, 1971년 출범한 아마추어 영화동호회 '영상연구회'에서 영화 작업을 시작해, 최초의 여성 영화인 집단 카이두 클럽으로 독립했다.

한국영화사에서 카이두 클럽이 갖는 중요한 의미 하나는 이들이 한국 최초로 실험영화페스티벌을 개최했다는 점이다. 남성 중심의 영화계 질서에 도전했을 뿐 아니라 내러티브 중심, 장르 중심의 주류 상업영화에 반기를 들고, 영화 매체의 본질과 예술성을 탐구하는 단편 실험영화 제작을 지향했던 만큼 이들의 작업은 완성된 영화만이 아니라 영화제작 과정에서도 매우 도발적이었다. 특히 이들이 명동에서 벌인 나체 퍼포먼스는 당시 매체에서 중요하게 다

룰 정도로 도발적인 것이었다. 한옥희의 회고에 따르면, 이 퍼포먼스는 카이두 멤버 가운데 가장 "과격했던" 김점선이 주도했다. 전위미술의 세례를 받은 김점선은 영화 역시 필름으로 표현하는 미술 활동이라 정의했는데, "찍는 사람은 정직해야 하지만, 정작 촬영된 현실은 가식적"이라는 자신의 생각을 표현하기 위해 카메라를 든 이는 나체로, 카메라 앞에 선 이는 옷을 입은 채 작업에 임하게 하는 등 오늘날의 시각으로 봐도 매우 도발적인 작업을 감행했다.

비록 1974년 신세계백화점에서 연 실험영화페스티벌과 1975년의 소규모 상영회 등 단 두 번의 상영회를 끝으로 1977년 공식 해체되었지만, 엄혹했던 1970년대 한국영화계의 현실에서 카이두 클럽이 추구한 도발과 전복, 대안 제기는 여전히 녹슬지 않은 정신으로 지금의 영화인들에게도 자극을 주고 있다.

1 색채를 통해 한국문화와 현대사를 표현하려 했던 한옥희의 실험영화 〈색동〉(1976)의 장면들
2 "실험영화의 기수 한옥희 씨" 제하의 기사(《동아일보》 1979년 1월 6일)
3 한옥희의 자전적 실험영화 〈무제〉(1977)

1960 — 1990년대

'충무로 시대'의
여성 감독들

홍은원부터 임순례까지
당대 유일의 여성 감독들

이길성

이른바 '충무로 시대'에 한국영화 산업에 이름을 올린 여성들은 소수였으며 특히 여성 감독은 1980년대까지 고작 5명에 불과했다. 감독 앞에 붙은 '여성'이라는 수식어와 그 숫자 자체는 여성들이 '영화감독'이기보다는 '여성 영화감독'으로서 충무로의 높은 벽 앞에 얼마나 많은 좌절을 겪었을지 짐작하게 한다.

한국영화계에서 박남옥을 잇는 두 번째 여성 영화감독은 1962년 〈여판사〉로 데뷔한 홍은원이다. 홍은원은 여성 영화인으로서는 드물게도 충무로 도제 시스템에서 전형적인 감독 수업을 받았다. 1948년 〈죄없는 죄인〉(최인규)의 스크립터로 영화계에 입문한 홍은원은 오랫동안 스크립터와 시나리오 작가, 조감독으로 활동한 후 1962년 비로소 감독으로 데뷔했다. 첫 작품 〈여판사〉는 1961년 자택에서 의문사한 한국 최초의 여판사 황윤석을 모델로 한 이야기다. 홍은원의 술회처럼 "당시 세상을 떠들썩하게 했던 여판사 사건에서 약삭빠른 상혼으로 쓰인 대본"이 만들어졌고 "여류 감독의 첫 메가폰 작품 〈여판사〉"라는 홍보를 노린 의도가 보이는 영화였다. 이러한 기획적 상술에도 불구하고 홍은원은 고심해서 '여성 이야기'를 그려 내려고 노력했

다. 그러나 한국영화 산업의 어려운 상황 때문에 자신의 의도대로 영화를 만들기가 어려웠다. "환갑은커녕 50세도 못 돼서" 홍은원은 영화 현장을 떠나야 했고 1965년 이후에는 시나리오 작업만 이어 나갔다.

홍은원의 뒤를 이은 최은희와 황혜미는 도제 시스템을 거치지 않고 감독이 된 경우다. 최은희는 1965년 〈민며느리〉로 데뷔하면서 세 번째 여성 영화감독으로 이름을 올렸고, 이후 〈공주님의 짝사랑〉(1967), 〈총각선생〉(1972)을 연출했다. 물론 당대 최고의 여배우였던 최은희의 감독 활동 이면에는 신필름과 신상옥 감독이라는 최고의 배경이 있었다. 그럼에도 불구하고 최은희는 3편의 영화에서 흥미로운 여성 인물을 구현해 냈다.

최은희의 뒤를 이은 황혜미는 '기획자'로 경력을 시작했다. 데뷔 전 그녀는 프랑스 소르본 대학에서 영화를 전공했다는 입소문이 퍼져 있었다. 서울대 출신이라는 점과 프랑스 유학파라는 소문은 당대 유일의 여성 감독이라는 배경과 함께 중요한 홍보 수단이 되었다. 황혜미는 김수용 감독의 〈안개〉(1967)를 기획하면서 영화계에 뛰어들었고, 1970년 〈첫경험〉으로 감독 데뷔를 한 후 〈슬픈 꽃잎이 질

1 박남옥 감독에 이은 두 번째 여성 영화감독 홍은원
2 1965년 〈민며느리〉로 감독 데뷔한 최은희.
  〈총각선생〉(1972) 연출 때의 모습(맨 왼쪽이 최은희).
3 김수용 감독의 〈안개〉(1967)를 기획하면서 영화계에
  뛰어든 황혜미

4

때〉(1971), 〈관계〉(1972)까지 3편의 영화를 연출했다. 그녀가 감독한 작품은 모두 유실되어 확인은 할 수 없지만 당시 가부장제하의 결혼과 불륜, 변화하는 성의식 등을 감각적으로 다루었다는 평가를 받았다.

1980년대부터 여성 감독들도 정식 경로로 데뷔하는 것이 통례가 되었다. 이미례 감독은 홍은원에 이어 충무로 도제 시스템을 거친 두 번째 여성 감독이며 1980년대에 활약한 유일한 여성 감독이다. 그녀는 또한 대학에서 영화를 전공한 후 감독 데뷔를 한 첫 여성 감독이었다. 이미례는 1984년 〈수렁에서 건진 내 딸〉로 데뷔한 후 〈고추밭의 양배추〉(1985), 〈물망초〉(1987), 〈학창보고서〉(1987), 〈영심이〉(1990), 〈사랑은 지금부터 시작이야〉(1990)까지 앞선 여성 감독들보다 월등히 많은 작품을 연출하며 오랫동안 영화 산업에서 버티어 냈다. 그러나 그녀 역시 "제작자들이 깊이도 없는 청소년영화만 맡기는 바람에" "하고 싶은 것을 할 수 없는 분위기"에 탈진해서 영화계를 떠나고 말았다.

임순례 감독의 등장은 영화계 입문의 폭이 훨씬 넓어진 1990년대의 환경을 보여 주는 사례다. 여균동 감독의 조감독을 거치면서 영화계에 진입한 그녀는 파리 8대학에서 영화를 전공했고, 제1회 서울단편영화제에서 대상을 수상한 〈우중산책〉(1994)으로 혜성같이 등장했다. 단편영화 수상과 여성 감독이라는 점으로 주목받은 그녀는 1996년 데뷔작 〈세친구〉를, 2001년에는 〈와이키키 브라더스〉를 연출했다. 소외된 군상들에 대한 연민과 따뜻함, 사회에 대한 날카로운 시선을 동시에 드러내는 그녀의 작품들은 평론가들의 호평을 받았으나 흥행에는 크게 성공하지 못했다. 하지만 한동안의 휴지기 이후 〈우리 생애 최고의 순간〉(2007)으로 건재함을 과시했다. 〈날아라 펭귄〉(2009), 〈소와 함께 여행하는 법〉(2010), 〈남쪽으로 튀어〉(2012), 〈제보자〉(2014), 〈리틀 포레스트〉(2018)로 이어지는 임순례의 이력은 여성 감독이라는 수식에서 벗어난 지 오래다. 이는 개인의 부단한 노력이기도 하지만 그간 선배 여성 영화인들이 먼저 걸어간 힘겨운 걸음 덕분이기도 하며 '여성'운동의 확장에도 힘입은 것이다.

4 홍은원에 이어 충무로 도제 시스템을 거친 두 번째 여성 감독 이미례. 사진은 〈영심이〉(1990) 촬영 현장의 이미례 감독(왼쪽).
5 임순례 감독을 끝으로 '당대 유일의 여성 감독'이라는 타이틀은 사라졌다. 〈와이키키 브라더스〉 촬영 현장의 임순례 감독.

1980년대 초반

이장호와 배창호의 시대

도시와 청년이 머물던 풍경을 그리다

김영진

1974년 장기 불황으로 휘청거리던 한국영화계는 20대의 젊은 감독 이장호의 데뷔작 〈별들의 고향〉으로 활력을 얻었다. 최인호의 베스트셀러를 영화화한 이 작품은 서울에서 46만 5,000여 명의 관객을 동원했다. 당시로선 기록적인 숫자였다. 〈별들의 고향〉은 멜로드라마의 상투형이 없지 않지만 당시 한국 청년문화의 감수성을 스크린에 잘 옮겼다. 그리고 〈어제 내린 비〉(1975), 〈너 또한 별이 되어〉(1975), 〈그래 그래 오늘은 안녕〉(1976) 등 후속작에서도 이장호 감독은 고답적 신파를 벗어나지 못한 당시의 한국영화에 젊은 감성을 불어넣었다. 대중문화 연예인 종사자들에 대한 정부 당국의 대마초 흡연 단속에 걸려 활동 정지를 당한 후 촉망받는 젊은 감독에서 사회의 소외자로 입장이 바뀐 그는 사회 비판 의식을 벼린 끝에 되찾은 연출작으로 활동 정지가 풀린 1980년 〈바람불어 좋은날〉을 발표해 데뷔작 못지않은 충격을 대중에 안겼다.

〈바람불어 좋은날〉은 당시 첨예한 사회문제로 떠오른 도시 재개발 상황을 소재로 서울에 흘러든 빈민들의 삶을 뚝심 있는 리얼리즘 태도로 다뤘다. 이후 〈어둠의 자식들〉(1981), 〈바보선언〉(1983) 등에서 민중적 리얼리즘과 전위영화의 감성을 조화시킨 이장호는 〈무릎과 무릎사이〉(1984), 〈어우동〉(1985) 등 에로티시즘을 전면에 세운 정치 비판 영화를 흥행시켜 1980년대의 스타 감독으로 떠올랐다.

이장호가 대마초 파동으로 쉬고 있던 야인 시절, 그의 조감독으로 영화계에 입문한 배창호는 1980년대의 또 다른 스타 감독이었다. 1982년 〈꼬방동네 사람들〉로 데뷔한 이래 1980년대 중반까지 배창호의 영화는 연달아 흥행 기록을 갱신했고 개봉 극장 간판에 주연 배우와 함께 그의 얼굴을 그려 넣을 만큼 대중에게 절대적 신뢰를 얻었다. 그는 〈적도의 꽃〉(1983), 〈그 해 겨울은 따뜻했네〉(1984), 〈고래사냥〉(1984) 등의 영화에서 할리우드 스타일의 깔끔한 멜로드라마 화법을 보여 준 것은 물론 이야기 속도감을 추구한다는 점에서 가히 독보적이었다. 특히 이 시기의 대표작 〈깊고 푸른 밤〉(1985)은 당시 한국영화의 흥행 기록을 깬 영화로, 아메리칸 드림의 허상과 진실한 사랑의 좌절을 극적 파장이 큰 멜로드라마 화술로 풀어냈다.

2

1 촬영 현장의 이장호 감독(모자 쓴 이)
2 〈황진이〉(1986) 촬영 현장의 배창호 감독(맨 아래 모자 쓴 이)

안성기,
'국민배우'의 탄생

만 5세 때 <황혼열차>로 데뷔 후
현재까지 굳건히 자리매김

허문영

한편에 대중이 열광하고 숭배하는 영웅 혹은 유사 신神으로서 스타가 있다면, 다른 한편에 대중이 굳건히 신뢰하고 친밀감을 느끼는 유사 친구로서 스타가 있다. 안성기는 두말할 것도 없이 후자에 속한다.

사람들은 자기 이미지를 자기 문화권의 어떤 배우의 이미지로 상상하곤 한다. 안성기는 오랫동안 국민배우로 불렸는데, 많은 국민의 사랑을 받는 연예인과 운동선수 앞에 '국민'이라는 수식어를 붙인 경우는 안성기가 거의 처음이다. 이후 국민가수, 국민MC, 국민여동생 등으로 남용되긴 했지만 여전히 그 수식어가 가장 잘 어울리는 것은 안성기다. 한국인은 그의 모습에서 자기 이미지 혹은 이상화된 자신을 발견한다.

1952년생인 안성기는 1957년 <황혼열차>로 데뷔한 뒤 2019 <사자>에 이르기까지 100편이 넘는 영화에 출연했고, 그중 <하녀>(1960)와 <취화선>(2002)을 비롯한 다수 작품이 한국영화사의 걸작 목록에 올라 있다. 그는 각종 영화상에서 25회에 이르는 주연상을 받았는데 이는 전무후무한 기록이다. 물론 안성기의 특별한 점은 이런 수치에 있지 않다. 그는 당대의 관객을 열광시킨 우상이었던 적도 없지만, <바람불어 좋은날>(1980) 이후로 한 번도 한물간 스타였던 적이 없다.

그는 인기 절정이었던 젊은 시절에도 익살맞은 거지(<고래사냥>, 1984), 소심한 회사원(<성공시대>, 1988; <남자는 괴로워>, 1994), 고뇌에 찬 승려(<만다라>, 1981), 환상에 빠진 어수룩한 밤무대 코미디언(<개그맨>, 1988), 떠돌이 정신지체아(<안녕하세요 하나님>, 1987) 등 전형적 남성 영웅의 성적 매력과는 무관한 배역을 주로 맡았다. <안개마을>(1982)이나 <깊고 푸른 밤>(1985) 같은 예외도 없지는 않지만, 종종 일탈적이며 섹시한 다른 남자와 대비되는 성실하고 모범적인 인물을 주로 맡았다(<겨울나그네>, 1986; <기쁜 우리 젊은 날>, 1987). 오히려 40대가 되어서 남성적 매력의 소유자로 간혹 등장했으나(<그대

1 배우 안성기
2 <만다라>에서 고뇌에 찬 승려를 연기한 안성기

3

4

5

3 미국 로케이션 촬영으로 화제를 모았던 영화
  〈깊고 푸른 밤〉의 안성기(왼쪽)와 장미희(오른쪽)
4 〈남자는 괴로워〉에서 소심한 회사원을 연기한 안성기
5 스스로를 천재로 생각하는 삼류 카바레 개그맨을
  연기한 안성기(오른쪽)
6 〈고래사냥〉의 병태(김수철, 왼쪽)와 민우(안성기)

6

안의 블루〉, 1992; 〈미술관 옆 동물원〉, 1998; 〈인정사정 볼 것 없다〉, 1999) 그의 인상을 바꿔 놓을 정도는 아니었다. 1990년대 중반 이후 그가 역사의 무거운 짐을 떠맡은 과묵한 지도자(〈태백산맥〉, 1994; 〈실미도〉, 2003; 〈취화선〉, 2002; 〈한반도〉, 2006; 〈화려한 휴가〉, 2007)로 더 많이 등장했기 때문이다. 요컨대 안성기는 영화 속에서 전형적인 영웅이나 반영웅이 아니라 범인凡人 혹은 주변인으로 세상의 변두리를 떠돌다 어느 순간부터 고뇌하는 어른의 역할을 맡아 왔다. 그가 맡은 허구적 배역들에 한국 현대사의 자취가 묻어 있는 것이다.

자연인으로서 안성기는 소탈하고 상냥한 인품으로 널리 알려졌지만, 가까운 사람조차 감탄하는 엄격한 도덕적 절제로도 유명하다. 한국영화계의 대소사에 불려 나와 무거운 책임을 감당하는 것도 마다하지 않아 배우로서만이 아니라 인간으로서도 사람들의 깊은 신뢰를 얻어 왔다. 배우로서 안성기는 많은 표정을 갖고 있는 편은 아닌데, 그렇다고 전혀 단조롭다고 느껴지지도 않는다. 젊은 시절부터 많았던 주름, 너무 깊지도 얕지도 않은 눈매, 고집스러워 보이는 입술, 어딘가 그늘이 드리운 그의 얼굴과 종종 미묘하게 구부정한 뒷모습에는 오랜 항해를 마치고 돌아온 선원의 비밀스러운 평온함, 혹은 잔혹한 전장에서 돌아온 베테랑 병사의 억제된 과묵함 같은 것이 새겨져 있다. 말하자면 그의 얼굴과 육체에는 사건이 지나간 다음의 안도와 피로, 영광도 과오도 돌이킬 수 없음을 알게 된 자의 회한이

서려 있다.

한 배우가 40년 동안 변함없는 인기와 대중적 호의를 유지하는 게 가능할까. 아마도 한국영화계에선 거의 불가능한 일일 것이다. 다섯 번의 혁명적 정변政變, 적과 동지의 종잡을 수 없는 자리바꿈의 연속, 과거에 대한 끊임없는 부정과 망각, 근대적 혹은 초근대적 개발을 향한 미친 듯한 질주로 점철된 한국 사회에서는 있을 수 없는 일일 것이다. 다만 안성기만이 그걸 가능하게 만들었다. 이는 '연기력'이라는 배우의 전문성을 뛰어넘는, 여느 배우에게선 찾기 힘든 고유한 육체적 이미지와 천품天稟이라고 말할 수밖에 없는 특별한 인간적 자질에서 비롯되었을 것이다.

1982년

<애마부인>의
심야 상영

1980년대 신군부의 문화 정책이
영화계에 미친 영향

김형석

흔히 1980년대 신군부의 문화 정책을 이야기할 때 3S(섹스, 스크린, 스포츠)를 이야기한다. 실제로 이 정책은 영화계에 엄청난 영향을 끼쳤는데 그 상징적 사건이 바로 <애마부인>(1982) 심야 상영이었다. 1982년 1월 5일 통금이 해제되고 한 달 후인 2월 6일 늦은 밤의 서울극장은 수많은 관객으로 북적였다. <애마부인>을 보러 온 인파였다.

그렇다면 <애마부인>은 섹스와 스크린을 내세우는 당대의 정책에 부응하는 일종의 '국책영화'였던 것일까? 돌이켜 생각해 보면, 당대의 관객은 이 영화에서 1980년대식 욕망을 읽은 것 같다. 여성의 육체를 눈요깃감으로 전시한다는 점에서는 한계를 지니지만 이 영화에는 1960년대 멜로드라마가 갖고 있던 모성에 대한 강박이나 1970년대 호스티스영화의 비극적 운명이 없다. 가부장제는 유명무실하고, 홀로 사는 '애마'는 풍족한 삶을 누리며, 육체적 매력으로 인해 늘 주변의 관심을 받는다. 아파트에 살며 자동차를 직접 몰고, 뛰어난 패션 감각을 지녔으며, 클럽과 바에서 즐길 줄 아는 여성. <애마부인>은 새로운 캐릭터로 관객에게 어필할 수 있었던, 그 시절 충무로의 최고의 기획영화였던 셈이다.

<애마부인> 이후 에로티시즘의 물결이 강하게 출렁이기 시작해, 충무로에 '시대정신'이 되었다. <애마부인>을 비롯해 <빨간 앵두>(1982), <산딸기>(1982), <변강쇠>(1986), <뽕>(1985) 등은 강력한 프랜차이즈가 되었다. <무릎과 무릎사이>(1984) 같은 영화는 한국영화 최초로 '소프트코어 포르노'라는 수식어를 달았다. 이런 흐름의 정점이 된 해는 1988년으로, 그해에는 거의 매주 에로영화가 개봉했다. 올림픽을 계기로 검열이 잠깐 느슨해진 틈에 찾아온 화양연화였고 그 최고봉은 <매춘>(1988)이었다.

이후 극장가에서 핑크빛 영상은 서서히 사라진다. 한국의 에로 콘텐츠는 비디오 시장으로 급속히 흡수되었으니, 충무로의 에로 황금기는 엄밀히 말해 <애마부인>부터 <매춘>까지 6년이었던 셈이다. 하지만 짧았던 기간에 비해 임팩트는 대단했고, 1980년대를 이야기할 때 '에로영화'는 여전히 회자되는 아이템이다.

1 <애마부인> 포스터
2 <애마부인>의 심야 상영을 알리는 당시 서울극장 앞의 모습

1

1982년

'독립영화' 운동과
실천 단체들

얄라성을 시작으로 영화 집단 및
단체 창립과 분화 가속화

김동현

한국 독립영화의 출발이 언제인가에 대해 여러 의견을 가질 수 있지만 대체로 1980년대를 꼽는다. 이보다 앞선 1970년대에는 자생적 영화 소모임(영상연구회, 카이두 클럽), 문화원 기반의 시네필 그룹(시네클럽, 동서영화동우회), 기성 영화인 주도의 단체(소형영화동우회, 영상시대) 등이 존재했다. 그럼에도 1980년대를 한국 독립영화의 기원으로 잡는 것은 진전된 차별점이 있는 까닭이다. 그것은 새로운 영화에 대한 개념과 비전의 정립, 실천을 기반으로 하는 영화 단체 태동, 영화운동 확산과 독립영화 관객 형성으로 요약할 수 있다.

1980년대는 유신 정권의 붕괴가 '서울의 봄'을 거쳐 5·18민주화운동으로 이어지는 뼈아픈 상처로 시작한다. 자본 고도화에 따른 산업화는 도시 철거민을 양산했고 빈부 격차는 증가했다. 누적된 억압의 분수령이 폭발하는 격변의 시기, 민주화운동이라는 이름으로 사회 각 분야는 일제히 각성한다. 당대의 젊은 영화인에게 영화는 순수한 예술을 뛰어넘어 사회에 복무하는 무엇이 되어야 했다. 소형영화, 열린영화, 민족영화, 민중영화, 작은영화, 대학영화 등의 호명은 기존의 한국영화를 비판하고 '다른' 영화를 모색하던 청년들의 치열한 논쟁과 실천의 결과다. 영화법 내의

용어를 차용한 '소형영화'의 형식적 한계에서 나아가, '열린영화'는 영화운동의 열린 가능성이라는 미래적 비전을 타진했고, '민족영화'는 분단과 외세라는 외부적 환경을 사고했다. '민중영화'는 예술운동의 주체와 대상을 고려한다는 점에서, '대학영화'는 청년 영화인의 세력과 기반을 보여 준다는 점에서 각각의 맥락을 갖는다. '작은영화'는 앞선 용어의 개념을 포괄해 영화 주체의 합의를 기반으로 대중에게 공개되었다는 점이 특별하다. 다양한 독립영화의 개념은 절대성을 갖기보다 교차하고 중첩되며 새로운 영화의 나아갈 바를 제시했다. 비슷한 시기, 미국의 독립영화는 세계영화사에 뚜렷한 족적을 남긴 바 있고 스튜디오 시스템, 즉 산업으로부터의 '독립'에 대한 모델을 만들어 간다. 한국의 독립영화는 동일한 명칭 아래 한국이라는 역사적·사회문화적·지정학적 특수성을 내포했다.

'자본과 권력으로부터의 독립'이라는 상징적 슬로건은 이러한 시대적 배경과 더불어 이를 실천하는 구체적 인물들의 활동으로 비로소 가능했다. 1980년대는 소모임의 정체성에서 탈피해 집단 및 단체의 결성과 분화가 거듭되었다. 대학의 영화동아리 얄라성(1979년 공대 서클로 시작해 1980년 본부 서클로 전환)은 8밀리 필름을 채택해 자율적

1 〈파업전야〉의 한 장면
2 〈파업전야〉 상영을 알리는 전단지
3 1983년 서울영화집단이 지은 책 『새로운 영화를 위하여』
4 1986년 창립한 서울영상집단이 발간한 《영상집단》 창간호

90년 노동영화의
전설이 돌아온다!

4K 디지털 리마스터링
30년 만에 극장 정식 개봉!

2019.05.01 노동절

이고 공동체적인 영화제작 방법론을 쌓아 나갔다. 얄라성 성원이 주축이었던 서울영화집단(1982년 결성)은 영화운동을 표방한 최초의 사회단체라는 점에서 중요하다. 개별 대학을 넘어 더 많은 구성원이 모임으로써 새로운 영화운동에 대한 다양한 논쟁과 실천이 촉발될 수 있었다. 이 단체는 서울영상집단(1986년 결성)으로 전환해 가톨릭농민회와 함께 〈파랑새〉(1986)를 제작·배급했으며 이는 공권력이 기소한 최초의 독립영화로 기록되었다. 민족영화연구소(1988년 결성), 한겨레영화제작소(1989년 결성), 노동자뉴스제작단(1989년 결성)은 영화의 운동성에 더 주목해 현장에 기초한 비디오운동을 전개했다. 영화마당 우리(1984년 결성)는 영화제작, 상영회, 워크숍을 병행하며 대학가 작은영화운동의 접점을 만들어 나간다. 장산곶매(1988년 결성)는 독립 장편 극영화에 도전하기 위해 청년 영화인을 규합해 〈파업전야〉(1990)를 비롯한 기념비적 작품을 제작했다. 바리터(1989년 결성)는 여성 영화인 공동체로서 기울어진 젠더 감각을 환기하려는 영화적 노력을 다했다.

이어 1990년대에도 여러 단체(독립영화협의회, 노동자영화대표자회의, 푸른영상, 보임, 청년, 문화학교서울 등)가 결성·해산·통합을 반복한다. 그중 일부 단체는 지금까지 독립영화의 궤적을 이어 나가고 있다. 이러한 영화 단체 및 집단은 무엇보다 당대의 영화인을 담는 그릇이었다. 또한 영화인들은 그룹을 넘나들며 영화운동에 영향을 끼친다. 그런 관계와 간여는 초기 독립영화의 성과가 비교적 소멸하지 않고 축적될 수 있었던 이유이기도 하다.

1980년대 독립영화의 또 다른 특징은 영화운동의 지속적 확산과 관객 확대로 독립영화의 인식을 전환했다는 점이다. 1984년 작은영화제를 계기로 영화인들은 '작은영화'를 독립영화의 합의된 개념으로 정리했다. 서울 남산에서 이틀간 열린 '작은영화제'가 대성공을 거두었고, 불온한 영화의 존재가 유령처럼 사람들 사이를 배회했다. 영화제를 찾은 관객은 영감과 충격을 안고 각자의 자리로 돌아갔다. 대학가엔 일제히 영화동아리가 생겨났고 비슷한 영화제와 상영회가 조직되었다. 1987년 대학영화연합을 결성해 표현의 자유 투쟁, 직배 반대 운동에 든든한 기반이 된다. 장산곶매가 제작한 〈오! 꿈의 나라〉(1989), 〈파업전야〉(1990), 〈닫힌 교문을 열며〉(1992)는 5·18민주화운동, 파업 현장, 전교조 활동 등 정치적 이슈를 직접 다루며 표현의 자유 운동의 구심이 되었다는 점에서 초기 독립영화의 경향성과 상징성을 품고 있다. 나아가 〈파업전야〉는 역동적 배급의 결과 전국 30만 명 관객이라는 기념비적 성과를 낳았다. 이때 구축한 배급 체계는 이후에도 독립영화 상영과 배급에 좋은 선례가 되었다. 한편 미디어 또한 공권력에 맞서 영화를 사수하는 대학가의 풍경을 연일 보도했다. 관객을 넘어 대중에게 한국 독립영화가 선명하게 각인되는 순간이었다.

이렇게 단체를 중심으로 전개된 활동은 자생적으로 새로운 영화 인력을 배출한다. 이들 중 일부는 1990년대 기성 영화에 도전, 코리안 뉴웨이브와 기획영화 시대를 열었고 일부는 대학, 평론, 영화제 등 전문 영역을 확대했다.

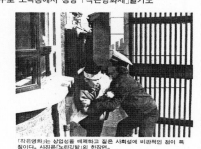

자리잡아가는 「작은 영화」들

"삶의 절실함을 진솔하게 표현" 호평

8~16밀리 필름으로 찍은 10~20분짜리
주로 소극장에서 상영 「작은영화제」열기도

「작은영화」는 상업성을 배제하고 짙은 사회성에 비판적인 점이 특징이다. 사진은 「노란깃발」의 한장면.

6

5　1990년 개봉 당시의 〈파업전야〉 리플릿(왼쪽)과 2019년 재개봉 당시의 포스터(오른쪽)
6　1984년 작은영화제를 알리는 당시 기사의 일부

1984년

한국영화아카데미 개원

실습 위주의 현장 교육…
상업영화 교두보로 자리 잡다

주성철

한국영화가 100주년일 때 한국영화아카데미(이하 '영화아카데미')는 개원 36주년을 맞는다. 한국영화 100년에서 3분의 1 정도의 역사는 실로 영화아카데미의 역사라 해도 과언이 아닌 것이다. 당시 영화진흥공사(현 '영화진흥위원회') 건물에서 출발한 영화아카데미의 36년 역사는 한국영화사에서 절대적 위치를 차지한다. 영화아카데미 11기 출신 봉준호 감독의 〈기생충〉이 2019년 칸국제영화제 황금종려상을 수상한 것은 그 100년과 36년의 역사를 상징하는 사건이라 할 수 있다.

1984년 영화진흥공사가 '한국영화 발전을 위한 인재 양성'이라는 명분을 내걸고 설립한 영화아카데미는 '실습 위주의 현장 교육'을 통해 상업영화의 교두보가 될 교육기관으로 금세 자리를 잡아, 1기 출신부터 두각을 나타냈다. 김의석 감독의 〈결혼이야기〉(1992)는 그해 최고 흥행의 한국영화가 됐고, 박종원 감독은 〈구로아리랑〉(1989)으로 데뷔한 뒤 〈우리들의 일그러진 영웅〉(1992)과 〈영원한 제국〉(1994)으로 각각 청룡영화상, 대종상 감독상을 수상했고, 장현수 감독은 〈걸어서 하늘까지〉(1992)로 대종상 신인감독상을 수상했고, 황규덕 감독의 〈꼴찌부터 일등까지 우리반을 찾습니다〉(1990)는 당대 학원물의 고정관념을 일거에 뒤집으며 신선한 충격을 던져 주었다. 2기 권칠

인 감독, 3기 박기용·이민용 감독, 4기 이현승·오석근·이정향 감독 그리고 5기 〈하녀〉(2010)와 〈돈의 맛〉(2012)으로 칸국제영화제 경쟁부문에 두 번 초청된 임상수 감독 등이 그 뒤를 이었다. 7기 변혁·이재용 감독이 공동 연출한 〈호모 비디오쿠스〉(1990)가 '단편영화의 칸영화제'라 불리는 클레르몽페랑국제단편영화제에서 심사위원특별상을 수상하며 영화아카데미는 국제적 주목을 받기 시작했다.

이후 등장하는 〈8월의 크리스마스〉(1998)의 9기 허진호 감독, 〈여고괴담 두번째 이야기〉(1999)의 13기 김태용·민규동 감독, 〈범죄의 재구성〉(2004)의 15기 최동훈 감독도 빼놓을 수 없는 이름이다. 2007년부터는 정규 과정에 더해 '장편제작연구과정'을 운영하기 시작하여 〈파수꾼〉(2010)의 25기 윤성현 감독, 〈짐승의 끝〉(2010)의 25기 조성희 감독, 〈잉투기〉(2013)의 28기 엄태화 감독 등을 배출하며 여전히 한국영화계에서 흔들림 없는 존재감을 과시하고 있다.

1   1984년 한국영화아카데미 개원 및 입학식
2   1986년 한국영화아카데미 3기생 입학식
3   7기 변혁, 이재용 감독이 연출한 〈호모 비디오쿠스〉의 한 장면

1980 — 1990년대

독립영화, 표현의 자유를 위한 투쟁

민주화 이후에도 검열과 탄압의 대상이었던 '영화'

원승환

1980~1990년대 한국 독립영화의 역사는 '표현의 자유를 확장하기 위한 투쟁의 역사'였다. 이 시기 독립영화는 학생운동, 민주화운동과 궤를 함께하며 성장했다. 당대 독립영화인에게 영화는 민중 문화의 표현 매체였고, 영화운동은 사회변혁을 위한 운동이었다. 1980년대 초반 대표적 독립영화 단체였던 '서울영화집단'이 1986년 '서울영상집단'으로 새롭게 결성하며 제시한 '민주화를 위한 영화', '이 땅의 문제 해결에 적극적으로 기여할 수 있는 영화'라는 목표는 1980~1990년 시기 독립영화의 지향을 잘 설명해 준다. 전남 구례 농민들의 수세 현물 납부 투쟁을 기록한 〈수리세〉(1984)와 당시 농민들의 참혹한 현실을 담은 〈파랑새〉(1986) 등은 이런 지향의 결과였다. 하지만 이 시기는 박정희 정권이 시작한 영화 검열이 퍼렇게 살아 있던 시절이다. 민주화를 갈망하고 사회변혁에 기여하고자 했던 영화는 검열과 탄압의 대상이었다.

1986년 11월, 연세대학교에서 상영된 〈부활하는 산하〉가 사정 당국의 시선을 끌었다. 〈부활하는 산하〉는 동학혁명, 한국전쟁, 5·18민주화운동, 인천민중항쟁 등을 다룬 작품이다. 당시 경찰은 운동권 학생의 의식화 자료로 쓰인 이 영화의 국가보안법 위반 여부에 주목했고 '서울영상집단'을 배후로 지목하고 연행해 조사했다. 하지만 국가보안법 위반 사실은 발견하지 못했다. 대신 공연윤리위원회의 사전심의 없이 영화를 상영하면 안 된다는 영화법을 위반한 혐의로 '서울영상집단'의 홍기선 등을 구속했다. 표현의 자유를 두고 정권과 독립영화가 충돌한 첫 번째 사건이었다. 이후 표현의 자유를 향한 독립영화의 투쟁은 계속되었다.

1989년 1월 영화 검열을 두고 독립영화와 정권은 다시 충돌했다. 5·18민주화운동을 다룬 〈오! 꿈의 나라〉가 공개되자 당시 문화공보부는 이 영화를 제작한 '장산곶매'가 영화법의 제작신고와 사전심의 규정을 위반했다며 치안본부에 고발했다. 충돌은 1990년 4월 '장산곶매'의 〈파업전야〉 상영을 두고 격화되었다. 당시 검찰은 "〈파업전야〉의 내용이 파업을 선동하고 있으며 노동쟁의조정법상 제3자 개입금지를 위반했다"라고 주장했고, 사전심의를 받지 않아 영화법을 위반했다며 상영을 물리적으로 저지했다. 이 영화의 전남대 상영을 막기 위해 경찰은 헬기 1대와 최루탄 발사 차량 6대, 경찰 12개 중대 1,800여 명을 투입하기도 했다.

1991년 4월에는 서울대, 한양대, 경희대, 서울예전 등 4개 대학 재학생들로 구성된 영화 단체 '청년'이 제작한 〈어머니, 당신의 아들〉이 문제가 되었다. 사정 당국은 이번에도 영화법의 제작신고와 사전심의 규정을 위반했다며 상영을 저지했지만, 실제로는 "영화라는 매체가 논리보다는 감정에 호소하기 때문에 '사상 오염'의 영향력이 큰 데다 소형영화의 경우 극장용 영화보다 기동성이 강해 언제 어느 장소에서도 상영이 가능한 위험성이 있다"라고 판단한 결과였다. 1992년 '장산곶매'의 〈닫힌 교문을 열며〉까지 이어진 공방은 1996년 10월 헌법재판소가 공연윤리위원회의 사전심의가 위헌이라고 결정하면서 일단락되었다.

헌법재판소 결정으로 공연윤리위원회는 해체되었지만 사전심의는 여전했다. 1999년 〈둘 하나 섹스〉(이지상, 1998) 제작사는 '등급보류' 제도가 검열이라며 헌법소원을 제기했고, 2001년 헌법재판소는 위헌결정을 내렸다. 〈둘 하나 섹스〉는 현행 등급분류 제도를 마련하는 계기가 되었다. 〈둘 하나 섹스〉를 통해 독립영화는 제도 내의 표현의 자유도 확장했다. 하지만 영화에 대한 정치적 검열은 개봉영화가 아니라 '영화제'를 대상으로 반복되었다.

헌법재판소가 사전심의를 위헌이라 결정한 1996년 10월 4일 이후, 11월에는 이화여대에서 '제1회 인권영화제'가 개최되었다. 서대문구청은 인권영화제가 공연법상 공연신고 규정을 위반했다며 중단 명령을 내렸다. 당시 문화체육부는 인권영화제가 비디오로 상영하고 있어 비디오물의 사전심의도 위반했다고 판단했지만, 영화 사전심의가 위헌 결정을 받은 상황이라 공연신고 불이행만 문제 삼았다. 담당 구청의 상영중단 요구에도 인권영화제 측은 대회를 강행했지만 이듬해 엄청난 수난을 겪는다.

1997년에는 많은 영화제가 검열로 중단되었다. 6월 "독립영화여! 독립하라!"를 슬로건으로 서울 명보아트홀에서 개막한 '인디포럼 97'은 개막 이틀 만에 중단되었다. 사전심의를 받지 않았기 때문에 공연허가를 내줄 수 없다는 종로구청의 압력 때문이었다. 같은 해 9월에 개최하려던

2

2 1996년 11월 이화여자대학교에서 성황리에 치러진
제1회 인권영화제
3 〈어머니, 당신의 아들〉의 한 장면

'제1회 서울퀴어영화제'도 개최가 무산되었다. 연세대 동문회관에서 열 예정이던 이 영화제는 상영 예정작 중 4편을 심의 신청했으나 3편이 '비공개 시사' 판정을 받았다. 심의를 통해서는 정상적 개최가 어렵다고 판단한 영화제 측이 비디오 상영으로 변경해 개최하려 했지만 서대문구청이 '공연신고'를 받아주지 않았고, 동문회관 측이 전원을 끊으며 상영을 저지해 결국 무산되었다.

첫해 영화제에서 공연신고 불이행으로 담당 구청과 갈등을 빚은 인권영화제의 두 번째 개최는 더욱 힘들었다. 제1회 때와 마찬가지로 인권영화제 측은 사전심의를 거부했다. 이에 따라 상영 장소로 예정했던 동국대와 기독교연합회관 등이 대관을 불허했고, 상영 장소로 확정했던 홍익대도 마포구청과 경찰 등의 압력에 굴복해 상영관을 폐쇄하고 전기를 끊는 등 상영을 막았다. 상영을 강행하자 홍익대

는 주최 측을 고소했고 이를 빌미로 경찰은 공동 주최자인 홍익대 총학생회장을 구속했다. 학생들의 피해를 막기 위해 결국 제2회 인권영화제는 조기 폐막했고, 경찰은 공연법과 국가보안법 위반 등의 혐의로 영화제를 주최한 '인권운동사랑방'의 서준식을 구속했다.

사전심의를 빌미로 한 영화제 검열은 김대중 정부가 들어선 1999년, 영화진흥위원회가 추천하는 영화제에서 상영하는 영화는 상영등급 분류를 받지 않아도 상영할 수 있도록 영화진흥법을 개정하면서 사그라졌다. 하지만 '상영등급 분류 면제 추천' 제도 또한 완전한 표현의 자유를 보장하지는 못했다. 서울인권영화제 측은 해당 제도까지 거부하며 2008년 제12회 때부터는 영화관이 아닌 서울 마로니에공원에서 영화제를 개최하고 있다. 또 박근혜 정부하의 영화진흥위원회는 이 제도를 악용해 '문제 영화'로

지목된 영화 상영은 저지하기도 했다. 표현의 자유를 위한 투쟁은 여전히 진행 중이다.

1

1987년

<영웅본색>과
홍콩 누아르

향후 10년간 한국 극장가를
지배하는 장르가 되다

주성철

홍콩영화는 '외팔이' 왕우를 시작으로 '명절이면 찾아오던' 성룡까지, 할리우드 영화와 함께 한국 극장가를 양분한 세계였다고 해도 틀리지 않다. 〈정무문〉(1972), 〈용쟁호투〉(1973) 등을 남기고 33세의 나이로 세상을 뜬 이소룡 이후 아크로바틱한 코믹액션 〈취권〉(1978)의 성룡이 등장하면서 생겨난 홍콩 스타 시스템의 교체는, 유하 감독의 〈말죽거리 잔혹사〉(2004)의 마지막 극장 장면에 잘 나타나 있다. 그렇게 성룡은 〈프로젝트 A〉(1983), 〈폴리스 스토리〉(1985) 등 현대물에 이르기까지 홍콩영화를 대표하는 이름이 됐다.

변화는 한 번 더 찾아온다. 성룡이 여전히 과거 쇼브라더스와 골든하베스트로 대표되는 '홍콩 사극 무협영화'로부터 이어져 온 이름이라면, 이소룡과 성룡으로부터 완전히 단절한 진짜 '현대' 홍콩영화인 오우삼의 〈영웅본색〉(1986)이 등장한 것이다. 무협영화의 칼은 이제 홍콩 암흑가의 총으로 바뀐다.

〈영웅본색〉 초반부, 선글라스를 번쩍이며 위조지폐에 담뱃불을 붙이고 "영어도 할 줄 아냐?"라는 자호(적룡)의 물음에 "오브 코스!"라고 답하던 소마(주윤발)의 '쿨'한 넉살은 그야말로 모든 것을 결정지어 버렸다. 타이완에서 자호의 체포 소식을 접한 소마가 육교 위에서 괜히 신문지를 떨어뜨릴 때 관객은 거의 세상이 꺼지는 것 같은 비감에 젖어 들었고 수많은 학생이 그를 따라 괜히 성냥개비를 씹어 물고 다녔다. '홍콩영화'와 '필름 누아르'가 결합한 신조어인 '홍콩 누아르'는 그렇게 1990년대 중반까지 향후 10여 년간 한국 극장가를 지배하는 전설로 자리 잡아 갔다. 주윤발은 무협·무술이 아니라 정장을 입고 찾아온 최초의 홍콩 스타였으며 이후 장국영, 유덕화, 왕조현, 종초홍, 장만옥, 장학우, 양조위, 곽부성 등이 뒤를 이었다. 그들은 한국영화가 침체기이던 1980년대에 한국 텔레비전 방송의 예능 프로그램과 CF에도 종종 출연하며 여느 한국 배우 못지않은 친숙함을 드러냈다. 오우삼 감독은 〈하드 타겟〉(1993), 〈페이스 오프〉(1997), 주윤발은 〈리플레이스먼트 킬러〉(1998), 〈애나 앤드 킹〉(1999) 등으로 할리우드에도 진출해 그 전성기를 이어 갔다.

1 〈영웅본색〉의 가장 유명한 장면
2 〈영웅본색〉의 한 장면(왼쪽은 장국영)
3 1987년 5월 〈영웅본색〉 개봉을 알리는 지면 광고

1980 — 1990년대

비디오 대여점의 시대

마니아 문화와 결합하며
1990년대 영화 문화 활성화의
주역이 되다

김형석

한국의 비디오 시장은 1980년대 초에 형성되었고 1980년대 말에 급성장해 급기야 영화 시장을 추월했으며 1990년대엔 영상 콘텐츠 시장의 중심이 되었다. 시작할 땐 하드웨어와 소프트웨어 모두 쉽지 않았다. VCR 보급률이 높지 않았고 볼 만한 타이틀도 적어 불법 타이틀은 창궐했다. 하지만 1988년 서울올림픽을 계기로 VCR 보급률이 급속히 상승했고, 대기업이 소프트웨어 산업에 뛰어들었으며, 직배사 타이틀이 공급되면서 비디오 시장은 빅뱅을 맞이했다.

1990년대는 그 화양연화라 할 수 있었다. '비디오 관람'은 가정에서 값싸게 즐기는 가장 대중적인 유흥이었고, 골목마다 우후죽순처럼 대여점이 생겼다. 더 중요한 건 양적 팽창이 질적 상승으로 이어졌다는 점이다. 단순한 엔터테인먼트 산업이던 비디오 시장은 이 시기 영화 문화의 중심으로 변해 가고 있었다. 이른바 '마니아 문화'는 그 중요한 배경이다. 정치 담론 중심이던 1980년대가 동구권 몰락과 함께 막을 내리고, 1990년대 청년문화의 패러다임은 서서히 '문화'로 넘어가고 있었다. 영화는 그 핵심이었는데, 극장에선 예술영화가 개봉했고 '영화마을'이나 '으뜸과 버금' 같은 프랜차이즈 비디오 대여점은 '숨은 비디오 찾기'를

하는 영화광들의 아지트가 되었다. 어떻게 보면 1990년대는 한국의 영화 문화가 가장 역동적인 시기였으며, 그 중요한 축을 비디오 시장이 맡고 있었다.

그러나 이 시장은 마치 공룡과도 같았다. 세기말까지 그토록 번성하며, 한때 약 4만 5,000개까지 늘어났던 대여점은 21세기가 되면서 갑자기 사라졌다. 10년도 안 되는 기간 동안 대여용 VHS 테이프에서 소장용 DVD로, 그리고 스트리밍과 다운로드 시스템으로 변해 간 것이다. 디지털 시대가 열리며 마그네틱테이프는 과거의 유물이 되어 버렸다. 반면 1990년대엔 허덕이던 극장 산업이 멀티플렉스의 등장으로 반등했고, 침체하는 부가 판권 시장과 반비례하며 한국영화의 르네상스를 견인했으니, 비디오의 몰락은 한국영화 산업의 한 시기를 갈음하는 신호였던 셈이다.

1 VHS·DVD 판매점의 내부 모습
2 비디오 대여점 '영화마을'의 간판
3 대여점 앞에 놓여 있던 도서 반납기. 비디오테이프를 반납하는 데 쓰었다.

2

3

1988년

UIP 직배 영화
반대 투쟁

한국영화 산업의 정체성을
자문하는 계기가 되다

김형석

한국영화 시장에서 외화는 철저한 통제하에 유통되었다. 1980년대 중반까지 국가에서 허가를 내준 영화사만 영화를 제작할 수 있었고, 이 제작사들만 외국영화를 수입할 수 있었다. 편수 제한까지 있어서 할당된 쿼터만큼만 수입이 가능했다. 한국영화를 보호하기 위한 제도였다고는 하지만, 이것이 오히려 역효과를 가져왔다. 외화는 그 희귀성으로 확실한 흥행이 보장된 '황금 알을 낳는 거위'였지만, 한국영화는 '방화'邦畫라는 이름으로 폄하되며 외화 쿼터를 획득하기 위한 수단으로 전락했다.

시스템은 한순간에 무너졌다. 1985년 7월 시행된 제5차 개정 영화법은 23년 동안의 족쇄를 풀었다. 영화사 설립 규정이 허가제에서 등록제로 바뀌었고, 한국영화 제작과 외화 수입이 분리되었다. 이제 영화사는 외화 수입쿼터를 받기 위해 한국영화 제작 할당량을 채우지 않아도 되었던 것이다. 1987년 1월에는 외화 수입자유화가 시행되었고, 1987년 9월에는 시나리오 사전심의 제도가 철폐되었다. 바야흐로 한국영화에 봄이 오는 듯 보였다.

하지만 1년 후 한국영화계는 투쟁 전선에 나서게 된다. 할리우드의 직배가 시작되었기 때문이다. 메이저 스튜디오가 한국 시장에서 직접 배급을 하고 수익을 가져가는 '직배'는, 아직 취약하던 한국의 영화 산업 구조에 직격타가 될 것이 명약관화했다. 갑작스러운 일은 아니었다. 조짐은 1986년부터 있었다. 1986년 9월 23일에 등록한 미국영화수출협회AMPEC는 할리우드의 연락 사무실 같은 곳으로 부에나비스타, 콜롬비아, 워너브라더스, 파라마운트 등 10개 메이저 영화사가 가입된 기관이었다. AMPEC은 직배 시행 2년 전 한국에 들어와 직배 결정 시점을 살피고 있었고, 1988년 4월에 파라마운트, 유니버설, MGM, 유나이티드 아티스트 등 4개 메이저 영화사가 연합해 조직한 UIP가 일단 비디오 레이블인 CIC로 한국에 진출했다. 당시 급속히 팽창하던 한국의 VCR 보급률로 인해 비디오 시장은 영화 시장을 1988년에 추월하는데, 그런 의미에서 영화보다 비디오 시장에 먼저 진출한 건 수순이었다.

그리고 1988년 9월 24일, 애드리안 라인 감독의 〈위험한 정사〉(1987)가 '1호 직배 영화'로서 전국 11개 극장에 걸린다. 영화인들의 격렬한 항의와 시위가 이어졌고, 결국

3주 만에 서울 관객 6만 5,000명을 최종 스코어로 남기고 극장에서 간판을 내렸다. 이후 한국영화계는 직배에 맞서 총력 투쟁에 돌입했다. 9월 21일 영화계 신구 세력이 결합해 직배저지투쟁위원회를 결성했고, "미국영화 몰아내자"라는 구호 아래 국민 서명운동이 이어졌다. 그러나 한국영화계 내부의 양상은 이해관계에 따라 다소 복잡했다. 직배라는 외부 요인에 의해 내분이 생긴 셈이다. 초기엔 투쟁 중심 국면이었지만 이후 극장업자를 중심으로 하는 찬성파, 영화감독과 제작자 중심의 반대파, 한국영화의 질을 높여야 한다는 반성파 등으로 갈렸다.

안타까운 건 다소 과격한 사건이 벌어지며 본질이 흐려졌다는 점이다. 산업과 문화의 논리로 맞서야 할 상황에서 예상치 못한 사건이 결부된 것이었다. 직배 영화가 상영되는 극장에 뱀을 푸는 일이 일어났고, 직배 반대 세력은 심야에 테러를 당했다. 직배 찬성파 사이에도 알력이 있었다. 1989년 8월엔 직배 영화인 〈인디아나 존스-최후의 성전〉(1989)이 상영되던 씨네하우스에서 방화 사건이 일어났다. 그 전말은 7년 후에 밝혀졌는데 직배 영화 상영 극장의 경쟁 극장 측에서 일으킨 사건이었다.

돌이켜 보면 할리우드 직배는 당시 한국영화에 던져진 커다란 화두였다. 그전부터 지속적으로 전개되던 영화법 개정과 심의 이슈가 스크린쿼터 논쟁과 맞물렸고, "한국영화를 지키자!"라는 위기의식 속에서 치열한 공방전과 힘의 논리가 엇갈렸다. 이러한 논의는 결국 한국영화의 경쟁력 문제로 귀결되었고, 우루과이라운드(UR)와 아시아태평양경제협력체(APEC)와 경제협력개발기구(OECD) 체제 안에서 '개방'에 직면한 한국의 영화 산업이 지닌 정체성에 대한 물음으로 이어졌다.

2

1 서울극장 앞에서 벌어진 UIP 직배 반대 투쟁(맨 왼쪽 메가폰을 잡은 이가 배우 신성일)
2 눈이 내리는 가운데 이뤄진 영화인들의 UIP 직배 반대 투쟁

1980 —
1990년대

강수연, 한국영화 최초의 월드스타

<씨받이>로 베니스국제영화제
여우주연상 수상

이유진

1 배우 강수연
2 강수연에게 베니스국제영화제 여우주연상을 안긴 <씨받이>
3 <미미와 철수의 청춘스케치>의 강수연(오른쪽)
4 <깊은 슬픔>의 강수연
5 <아제아제 바라아제>에서 실제로 삭발을 감행했던 강수연

1987년 제44회 베니스국제영화제 시상식 현장에서 강수연의 이름이 불렸다. 칸·베를린과 더불어 세계 3대 영화제인 베니스국제영화제 여우주연상 수상은 한국만이 아니라 아시아권 최초의 쾌거였다. 생기 넘치던 산골 소녀가 대를 잇겠다는 양반집의 욕망에 짓눌려 허공에 매달리기까지, <씨받이>(1986)에서 보여 준 그녀의 폭넓은 연기 스펙트럼이 한국영화를 세계에 알리는 계기가 된 것이다.

네 살 때부터 연기를 시작한 강수연은 아역 스타를 넘어 성인 연기자로 발돋움했으며, 이미 1987년 한 해에만 무려 6편의 영화를 선보이며 1980년대 한국영화의 필모그래피를 장악하고 있었다. <미미와 철수의 청춘스케치>(1987)에서는 싱그러운 청춘이었고 <우리는 지금 제네바로 간다>(1987)에서는 거친 풍파 속 창녀였으며 <연산군>(1987)에서는 희대의 요부였다. 이 모든 것이 오로지 강수연이라는 이름으로 가능했다. 그녀의 "천부적 소질, 깊이 있는 매력, 연기를 향한 집념"을 찬양한 임권택 감독은 2년 뒤 <아제아제 바라아제>(1989)로 한 번 더 손을 내밀었고, 삭발을 감행하며 비구니의 삶을 연기한 그녀는 제16회 모스크바국제영화제에서 다시 한번 여우주연상을 수상하며 '월드 스타' 칭호를 굳건히 했다.

하지만 두 번의 국제영화제 수상의 영예로 그녀를 스타의 영역에서만 기억하는 건 충분하지 않다. 그녀는 자신을 향한 평가의 무게에서 벗어나 배우의 영역을 확장하는 데 애썼고, 이는 사회성 짙은 드라마 <베를린 리포트>

(1991), <경마장 가는 길>(1991)을 지나 로맨틱코미디 <그 여자, 그 남자>(1993)를 거쳐 <지독한 사랑>(1996), <깊은 슬픔>(1997) 등의 멜로로 이어졌다. 그 노력은 1990년대 다채로운 한국영화의 필모그래피를 그녀의 이름과 함께 완성하는 것으로 결실을 맺었다. 그중 <그대안의 블루>(1992), <처녀들의 저녁식사>(1998) 등 스스로의 욕망을 드러내는 데 거리낌 없는 그녀들의 목소리는 강수연을 통해 생기를 얻고 완성되었다.

강수연이라는 이름은 언제나 한국영화 역사에서 '찬란한 최초'의 순간에 발을 내딛었다. 연기를 향한 타고난 끼와 깡으로, 배우라는 자리의 무게와 책임을 품고, 한국영화의 내일을 고민하고 실천한 그녀의 존재가 빛나는 이유다.

1

'코리안 뉴웨이브'의 전개

사회 비판적 자의식 겸비한
신인 감독들의 등장

김영진

1990년대 초반의 한국영화계는 할리우드 영화 직배 반대 투쟁의 연장선인 스크린쿼터 유지 논란으로 시끄러웠고 대기업 자본의 유입으로 전통적인 충무로 자본이 몰락하는 한편, 시장점유율이 10퍼센트에 머무는 불황으로 고전하고 있었다. 이 시기, 상대적으로 묵직한 작품성으로 주목받았던 신인 감독은 박광수, 장선우, 정지영이었다. 1987년 6·10민주항쟁 이후 1988년 출범한 6공화국의 다소 유화적인 정세 속에 사회 각계각층에서는 민주화 요구가 쏟아졌다. 이런 시점에서 영화 표현의 자유도 다소나마 완화됐을 때 이들의 영화는 분단 체제, 좌우 갈등, 경제적 양극화 등 한국 사회의 여러 정치·사회·역사적 문제를 정면으로 다뤘다. 이들의 영화는 서구 일부 평단에서 '코리안 뉴웨이브'로 불렸다. 한국에서도 사회 비판적 의식과 표현에 대한 자의식을 겸비한 새로운 세대의 영화가 나올 조짐이 보였던 것이다.

박광수는 1980년대 말과 1990년대를 거치는 동안 소위 '코리안 뉴웨이브'의 선두 주자였다. 〈칠수와 만수〉(1988), 〈그들도 우리처럼〉(1990)을 충무로의 전통적 영화사인 동아수출공사에서 연출한 그는 〈그 섬에 가고 싶다〉(1993)는 아예 자신의 제작사를 차려 해외영화계의 투자를 받아 만들었고 〈아름다운 청년 전태일〉(1995)은 국민 모금 형식으로 모자라는 제작비를 조달해 완성한 흔치 않은 사례를 남기기도 했다. 〈아름다운 청년 전태일〉은 흥행에도 크게 성공했고, 충무로에서 박광수의 존재는 굉장한 예술적 권력을 갖춘 새로운 주류의 상징이 되었다. 그의 경력이 절정기에 오른 1998년 그는 민중 항쟁사를 역사적으로 조감한 야심적 대작 〈이재수의 난〉을 연출했다. 박광수는 스토리텔링의 직선적 힘보다는 제삼자의 시점으로 관찰하는 형식을 택하면서 격렬한 이야기의 긴장이 터지는 지점에서 냉정하지만 시정 어린 화면을 만들어 내는 데 탁월한 재능을 발휘했다.

박광수가 전통적 리얼리즘과 자기반영적 형식의 모더니즘이 교차하는 지점에서 영화를 대했다면 1980년대에 비교적 리얼리즘 교의에 충실한 영화로 출발했던 장선우는 이어지는 영화에서는 잇단 형식 해체 실험과 논쟁적 주제의식으로 자신의 영화 세계를 끌고 갔다. 경력 초기 대

1 뉴웨이브의 선두 주자 박광수 감독(왼쪽의 코트 입은 이)
2 형식 해체 실험과 논쟁적 주제의식으로 자신의 영화 세계를 구축한 장선우 감독
3 〈남부군〉과 〈하얀전쟁〉으로 작가적 입지를 확보한 정지영 감독

4

표작 〈우묵배미의 사랑〉(1990)이 기층 민중의 삶을 통속 멜로드라마의 활기로 다뤘다면 〈경마장 가는 길〉(1991)은 위선적인 두 지식인 주인공이 나오는 일종의 지식인영화이며 등장인물의 시점과 전지적 시점을 번갈아 오가는 식의 해체적 스타일을 구사했다. 〈화엄경〉(1993)에서는 불교 화엄의 우화를 주인공 선재의 엄마 찾기 여정이라는 틀로 옮겨 놓으며 현실과 초현실의 경계를 분별하지 않은 채로 펼쳤다. 장선우의 해체주의적 실험은 〈너에게 나를 보낸다〉(1994)에서 정점에 이르러 소설가가 배우의 '가방모찌'가 되고 매춘부가 스타 배우가 되고 은행원이 소설가가 되는 기묘한 인생 유전을 통해 역사의 합목적적 진보를 신봉한 1980년대 한국 사회의 시대정신을 비판했다. 〈꽃잎〉(1996)은 5·18민주화운동의 트라우마로 미쳐 버린 소녀의 조각난 기억을 통해 이 역사적 비극을 깨진 거울로 들여다보려는 시도였으며 나아가 〈나쁜 영화〉(1997)에서는 현실을 허구로 연출한다는 개념 자체를 거부하는 극단적인 해체적 시도로 극영화와 다큐멘터리의 경계를 허물며 비행 청소년의 삶을 담았다.

1980년대에 다양한 장르의 영화를 연출했던 정지영은 분단 체제에서 금기시되는 주제(빨치산)를 담은 작품 〈남부군〉(1990)을 연출해 한국 사회에 큰 파장을 일으켰고 베트남전쟁을 본격적으로 다룬 〈하얀전쟁〉(1992)으로 도쿄국제영화제에서 대상을 수상함으로써 작가적 입지를 확보했다. 이 영화는 베트남 파병과 유신 독재의 뿌리가 서로 긴밀히 얽혀 있다는 대담한 주제의식이 돋보였으며 1980년 민주화운동이 치열했던 서울의 봄 당시의 현실과 베트남전쟁 참전 당사자들의 과거 장면을 교대로 오가면서 일종의 미스터리 수법으로 베트남 참전 피해자의 의식에 스며들어 있는 역사의 상흔을 들춰냈다.

이들과는 작품 성향이 전혀 다르지만 〈개그맨〉(1988), 〈나의 사랑 나의 신부〉(1990), 〈첫사랑〉(1993) 등의 영화에서 장르 관습에 대한 예민한 자의식과 활동사진적 쾌감을 극대화한 이명세는 독특한 재능으로 당시 한국영화에 드물었던 일상의 리얼리티를 정교하게 포착해 평단의 호평을 받았다. 하지만 〈나의 사랑 나의 신부〉의 예외적 성공 외에 〈남자는 괴로워〉(1994), 〈지독한 사랑〉(1996) 등을

포함한 다수의 영화가 흥행에 실패하면서 고된 세월을 보냈다. 그러던 중 마침내 〈인정사정 볼것 없다〉(1999)가 대성공을 거두면서 이명세는 어느 유파에도 속하지 않는 자신의 영화 세계의 개화를 알렸다.

한편 이 시기 '코리안 뉴웨이브' 감독들의 절대적 조력자로 꼭 언급해야 할 인물이 있으니 바로 촬영감독 유영길이다. 그는 박광수, 장선우, 정지영, 이명세의 상당수 영화에서 이 젊은 감독들이 새롭게 시도한 미학을 진지하게 청취하고 실천한, 당시의 보수적인 영화계 풍토에서 드문 안목과 실행력의 소유자였다.

4   독특한 재능으로 호평받은 이명세 감독(맨 오른쪽)
5   코리안 뉴웨이브 감독들의 절대적 조력자였던 유영길 촬영감독

5

1990 — 2019년

한국영화,
새로운 세계와 만나다

'기획영화'의 성공과 함께 다시 깨어난 한국영화는 변화하는 환경에 발맞춘다.

디지털 제작 방식, 와이드릴리스 배급, 멀티플렉스 상영관 등 전방위적 변화는 물론

적극적으로 글로벌 시대를 열어 나간다.

1991년

한국영상자료원 설립

필름보관소에서 영상자료원으로

조준형

한국영상자료원의 전신인 한국필름보관소는 1974년 설립되었다. 1960년대부터 영화 라이브러리의 중요성과 필요성에 대한 영화계 내부의 인식이 있었으나, 1970년 이후 북한이 세계영상자료원연맹FIAF에 가입을 신청하면서 설립이 급히 추진되었다. 원래는 영화진흥공사 산하에 설립하려 했으나 조직 및 예산이 독립되어야 한다는 FIAF 관계자의 의견에 따라 형식상 별도의 명칭과 재단법인 조직을 갖추었다. 그러나 실질적으로는 영화진흥공사 사장이 이사장을 겸직하고, 직원들이 파견 근무하며, 시설과 공간 역시 영화진흥공사에 부속되어 산하기관같이 운영되었다. 이후 한국필름보관소는 1976년 FIAF의 옵서버 회원을 거쳐 1985년에는 정회원이 된다. 정회원의 조건 중 하나가 예산, 조직, 사업의 완전한 독립과 조직의 정상화였다. 이에 1984년 영화진흥공사 사장이 한국필름보관소 이사장을 겸직하는 관행에서 벗어났고, 1987년에는 최초의 독립 기관장이 부임했다. 1985년부터는 공간 독립을 추진해 신규 건립 예정인 예술의전당 부지에 한국필름보관소 전용 공간이 계획되었다.

1990년 8월, 이어령 문화부장관은 필름 보존 사업의 활성화, 시네마테크 기능과 연구 기능, 자료 활용 활성화 등을 위해 한국필름보관소의 위상을 제고하라고 지시하는 한편, 예술의전당 측에 한국필름보관소의 입주에 최대한 편의를 제공하고 적극 협조하도록 했다. 1990년 10월 예술의전당 입주 당시 한국필름보관소의 면적은 520평가량이었으며 입주 보증금과 임대료를 면제받았다. 1991년에는 한국영상자료원으로 개칭했고 조직 구성원도 11명에서 19명으로 대폭 확충해 독립적 영상 아카이브 기관으로서 본격적으로 사업을 추진하게 되었다.

한국영상자료원의 위상이 법적으로 공인된 것은 1996년 영화진흥법에 영화 필름 등의 의무제출 제도가 규정되면서다(제14조). 이 제도는 한국영상자료원의 법적 위상만이 아니라, 실제 한국영화 자료의 수집과 보존에 일대 전기를 가져왔다. 그리고 2002년 1월 개정된 영화진흥법 제24조의 3에서 "영화 필름, 영화 관계 문헌 등 영상 자료의 수집, 보관, 전시 및 영화의 예술적·역사적·교육적인 발전을 위하여 문화관광부 산하에 한국영상자료원을 둔다"라는 조항이 추가됨으로써 설립 근거와 임무가 법적으로 규정되었다. 이후 영상 기록 문화의 중요성에 대한 인식이 높아지고, 디지털 등 영상 매체 환경의 변화 과정에서 한국영상자료원의 위상 역시 지속적으로 높아졌다. 한국영상자료원은 2007년 상암동 DMC에 독립 청사를 마련하여 이전했고, 2016년에는 파주에 별도의 보존 및 기술 센터를 건립하면서 꾸준한 발전을 이루었다.

2

3

1 2019년 현재 상암동에 위치한 한국영상자료원 외경
2 1990년 10월 예술의전당 입주 당시
3 1979년의 목조 필름보관고의 모습

리차드·기어?
이런, 허망된 뭐구는 필요없다구!
좀 못났어도 평생
나만 예뻐하면 최고지 뭐?

킴·베신저?
노랑머리에 육감적 저질이 뭐가 좋아?
작은 가슴이라도
포근하게만 안아주면 그만이지!!

새록새록, 작은 사람이 커가는 재미!!
어줍잖은 사처는 버릴때도 됐잖아?

결혼 이야기

최민수 · 심혜진

잘까, 말까, 끝까···할까?

하루에도 열두번씩 사소한 선택의 기로에 서는···
결혼 그리고 행복!

9시 뉴스시간엔 사랑을!

결혼 이야기

최민수 · 심혜진

기다려봤자 별사람없고
남주기 아까우니 우리 결혼하자!!

새해는 새로운 부부를 원한다!

결혼 이야기

최민수 · 심혜진

그레꼬 로만형?

신혼의 필수과목은 인간탐구 아니겠어요?

결혼 이야기

최민수 · 심혜진

토요일 오후를 섹시하게!

결혼 이야기

최민수 · 심혜진

1992년

'기획영화'의 시작

새로운 자본의 유입과
콘텐츠의 변화

김형석

한국영화 산업의 현대화를 이야기할 때 반드시 언급해야 할 두 사람이 있다. 바로 신철과 강우석이다. 시작은 신철이었다. 그가 제작에 참여한 〈결혼이야기〉(1992)는 이른바 '기획영화의 효시'로 일컫는 작품이다. 실제 신혼부부들을 대상으로 리서치한 자료를 토대로 만든 이 영화는 로맨틱코미디 트렌드를 이끌었고 대기업 자본을 끌어들였으며 PPL을 시작했다. 직배 영화의 거센 흐름 속에 위기를 겪던 한국영화는 〈결혼이야기〉로 일종의 해법을 찾은 셈이며, 이후 〈미스터 맘마〉(1992), 〈가슴 달린 남자〉(1993), 〈그 여자, 그 남자〉(1993), 〈101번째 프로포즈〉(1993) 등의 로맨틱코미디가 그 맥을 이었다.

기획영화의 등장은 한국영화의 역사를 이야기할 때 매우 중요한 분기점이다. 기업 자본이나 외국 자본 없이 오로지 토착 자본과 국가 자본으로 유지되던 한국영화는 1990년대 들어서야 비로소 새로운 성격의 자본을 받아들이기 시작했다. 그리고 자본의 변화는 콘텐츠의 변화를 가져왔다. 과거의 한국영화가 관성에 의해 장르를 발전 없이 반복했다면,

새로운 자본의 등장으로 트렌드에 민감한 이야기가 한국영화를 채우기 시작했고, 젊은 관객의 취향을 고려한 작품이 양산되었다.

제작자 신철이 만든 이 흐름을 확장한 사람은 강우석 감독이었다. 그가 2000년대에 업계 최고 파워맨이 되는 초석은 '강우석프로덕션'의 첫 작품 〈투캅스〉(1993)였다. 신철이 기획하거나 제작한 〈행복은 성적순이 아니잖아요〉(1989)와 〈미스터 맘마〉의 감독이었던 강우석은 〈투캅스〉를 통해 기획영화의 흥행력을 확장했다. 트렌디한 로맨틱코미디가 아닌, 새로운 감각의 코미디로 승부했던 것이다. 이후 그는 〈마누라 죽이기〉(1994)로 연타석 홈런을 기록했고 김성홍·김의석 등과 시네마서비스를 설립해 대중성 강한 장르영화를 제작하고 직접 배급한다. 신필름 이후 이런 규모의 '영화 업체'는 최초였고, 이후 이른바 '한국영화 르네상스'의 상업적 중심에는 시네마서비스가 있었다.

2

1 기획영화의 효시가 된 〈결혼이야기〉의 다양한 홍보 포스터
2 〈마누라 죽이기〉의 촬영 현장(오른쪽부터 강우석 감독, 배우 박중훈, 배우 최진실)

1993년

<서편제>
최다 관객 동원

서울에서만 100만 관객 넘기며
장기 흥행

정성일

우연의 일치겠지만 1993년은 '국악의 해'였다. 갑자기 나타나 한국 대중음악의 새로운 장을 연 '서태지와 아이들'의 두 번째 앨범 타이틀곡 〈하여가〉何如歌는 김덕수 사물놀이패의 태평소 소리가 피처링되었다. 그리고 그해 봄 4월 10일 임권택 감독의 〈서편제〉가 개봉해 같은 해 가을 10월 22일까지 상영했다. 〈서편제〉의 장기 상영은 전무후무한 것으로 기록되며, 단성사의 간판 그림이 여름 햇살에 빛이 바래 세 번을 다시 그려야 했다. (아직 전국 전산망 집계를 하기 이전) 서울에서 103만 5,741명 관객이 이 영화를 보았으며 이 기록은 그때까지의 한국영화 흥행을 훨씬 상회하는 것이었다.

〈서편제〉의 성공은 단순히 영화 흥행에 머물지 않고 사회문화적 반향을 불러일으켰으며 이 성공에 대한 많은 설명과 분석이 뒤따랐지만 언제나 그러하듯 누구도 만족스러운 대답을 내놓지는 못했다. 또한 〈서편제〉의 성공이 한국영화에서 전통문화에 대한 관심으로 이어지지도 않았으며, 이 성공은 어떤 영화에서도 반복되지 않았다. 말 그대로 〈서편제〉는 하나의 문화적 사건이었다.

임권택 감독 자신에게 〈서편제〉는 예술적 야심을 담았다기보다는 준비하던 영화 〈태백산맥〉(1994)이 정치적 이유로 미뤄지자 오래전에 읽은 이청준 작가의 원작을 각색해 소규모 예산으로 스태프, 배우들과 함께 "유랑을 떠나는 심정"으로 찍은 영화였다. 떠돌이 판소리꾼 유봉과, 그의 배다른 자식 송화와 동호. 허기와 가난에 지친 동호는 북채를 버리고 도망쳤지만 세월이 흐른 다음 누이에 대한 그리움으로 송화를 찾아 나선다. 그리고 송화가 장님 소리꾼이 되어 남도를 떠돈다는 이야기를 전해 듣는다. 〈서편제〉는 전체가 플래시백으로 이루어져 있으며, 놀랍도록 슬프게 아름다운 풍경과 그것을 배경으로 한 판소리 대목이 쉬지 않고 이어진다. 그중 청산도 어느 구부정한 밭길을 따라 〈진도아리랑〉을 부르며 세 사람이 맞춰 가며 걸어오는 5분 10초에 걸친 고정 카메라의 롱 테이크 장면은 한국영화사에서 가장 위대한 장면 가운데 하나다. 그것이 위대한 까닭은 한국의 산수화라고 할 만한 장면에다 한국인만의 가락에 맞추어 춤사위를 하며 걸어오는, 오로지 한국인을 위한 흥이 거기 있기 때문이다.

1 〈서편제〉 상영 당시 문전성시를 이룬 단성사 앞 풍경
2 〈서편제〉 팬사인회를 찾은 시민들. 배우 오정해와 김규철이 사인 요청에 응하고 있다.
3 〈서편제〉의 한 장면

1994년

한국영화 최고_{最古}의 영화 홍보사, 올 댓 시네마

한국영화 최고最古의
영화 홍보사,
올 댓 시네마

마케팅 개념도 없던 시절 설립해
영화 산업의 산증인으로

조영정

1994년 7월 1일, 최초의 영화 홍보 마케팅 전문 기획사 '올 댓 시네마'가 문을 열었다. '올 댓 시네마'의 등장은 첫째 한국영화계의 지형도 변화가 가시화되었다는 데, 둘째 여성 영화인의 영화계 진출이 양적으로 확대되기 시작했다는 데 의미가 있다.

전문적 홍보 마케팅의 시작은 1992년 〈결혼이야기〉(김의석)로 발화된 '기획영화'와 맞물린다. 영화의 기획부터 관객의 관심사와 취향, 시대의 유행 등을 민감하게 반영해 내용을 구성하는 제작자 중심의 기획영화는 홍보 마케팅에서도 목표 관객에 대한 정확한 계산을 앞세운 정교한 전략을 필요로 했다. 이 시기 한국영화가 가파른 성장세를 보이면서 삼성, 대우, SK 등 대기업의 영화 산업 진출이 본격화된 것 또한 홍보 마케팅의 전문화에 영향을 주었다. 기획영화와 대기업의 영화 산업 진출은 '영상 사업' 시대의 시작을 알렸다. 따라서 질적·양적으로 변화하고 확장한 한국영화계에 전문화된 홍보 마케팅 기획사가 등장한 것은 필연적이었다고 볼 수 있다.

그러나 좀 더 중요한 의미는 여성 영화인의 참여 분야가 확장·전문화했다는 데 있다. 홍보 마케팅 분야는 영화 현장의 어떤 분야보다 여성에게 개방적이었다. 빠르게 변화하는 트렌드를 분석해 세련된 언어로 관객과 소통해야 하는 특성은 여성 친화적이었다. 또한 영화제작 현장이 여전히 여성에게 폐쇄적인 데 반해 새롭게 등장한

전문 분야라서 적어도 성별로 차별받지는 않았다. 이는 영화제작사의 기획홍보실에서 일하던 여성 영화인들이 1990년대 중반 한국영화의 변화를 이끈 제작자로 변모한 것으로도 증명된다. 1988년 화천공사의 카피라이터로 출발한 김미희는 1998년 '좋은영화'를 설립해 〈주유소 습격 사건〉(김상진, 1999), 〈피도 눈물도 없이〉(류승완, 2002) 등을 제작했고, 1988년 영화사 '신씨네'의 마케팅을 담당했던 오정완은 1999년 영화사 '봄'을 설립해 〈반칙왕〉(김지운, 2000), 〈달콤한 인생〉(김지운, 2005) 등을 제작했다. 〈결혼이야기〉의 마케팅을 담당했던 심재명은 1995년 '명필름'을 설립, 〈접속〉(장윤현, 1997), 〈공동경비구역 J.S.A〉(박찬욱, 2000) 등의 화제작을 내놓았다.

올해 25주년을 맞이한 '올 댓 시네마'의 채윤희 대표는 10여 년 전 홍보 마케팅 분야에서 활동한 여성이 많았던 이유가 "성별에 차별받지 않고, 능력에 대해서만 차별받는 곳"이기 때문이라고 언급했다. 성별이 아닌 오직 능력으로 평가받는 홍보 마케팅의 성공 사례가 한국영화계 전체로 확장되어야 하는 이유다.

1 초창기 '올 댓 시네마'의 모습. 왼쪽부터 심영(쉘위토크 대표), 채윤희(올 댓 시네마 대표), 조옥경(영화사 '숲' 대표), 장소영, 노은희(영화 프로듀서), 윤진아.

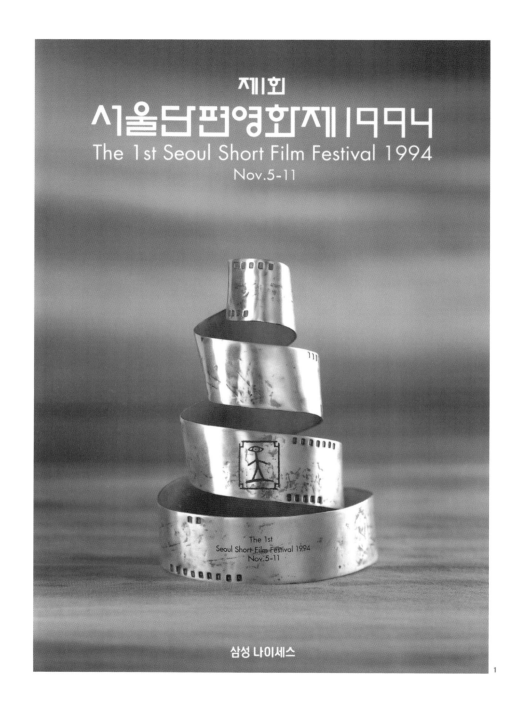

제1회

서울단편영화제1994

The 1st Seoul Short Film Festival 1994

Nov.5-11

삼성 나이세스

1994년

단편영화,
새로운 창작자들의
탄생

영화운동이자 개인성을 표현하는
새로운 세대의 무기

조영각

100년의 한국영화 역사에서 우리가 기억하는 단편영화의 역사는 그렇게 길지 않다. 하지만 멀게는 유현목의 실험영화 〈손〉(1967)부터 이익태의 〈아침과 저녁사이〉(1970), 그리고 1980년대 초반 영화운동의 집결지 역할을 했던 '작은 영화를 지키고 싶습니다'(1984)라는 행사까지 단편영화는 영화운동의 일환이면서도 개인 창작물의 형태를 띠며 지속적으로 만들어졌다.

본격적인 단편영화 제작은 1990년대 들어 이루어졌다. 1990년대의 '문화' 열풍은 수많은 단편영화를 양산했고, 이 현상은 한국영화의 새로운 세대의 출현을 알리는 사건이라 해도 과언이 아니다. 1980년대 동시상영관, 비디오테이프의 등장과 함께 본격적인 비디오 시네필 키드들이 등장한 것이다. 단편영화 활성화의 출발점은 1994년 열린 서울단편영화제였다. 15편 내외의 국내 경쟁작과 해외 초청작 등을 상영했던 영화제는 젊은 예비영화인들의 폭발적 관심을 불러일으켰고, 〈우중산책〉(1994)의 임순례, 〈간과 감자〉(1997)의 송일곤, 〈기념촬영〉(1997)의 정윤철, 〈생강〉(1996)의 정지우 등 주목할 만한 신인 감독들을 배출해 냈다.

서울단편영화제는 서울독립영화제의 전신인 금관청소년단편영화제에 영향을 주었고, 독립영화 축제인 인디포럼이 탄생하는 간접적 계기로 작용하면서 단편영화 붐을 일으켰다. 그리고 해외에도 본격적으로 소개되면서 한국영화 부흥의 시작을 알렸다. 1998년 칸국제영화제에서는 조은령의 〈스케이트〉(1998)가 단편 경쟁부문에서 상영되었고, 김진한의 〈햇빛 자르는 아이〉(1997)가 클레르몽페랑국제단편영화제에서 수상하는 성과를 올렸다. 1999년에는 칸국제영화제 단편 경쟁부문에 4편의 한국 단편영화가 소개되는 이변을 낳기도 했다. 이때 상영된 영화는 송일곤의 〈소풍〉(1999), 김성숙의 〈동시에〉(1998), 김대현의 〈영영〉(1999), 이인균의 〈집행〉(1998)이었다. 송일곤의 〈소풍〉은 칸국제영화제에서 처음 수상한 한국영화로 기록되었다.

그럼에도 불구하고 단편영화는 일반 극장에서 상영되기에는 한계가 있어 주로 영화제나 상영회를 통해 관객과 만났다. 그중 대중적 주목을 받은 작품들은 극장 개봉을 성사시키기도 했다. 1998년 9월에 〈스케이트〉, 〈간과 감자〉, 〈햇빛 자르는 아이〉가 동숭시네마텍에서 개봉했고, 1999년 7월에는 '한국 단편영화의 힘'이라는 이름으로 〈소풍〉, 〈영영〉, 〈동시에〉, 〈소년기〉(1998), 〈동창회〉(1999), 〈히치콕의 어떤 하루〉(1999) 등이 묶여 극장 개봉이 이뤄졌다. 단편영화의 연작 형태로 제작된 류승완의 〈죽거나 혹은 나쁘거나〉(2000) 역시 극장 개봉을 통해 대중적 호응을 이끌어 냈으며 독립영화의 존재를 확산하는 데 기여했다.

당시 단편영화들은 주류 영화계에서 쉽게 시도하지 못한 예술적 실험과 작가적 경향성을 띠면서 한국영화계에 신선한 바람을 일으켰다. 단편영화로 주목받은 젊은 영화인들 일부가 충무로에서 상업영화를 시도하며 주류 영화계에 활력을 불어넣었고, 또 다른 일부는 꾸준히 단편영화를 만들어 내며 독립영화 활성화에 기여했다. 더불어 앞서 언급한 단편영화 이외에도 지속적으로 실험적 시도를 이어 간 수많은 영화가 있었다. 최근에는 단편영화 고유의 미학이 사라지고 장편영화의 축소판이 되어 간다는 설득력 있는 비판도 나오고 있다.

단편영화의 창작은 영화를 감상하고 비평하는 것을 넘어 제작을 통해 스스로를 표현하는 새로운 세대의 무기가 되었다. 디지털 매체의 등장과 함께 더 높아진 창작의 열기는 현재까지도 이어지고 있으며, 그것이 한국영화에 자양분이 되고 있다. 단편영화는 이제 미래의 영화가 아니라 현재의 영화로서 존재 증명을 하고 있다.

1   1994년에 개최된 제1회 서울단편영화제 포스터
2   1998년 칸국제영화제 단편 경쟁부문에서 상영된 조은령의 〈스케이트〉의 칸국제영화제 버전 포스터

1995/ 5/ 2
창간호/ 값 2,000원

TV특집 : 페미니스트가 뽑은
좋은 캐릭터, 싫은 캐릭터
공지영이 만난 한국의 배우 · 김갑수
씨네시사실 · 〈허드서커 대리인〉
〈메이드 인 유에스에이〉 〈낮은 목소리〉

사진 손홍주 기자
디자인 신라제 기자
이상철판 이우드 주필
이종병판 세자부편집자료
편집 장보은 · 이은래, 송나라 김발기
최신숙, 정남재 이현욱, 김현재, 오강수
이종병 · 이지란, 김갑수

씨네 21

한겨레신문사

창간특집 2
이들이
영상문화를
움직인다
영상문화 BEST 50인

창간특집 1
한국영화를 말한다

1

1995년

영화 주간지
《씨네21》 창간

'영화 잡지 춘추전국시대'에 창간해
24년 뒤 유일한 존재가 되다

주성철

한국영화는 지난 100년간 다양한 '영화 전문지'와 함께 성장했다. 특히 1980년대 이후 '올 컬러 대중잡지' 형태로 다양한 잡지들이 발행되었다. 1984년 3월에는 과거 《한국일보》 편집국장을 지낸 조세형 당시 국회의원이 주변의 도움으로 '창인사'를 설립해 브룩 실즈를 표지 모델로 한 《스크린》 1호를 냈다. 《스크린》이 즉각적 성공을 거두면서 '영화의 꿈'을 키우던 수많은 젊은이들이 우리말로 된 영화 이야기를 소화하기 시작했다. 그로부터 5년 뒤 창간한 《로드쇼》는 독주하던 《스크린》과는 다른 스타일로 도전장을 던졌다. '책 속의 책'이나 다름없는 '도시에'dossier라는 꼭지를 통해 보다 전문적인 영화 지식을 갈구했던 독자들의 열광적 반응을 끌어냈다.

'세계영화 100주년'이라고 이야기되던 1995년, 드디어 주간지 《씨네21》과 월간지 《키노》가 창간한다. 여전히 발행 중이던 《스크린》과 《로드쇼》에 더해 '영화 잡지 춘추전국시대'라고 표현해도 될 정도였다. 특히 《씨네21》과 《키노》는 과거 《스크린》과 《로드쇼》의 경쟁 구도를 재현하는 느낌이었으나 이전과 결정적 차이점이 있었다. 바로 한국 배우를 표지 모델로 내세웠다는 점이다. 《씨네21》은 이병헌, 채시라, 김갑수, 이혜은을 비롯해 여러 한국 감독들까지 더해 마치 스탠딩 파티를 하듯 한국의 영화인들을 접이식으로 배치한 표지 사진을 찍었고, 《키노》는 당시 한국영화의 상징적 존재라 할 수 있는 배우 강수연을 단독 표지 모델로 내세웠다.

1990년대 후반 이후의 한국영화 중흥기는 영화 잡지 전성시대와 함께 찾아왔다. 특히 주간 단위의 뉴스 기사와 산업 기사, 현장 영화인과의 인터뷰가 강점이었던 《씨네21》은 영화 문화의 확산과 한국영화 산업과의 공존이라는 두 가지 화두를 부여안고 성장해 왔다. 하지만 매체 환경의 변화, 광고 시장의 침체와 맞물려 수익 구조의 불균형을 겪게 된 영화 잡지들은 하나둘씩 사라져 갔다. 《키노》는 2003년 폐간했고, 가장 대중적인 영화 잡지라 평가받던 주간지 《무비위크》도 2013년 발행을 종료했다. 오프라인 영화 잡지로는 국내 유일의 영화 잡지가 된 《씨네21》만이 2019년 현재에도 여전히, 24년째 버티고 서 있다.

1   접이식 표지를 선보인 《씨네21》 창간호 표지
2   1980~1990년대 영화 문화 활성화를 이끈 영화 잡지들의 창간호 표지.
    지금은 모두 역사 속으로 사라졌다.

1996년

영화 사전심의
위헌판결

제한상영가 등급은
여전히 불씨로 남아

조준형

1987년 6·10민주항쟁 이후 영화 검열이 약화되기는 했지만, 여전히 위력을 발휘했다. 그러던 중 한국영화의 표현의 자유를 획기적으로 확대시키는 사건이 발생했다. 1996년 10월 4일, 헌법재판소는 사전심의를 받지 않고 영화 상영을 한 혐의로 고발된 〈오! 꿈의 나라〉(1989)와 〈닫힌 교문을 열며〉(1992) 제작진 측이 제기한 위헌 제청에 대해, 전원일치로 공연윤리위원회('공륜')의 영화 사전심의가 위헌이라는 결정을 내렸다. 당시 정부는 '공륜'이 민간에 의한 자율기관이라 강변했지만, 헌법재판소는 사실상 공륜은 행정부의 통제하에 있는 조직이라 보았다.

헌법재판소의 판결은 어떤 영화도 행정부에 의해 공개 자체가 금지되어서는 안 된다는 취지를 담고 있었다. 이후 정부는 영화진흥법 개정을 통해 공륜을 해체하고, 1997년 10월 11일 삭제와 수정이 아닌 등급분류 업무만 수행하는 '한국공연예술진흥협의회'를 설치한다. 그러나 등급 부여를 신청한 영화가 헌법의 기본 질서에 위배되거나 폭력·음란 묘사가 과도할 경우 등에는 등급을 보류할 수 있도록 함으로써 문제의 소지가 남아 있었다. 김대중 정부는 공연법을 개정하여 한국공연예술진흥협의회를 영상물등급위원회('영등위')로 개편했으나 영등위 역시 행정부의 영향하에 있었고 등급보류 조항은 계속 유지되었다.

이러한 가운데 또 한 번의 헌법재판소 판결이 이루어졌다. 1999년, 두 번의 등급보류 신청에 항의해 〈둘 하나 섹스〉(1998)의 제작진이 제기한 위헌 제청에 대해, 2001년 8월 30일 헌법재판소는 등급보류를 규정한 영화진흥법 제21조 제4항이 위헌이라는 판결을 내린 것이다. 이 판결은 2002년 4차 영화진흥법 개정으로 이어져 등급보류 조항은 마침내 사라졌고, 제한상영 등급과 제한상영관 설치 조항이 신설되었다. 이로써 적어도 외견상으로는 영화가 특별한 제한 없이 상영될 수 있는 제도적 기반을 갖추었다.

그러나 제도적 기반과 실제 운용은 다른 문제였다. 제한상영관 운영 규정이 매우 까다로워 제한상영관 자체가 운영되지 못했던 것이다. 따라서 제한상영가를 받을 경우 상영이 금지되는 것과 같은 결과가 되었다. 이와 별개로 2008년 헌법재판소는 제한상영가 등급을 규정한 영화진흥법 제21조 제3항 5호에 대해 헌법불합치 결정을 내리는데, "상영 및 광고 선전에 있어서 일정한 제한이 필요한 영화"라는, 제한상영가를 받아야 할 영화의 기준이 불명확하다는 이유였다. 영화 검열과 관련된 세 번째 판결이었다. 이에 정부는 2009년 11월, 영화 및 비디오물의 진흥에 관한 법률 개정을 통해 제한상영가 등급에 대한 기준을 보완한다.

1996년 이후 지난 세 번의 헌법재판소 판결은 첫 번째 판결 이후 영화 검열에 대한 명확한 입장을 보여 준다. 즉 어떤 영화도 행정부가 사전에 공개를 막아서는 안 된다는 것이다. 그러나 이 같은 원칙은 지금도 지켜지지 않고 있다. 그것은 앞서 언급한 바와 같이 제한상영관이 없는 상태에서 제한상영가 등급이 존재하기 때문이다. 결국 세 번에 걸친 헌법재판소의 판결에도 불구하고 사전검열의 문제는 여전히 남게 되었다.

1 〈닫힌 교문을 열며〉의 한 장면
2 당시 영화 사전심의 위헌판결을 보도한 기사
《영상산업신문》 1996년 10월 10일)
3 〈둘 하나 섹스〉의 한 장면

1996년

국제영화제 시대의 개막

'아시아영화의 시대' 표방한
부산국제영화제 출범

허문영

1996년 9월 13일 부산의 수영만 요트경기장에서 제1회 부산국제영화제 개막식이 열렸다. 누워 있던 거대한 크기의 오픈 스크린이 서서히 몸을 일으켜 개막작 〈비밀과 거짓말〉(마이크 리Mike Leigh, 1996)의 영상이 투사되었을 때, 모여 있던 관객과 한국의 영화인들은 탄성을 질렀다. 영화 세상에서는 변방 중의 변방이던 한국에서 최초의 국제영화제가 열린다니, 당사자인 한국의 영화인들조차 믿기 힘든 사실이었다.

하지만 '아시아영화의 시대'를 표방한 이 첫 국제영화제는 18만 4,071명의 관객을 모으는 대성공을 거두며, 훨씬 일찍 출범한 도쿄국제영화제와 홍콩국제영화제의 열기와 성가聲價를 단숨에 압도했고, 개최 2년 만에 곧바로 아시아 최고 영화제로 등극했다. 그리고 한국에서는 국제영화제의 시대가 열렸다.

1997년 7월에는 제1회 부천국제판타스틱영화제가 개최되었다. 호러, 공상과학, 뮤지컬 등 주로 판타지 장르의 신작들을 소개한다는 취지로 시작된 이 영화제 역시 제1회부터 대대적 성공을 거두었다. 2000년 5월에는 '디지털, 대안, 독립영화'의 제전이라는 기치를 내건 전주국제영화제가 열렸다. 지적 영화광들의 열렬한 지지를 얻으며 단숨에 부산국제영화제, 부천국제판타스틱영화제와 함께 한국

의 3대 국제영화제로 자리 잡았다. 1997년 4월 '여성의 눈으로 세계를 보자'라는 캐치프레이즈 아래 열린 서울국제여성영화제는 격년제로 시작한 중규모의 국제영화제였지만 2001년부터 연례행사로 바뀌면서 3대 국제영화제와 어깨를 겨루는 영화제로 성장했다. 또한 1999년에는 부천국제애니메이션페스티벌이, 2005년에는 제천국제음악영화제 등이 출범해 오늘날까지 개성 있는 국제영화제로 명성을 이어 오고 있다.

하지만 2001년에 시작한 광주국제영화제, 2007년에 시작한 충무로국제영화제, 시네마디지털서울처럼 제각각의 사정으로 중단된 영화제도 있다. 3대 국제영화제들도 예외 없이 지방자치단체의 과도한 개입, 정치적 외풍 등의 요인으로 심각한 위기를 겪었다. 2019년 현재 한국의 국제영화제들은 동요와 재정비의 시간을 거치고 있다.

1 부산 영화의전당에서 열린 2018년 제23회 부산국제영화제 개막식 현장
2 1997년 7월에 열린 제1회 부천국제판타스틱영화제
3 제1회 전주국제영화제 개막 당시, 들뜬 분위기의 고사동 영화의 거리

1997년

한국적 컬트영화 작가로 되살아난 김기영 감독

2008년 <하녀> 복원,
2018년 김기영 헌정관 개관

김영진

1990년대 중반 현역에서 물러나 사실상 은퇴 상태에 있던 김기영 감독이 젊은 영화팬들에게 난데없이 호출됐다. 《씨네21》, 《키노》 등 영화 잡지 창간이 화제가 되고 신문 문화면의 메인이 영화 기사로 도배되는 등 영화가 대중문화의 핵으로 부상하면서 일종의 시네필 문화 담론이 형성될 즈음, 영화광들은 <살인나비를 쫓는 여자>(1978), <육식동물>(1984)과 같은 말년의 그의 태작들에서 엉뚱하게도 김기영 영화의 독창성을 찾아내 한국적 '컬트영화'로 추앙했다. 이런 흐름은 1997년 부산국제영화제의 김기영 회고전으로 절정에 달했다. 영화제 기간 동안 그는 가는 곳마다 수많은 젊은 관객들의 열렬한 환영을 받았다.

영화사가 이영일은 김기영의 작품 세계를 '오락영화', '리얼리즘 영화', '인간의 본능을 응시한 영화' 세 가지 경향으로 나눴지만 무엇보다 김기영은 당대의 흥행 감독이었다. <10대의 반항>(1959), <하녀>(1960), <현해탄은 알고 있다>(1961), <고려장>(1963) 등은 모두 당대의 화제작이다. 1950년대와 1960년대를 관통하며 김기영은 사실주의 영화와 심리스릴러를 오가며 편집광적으로 상황의 이면을 끄집어내는 독특한 색깔의 자기 영화를 만들었다. 무시무시할 만큼 오싹한 스릴러 수법으로 인간과 사회의 조건을

드러낸 그의 대표작은 물론 <하녀> 시리즈다. <하녀> 시리즈는 일정한 시기를 두고 <화녀>(1971), <충녀>(1972), <화녀 82>(1982), <육식동물> 등의 영화로 되풀이해 만들어졌다.

박정희의 유신 정권이 수립된 1972년 이후 바뀐 영화법에 따라 소수의 영화사만 영화를 제작할 수 있는 독과점 구조로 영화 산업이 재편되자 김기영은 영화사로부터 의뢰받은 문예영화를 찍었다. 이청준 원작의 <이어도>(1977), 이광수 원작의 <흙>(1978) 등이 그런 작품이다. 한편으론 역시 영화사의 의뢰로 한국영화 의무 제작 편수를 때우기 위해 날림으로 초저예산 영화를 찍기도 했다. 플롯에 일관성은 없지만 황당무계한 상상력이 특이한 <살인나비를 쫓는 여자>가 그 예다. 그런데도 그는 영화감독이자 평론가였던 하길종의 평가대로 "인습적인 줄거리 틀이 없고 인간의 의식을 적나라하게 보여 주는 상황만이 있는" 독특한 영화를 지속적으로 선보였다. 말년의 반전을 꿈꿨던 김기영의 희망은 불운하게도 1998년 초 자택에서 일어난 화재로 유명을 달리하면서 꺼져 버렸지만 이 시기 조명된 김기영 재평가의 흐름은 해외로도 이어져 2008년 미국 감독 마틴 스코세이지의 주도로 <하녀> 복원판이 완성되었다.

1   1997년 제2회 부산국제영화제에서 핸드프린팅 행사에 참석한 김기영 감독
2   2018년 김기영 감독 20주기를 기념해 개관한 CGV아트하우스 김기영 헌정관

2

1998년

관람 환경의
급속한 변화

최초의 멀티플렉스 CGV강변

정유미

1998년 한국영화계는 멀티플렉스(복합 상영관) 시대를 맞이했다. 11개의 스크린을 갖춘 'CGV강변'이 그해 4월 서울 광진구 구의동에 자리 잡은 전자 유통 단지 강변 테크노마트 개장과 동시에 건물 10층에 개관했다. 국내 멀티플렉스 1호의 등장이었다. 전자상가, 쇼핑몰, 식당가, 극장이 모인 강변 테크노마트는 금세 젊은 층을 사로잡으며 복합 문화 공간 역할을 톡톡히 했고, CGV강변은 개관 첫해 관객 350만 명이라는 기록을 세웠다. 멀티플렉스에 처음 들어선 관객은 그야말로 문화 충격을 경험했다. 그동안 단관 극장에서 영화를 보기 위해 어느 정도 불편함을 감수했던 관객들은 멀티플렉스의 쾌적함에 반했다. 세련된 호텔식 인테리어와 첨단 상영 시설을 갖춘 것은 물론, 널찍한 좌석 간격에 접이식 좌석 팔걸이와 컵홀더까지 마련되어 영화 관람을 위한 최적의 조건이었다.

멀티플렉스는 관객에게 영화를 보는 곳 이상의 특별한 공간으로 다가왔다. 즉 극장을 '즐기는' 새로운 경험을 선사했다. 그 전에는 관객이 특정 영화를 보기 위해 상영관을 먼저 알아보고 찾아갔다면, 이젠 멀티플렉스에 가기만 하면 언제든 원하는 영화를 마음껏 볼 수 있었다. 10개 이상의 스크린에서 15분 간격으로 개봉작 대부분을 상영해 선택의 폭이 넓어졌고, 좌석도 직접 고를 수 있었다. 인기 영화의 표를 구하지 못해 걸음을 돌리거나 웃돈을 주고 암표를 구하는 돌발 상황은 추억의 극장가 풍경 속으로 빠르게 사라졌다.

CGV강변의 성공은 곧바로 멀티플렉스 도입 가속화로 이어졌다. 롯데시네마, 메가박스 등이 가세했고 서울극장, 대한극장 등 기존의 단관 극장도 멀티플렉스로 탈바꿈했다. 멀티플렉스가 곳곳에 생겨나면서 극장과의 거리도 더 가까워졌다. 과거처럼 시내 중심에 위치한 극장가로 나가지 않아도 집 근처에서 쇼핑과 식사까지 할 수 있는 멀티플렉스의 접근성이 영화를 더 많이 더 자주 보는 환경을 만들

2

었다. 이와 더불어 관람 편의를 돕는 예매 문화도 안정적으로 정착했다.

멀티플렉스 도입 20년이었던 2018년, 극장 관객 수는 2013년 이후 6년 연속 2억 명을 돌파하는 결과로 나타났다. CGV강변은 지난해 개관 20주년을 맞아 새롭게 단장하고 건재함을 알렸다. 이 외에도 멀티플렉스는 다양한 특별관과 이색적 문화 공간을 설계하면서 여전히 진화 중이다.

1   1998년 4월 강변 테크노마트 개장과 동시에 개관한 국내 최초의 멀티플렉스 극장 'CGV강변'의 당시 모습으로, 극장 로비(위)와 티켓박스 앞
2   당시 CGV강변의 대기 공간

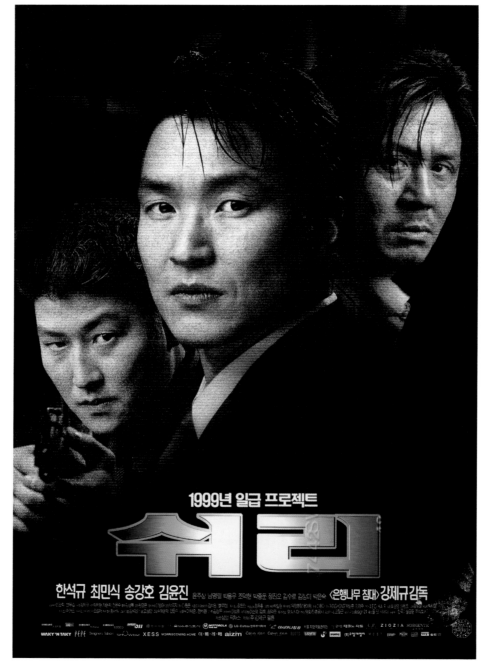

1999년

한국형 블록버스터의 탄생

장르의 효시가 된 <퇴마록>,
장르의 기준이 된 <쉬리>

김형석

마케팅을 위한 헤드카피이긴 했지만, 박광춘 감독의 <퇴마록>(1998)은 한국영화에 '블록버스터'라는 수식어를 쓴 첫 영화였다. '한국형 블록버스터'를 표방한 이 영화는 당시로서는 혁신적이었던 컴퓨터그래픽, 판타지 장르라는 소재, 액션이나 호러 같은 강한 장르 요소의 결합, 스펙터클 중심의 이야기 전개로 할리우드 블록버스터 스타일을 선보였고 그것을 전면에 내세웠으며, 전국 관객 약 150만 명을 동원하며 준수한 흥행을 기록했다.

결과적으로 보면 이 전략은 예언적이었다. 1년 후 <쉬리>(강제규, 1999)는 전국 600만 명 이상의 관객을 동원하며 진정한 블록버스터급 흥행을 이루었고, 이후 한국영화 자본 유입이 본격화하면서 와이드 릴리징을 바탕으로 한 장르영화들이 쏟아지기 시작했기 때문이다. 특히 <쉬리>의 흥행은 진정 이례적이었다. 분단 상황과 액션 장르를 결합하고 멜로 요소를 더한 이 영화는, <타이타닉>(1998)의 흥행 기록을 깨는 '기적'을 일으키며 그해 한국영화 점유율을 40퍼센트까지 끌어올렸다. 이 영화는 홍콩에

수출되어 첫 주 박스오피스 1위를 기록했고 일본에 130만 달러에 팔려 100만 명 이상의 관객을 동원했다. 이후 <쉬리>는 '한국형 블록버스터'의 기준이 되었고, 강제규 감독의 "파이를 늘려야 한다"라는 말은 충무로의 화두가 되었다. 1990년대 초 시도되었던 '기획영화'가 10년도 안 되어 '블록버스터'로 이어졌으니 한국영화의 양적 팽창 속도는 실로 엄청났던 셈이다.

물론 성공 사례만 있었던 것은 아니다. 2002년은 고속 질주하던 한국영화에 제동이 걸린 해였는데 총제작비 120억 원의 <성냥팔이 소녀의 재림>(장선우, 2002)이 전국 관객 14만 명 동원에 그치면서 한국영화에 적신호를 켰고 한동안 투자 심리가 위축되는 현상이 있었다. 그럼에도 대세를 거스를 순 없었다. 2003년에 개봉한 <실미도>(강우석)와 다음 해에 <태극기 휘날리며>(강제규, 2004)가 연속으로 '천만 영화' 고지에 오르면서 '대작 열풍'이 계속된 것이다. 어쩌면 지금까지도 한국영화는 그 연장선상이라고 볼 수 있다.

1   전국 600만 명 이상의 관객을 동원하며 한국형 블록버스터의 표본이 된 <쉬리>
2   '블록버스터'라는 수식어를 쓴 첫 한국영화 <퇴마록>
3   총제작비 120억 원으로 화제를 모았지만 전국 14만 명 관객 동원에 그친 <성냥팔이 소녀의 재림>

1999년

스크린쿼터 사수에 나서다

글로벌 시장 개방 앞에서
격전장이 된 한국영화

김형석

2

3

스크린쿼터가 생긴 계기는 1966년 영화법 개정이었고, 1967년부터 '1년에 6편 이상의 한국영화 상영과 90일 이상의 상영 일수 준수'가 시행되었다. 자국 영화를 보호하기 위한 법이었고, 이 기준은 이후 산업적 상황과 맞물려 수시로 변했다. 문제는 한국영화의 침체였다. 1960년대에 전성기를 맞았던 한국영화는 1970년대부터 점차 하강해 장기 침체 국면으로 접어들었고, 1990년대까지 극복하지 못했다. 한국영화의 점유율은 10~20퍼센트대를 기록했고, 극장들도 서서히 스크린쿼터를 지키지 않았다.

1980년대 중반엔 의무 상영 일수가 146일에 달했지만 대부분의 극장이 일수를 채우지 못했다. 1993년 이런저런 방식으로 40일이 감축되어 106일이 되었지만 상황은 크게 달라지지 않았다. 이에 1993년 스크린쿼터감시단이 발족했고, 이후 2000년대 초반까지 10년 가까이 투쟁이 이어졌다. 거시적으로 볼 때 1988년 서울올림픽 전후로 한국이 글로벌 시장 안으로 편입되면서 이어진 흐름이었다. 특히 영화가 그 격전장이었다. 외화 수입자유화와 함께 할리우드 직배가 시작되었고, 1990년대 말엔 일본영화를 개방했다. 이런 '개방' 앞에서 산업 경쟁력을 갖추지 못한, 이제야 비로소 조금씩 경쟁력을 갖추어 가는 한국영화는, 아직 '보호'의 대상이었다. 특히 IMF 외환위기 이후 '바이 코리아'Buy Korea라는 구호와 함께 한국은 전면 개방체제에 들어갔고, 스크린쿼터는 풍전등화의 상황에 처한다.

1999년 여름은 전쟁이었다. 그해 3월, 윌리엄 데일리William Daley 미 상무장관과 잭 발렌티Jack Valenti 미국영화협회 회장이 한국을 찾았다. 이들은 청와대에서 김대중 대통령에게 스크린쿼터 폐지를 공식적으로 요청했다. 물론 영화만의 문제는 아니었다. 자유주의 무역이라는 이름으로 그들은 철강·반도체·영화 산업 그리고 한미투자협정 등 한국과 미국 사이의 통상 부분을 종합적으로 지적하며 압력을 넣었고, 특히 미국의 주요 산업 중 하나인 영화 산업에 대한 제약을 해제해 달라고 요구했다.

김대중 대통령은 같은 해 7월에 미국을 방문하기로 되어 있었고, 6월에 드디어 수많은 영화인이 광화문 한가운데에서 삭발을 단행하는 '6월 투쟁'이 시작되었다. 임권택 감독을 필두로 각 분야의 영화인들이 삭발에 동참했으며, 한국의 영화배우 대부분이 거리로 나와 연좌시위를 벌였고, '스크린쿼터 사수 범영화인 비상대책위원회'가 조직되었다. 이에 정부는 영화 산업 인프라 구축을 강조했다. 1999년부터 2001년까지 300억~400억 원 규모의 예산을 영화계에 투자하겠다고 공언했지만, 영화인들은 스크린쿼터 사수를 끝까지 고집했다. 하지만 일단 급한 불은 끈 것이었다.

이후 스크린쿼터 투쟁은 한국영화 문화 전반에 대한 문제로 논의가 확장되었다. 이른바 '종 다양성'이라는 개념이 한국영화 담론에서 거론된 것도 이때였다. 한국영화를 보호한다는 것이 단지 자국 영화 산업을 감싸는 것이 아니라, 영화의 문화적 다양성을 담보하는 토대라는 화두였다. 반면 비판론도 만만치 않았다. "과연 한국영화에 보호하고 육성할 만한 문화적 가치가 있느냐", "독립영화나 저예산영화는 스크린쿼터의 혜택을 받지 못한다", "관객 입장에선 자국 영화보다는 높은 퀄리티의 영화가 더 중요하다" 등의 이야기는 스크린쿼터에 한정되지 않는, 21세기로 접어드는 한국영화 전반에 대한 담론이기도 했다.

그리고 2005년 스크린쿼터 폐지 혹은 축소론자였던 한덕수 부총리 겸 재정경제부 장관의 부임으로 이 문제는 또 한 번의 대립과 변동을 겪었다. 과거 한미투자협정 시기에 결국 스크린쿼터 축소가 유예되었다면, 이제 한미 FTA 협상이 시작된 시기였고 그 결과 2006년 7월 1일 스크린쿼터가 73일로 줄어들었다. 그러나 이 시기 한국영화의 점유율은 50퍼센트를 넘고 있었고, 짧은 시간 내에 경쟁력을 갖춘 한국영화계에서 예전 같은 투쟁 분위기는 형성되지 않았다. 한편 이 무렵 한국영화 산업 내부에는 영화 다양성을 위협하는 또 다른 심각한 문제가 생겼으니 바로 '독과점'이었다.

---

1 1999년, 정부의 스크린쿼터 단계적 축소 방침에 반발하고 나선 영화인들
2 발언하고 있는 배우 최민식
3 1999년 6월 16일, 삭발을 감행한 8인의 영화인 중 한 사람이었던 강제규 감독

1

2

1990년대

1990년대의
신新르네상스

신인 감독들이 주도한
한국영화의 새로운 부흥기

허문영

1990년대 후반은 한국영화의 재능들이 쏟아져 나오면서 그들의 주도로 한국영화의 신르네상스가 시작된 시기다. 이 무렵 자신의 첫 작품을 내놓은 감독 다수가 오늘날까지도 한국영화를 대표하고 있다.

1996년 홍상수는 〈돼지가 우물에 빠진 날〉로, 김기덕은 〈악어〉로 데뷔했다. 연출부-조감독의 경력을 거치지 않고 곧바로 첫 작품을 만든 두 감독은 충무로 외곽 혹은 충무로 바깥에서 작품 목록을 왕성하게 이어 오면서 한국영화의 모더니즘을 대표하는 인물로 국제적 명성을 얻었다.

1997년에는 이창동이 첫 작품 〈초록 물고기〉(1997)를 내놓았고, 송능한이 〈넘버 3〉(1997)를 만들었다. 소설가와 시나리오 작가 출신의 감독이 만든 이 독특한 장르영화들은 관객과 평단 모두의 갈채를 받았고, 송강호라는 걸출한 배우의 재능이 유감없이 과시됐다. 한편 1992년 〈달은…해가 꾸는 꿈〉이라는 영화로 일찌감치 데뷔한 박찬욱은 1997년 독특한 감수성의 두 번째 작품 〈3인조〉를 내놓았으나 큰 주목을 받지는 못했다.

1998년은 한국영화계에 풍년과도 같은 해였다. 허진호의 〈8월의 크리스마스〉, 김지운의 〈조용한 가족〉, 박기형의 〈여고괴담〉, 임상수의 〈처녀들의 저녁식사〉, 이재용의 〈정사〉, 이정향의 〈미술관 옆 동물원〉 등 신인 감독들의 화제작 목록이 끊이지 않았다. 이 흐름은 2000년까지 이어져, 봉준호는 〈플란다스의 개〉(2000)를, 류승완은 〈죽거나 혹은 나쁘거나〉(2000)를 내놓는다. 박찬욱은 세 번째 작품 〈공동경비구역 J.S.A〉(2000)로 비로소 세상에 자신의 이름을 알린다.

한편 주류 상업영화 쪽에서는 강제규가 1995년 첫 작품 〈은행나무 침대〉를, 1999년 두 번째 작품 〈쉬리〉를 내놓아 흥행 기록을 갈아치우면서 단숨에 강우석에 필적하는 대중영화 감독으로 부상한다.

미학적인 면에서 그리고 대중적 파급력의 면에서도 1990년대 후반은 한국영화의 새로운 부흥기의 시작이었고, 그 주도자는 모두 신인 감독이었다.

1·2   한국영화의 신르네상스 시대를 이끈 〈8월의 크리스마스〉와 〈조용한 가족〉 포스터
3   〈처녀들의 저녁식사〉와 〈미술관 옆 동물원〉 포스터

1

1990년대

스타 프로듀서의 시대

주류 영화 혁신, 새로운 재능
발굴로 한국영화의 새 시대를 열다

허문영

1990년대 후반에 시작된 한국영화 신르네상스의 공은 뛰어난 감독들만이 아니라 창의적 프로듀서들에게도 돌려야 한다. 1980년대 후반 혹은 1990년대 전반, 충무로에 스태프로 뛰어든 이른바 영화계의 386세대 중 일부는 예민한 사회의식과 세련된 문화적 감각을 지닌 기획자 혹은 제작자로 성장해 주류 영화를 혁신했을 뿐 아니라 새로운 재능들을 발견하고 그들을 충무로에 안착시킴으로써 한국영화의 새 시대를 여는 데 중대한 기여를 했다.

차승재는 이 그룹 중 선두 주자로 꼽힌다. 제작부 스태프로 영화 이력을 시작한 그는 1995년 우노필름(2000년대에 '싸이더스 픽처스'로 개편)을 창립한 후 김성수(〈비트〉, 1997; 〈태양은 없다〉, 1998), 허진호(〈8월의 크리스마스〉, 1998), 임상수(〈처녀들의 저녁식사〉, 1998), 오승욱(〈킬리만자로〉, 2000) 등을 발굴해, 상업적 성공 가능성이 대체로 낮다고 예상되던 그들의 데뷔작을 제작했다. 2000년대에도 이런 시도는 계속되어 봉준호(〈플란다스의 개〉, 2000; 〈살인의 추억〉, 2003), 장준환(〈지구를 지켜라!〉, 2003), 최동훈(〈범죄의 재구성〉, 2004; 〈타짜〉, 2006) 등의 영화가 차승재의 제작을 통해 관객과 만났다. 그의 안목과 모험가적 태도가 없었다면 이 새로운 재능들의 데뷔는 지체되거나 왜곡되었을 가능성이 높다.

한국영화에서 최초로 통계에 입각한 과학적 마케팅을 시도한 제작자로 꼽히는 심재명도 그에 못지않았다. 기획실 직원으로 영화 일을 시작한 그는 1995년 명필름(1992년 설립된 명기획의 후신)을 창립한 뒤, 1990년대 후반의 가장 세련되고 성공적인 장르영화 범주에 들어가는 장윤현의 〈접속〉(1997)과 김지운의 〈조용한 가족〉(1998)을 제작했다. 그의 활동은 2000년대 들어 더 확장해 박찬욱의 〈공동경비구역 J.S.A〉(2000), 임순례의 〈와이키키 브라더스〉(2001)와 〈우리 생애 최고의 순간〉(2007), 임상수의 〈바람난 가족〉(2003)과 〈그때 그사람들〉(2005), 김기덕의 〈섬〉(2000) 등이 그의 제작을 거쳐 태어났다. 심재명은 2005년 이후 소강상태를 보이는 차승재와 달리 오늘날까지 변함없는 활동력을 이어 오고 있다.

이들보다 한발 늦게 시작했지만 〈정사〉(이재용, 1998), 〈반칙왕〉(김지운, 2000), 〈장화, 홍련〉(김지운, 2003), 〈스캔들-조선남녀상열지사〉(이재용, 2003), 〈달콤한 인생〉(김지운, 2005), 〈해변의 여인〉(홍상수, 2006) 등을 제작한 오정완(영화사 봄) 역시 개성적 장르영화들을 대중적 성공으로 이끌어 냄으로써 한국영화 신르네상스의 주역 중 하나로 꼽힌다. 또 시네마서비스에서 기획 담당으로 일하며 출중한 능력을 인정받은 뒤 1998년 독립한 김미희[〈주유소 습격사건〉(김상진, 1999), 〈피도 눈물도 없이〉(류승완, 2002)]는 주로 기획력이 돋보이는 상업영화에서 뛰어난 활약을 나타냈다.

이 새로운 프로듀서들의 성취는 선구적 프로듀서인 황기성(황기성 사단), 한국영화에 본격적 기획 개념을 도입한 신철(신씨네)과 유인택(기획시대) 등의 선배 세대, 그리고 1960년생이지만 1980년대 후반 영화계에 뛰어들어 단기간에 막강한 감독-프로듀서로 성장한 강우석(시네마서비스) 등이 다진 토대 위에서 이루어졌다. 대기업과 금융자본의 영향력이 한국영화계를 지배하기 시작한 2000년대 중반 이후 스타 프로듀서들의 영향력이 줄어들고 모험적 제작 시도도 그만큼 감퇴한 것은 한국영화계의 보이지 않는 손실이다.

1 1990년대에 등장한 스타 프로듀서들(왼쪽 위부터 시계 방향으로 차승재, 심재명, 오정완, 김미희)

2000년

필름 영화에서
디지털 영화로 전환

저예산, 새로운 소재,
파격적인 실험정신으로 무장하다

전종혁

새로운 세기를 맞아 디지털 열풍은 국내 영화계에도 변화의 바람을 일으켰다. 2000년대의 화두였던 디지털 혁명은 영화제작(촬영, 편집)만이 아니라 필름 없는 영화관이라는 신기한 경험을 낳았다. 초기에 이 혁명은 디지털 미학의 가능성이나 거대 자본으로부터의 독립 차원에서 '대안영화'라는 방향에 초점을 맞추었다. 이때 '디지털'은 자유의 동의어에 가까웠다. 이를 반영하듯 비교적 적은 예산에, 상업영화에서 볼 수 없는 새로운 소재와 파격적 실험정신으로 무장한 영화, 예를 들어 임상수 감독의 〈눈물〉(2000), 문승욱 감독의 〈나비〉(2001), 송일곤 감독의 〈꽃섬〉(2001) 등이 줄줄이 극장에 등장했다.

이 초기 디지털 영화들은 기술적인 면에서 필름 영상과 비교해 다소 부족함은 있었으나, 배우들의 자유로운 연기를 담아내는 데는 가벼운 디지털카메라가 더 효과적임을 보여 주었다. 프랑스의 누벨바그 세대 감독들이 무거운 카메라에서 벗어나 새로운 시대의 기운을 포착한 영화를 창조해 낸 것처럼 디지털을 선택한 젊은 한국 감독들도 영화의 변화를 모색했다. 이 영화들이 대중적으로 큰 성공을 거둔 것은 아니었으나 디지털에 대한 한국영화의 탐구정신과 창작욕을 보여 주는 지표가 되기에는 충분했다.

무엇보다 디지털은 예산 사용에서 효율을 기하며 영화를 제작할 수 있다는 장점 덕분에 독립영화만이 아니라 상업영화 제작 편수가 늘어나는 계기로도 작용했다. 필름의 광범위한 색이나 조영照映 등은 디지털이 쫓아갈 수 없었지만 디지털 기술이 꾸준히 발전하면서 단점을 점차 상쇄했다. 곧 충무로의 영화 현장에서 디지털 기술이 일반화되면서 촬영(현장 편집) 및 포스트 프로덕션이 강화되었고 그로 인해 영화의 기술적 완성도가 높아졌다.

디지털로의 진화는 배급과 극장에도 큰 영향을 미쳤다. 2010년부터 극장에 디지털 영사기가 보급되면서 곧 필름 영사기는 모조리 사라졌으며, 필름 촬영 역시 중단되어 공식적으로 한국영화의 마지막 필름 영화는 봉준호 감독의 〈설국열차〉(2013)가 되었다. 예전 필름 시대에 특정영화가 시장에서 관객의 호응을 얻으면 그 영화의 상영 극장 수를 늘리기 위해 추가 프린트를 필요로 했고, 따라서 필름 프린트 비용과 제작 시간이 소요되었다. 디지털 시대에는 그런 한계가 없어졌다. 1,000개가 넘는 스크린을 독식하는 영화, 뒤늦게 인정받아 박스오피스에서 역주행 현상을 일으키는 영화가 생기는 것도 디지털 시대의 수혜라 볼 수 있다. 이제 극장에서 필름 영사기가 돌아가는 소리를 들을 수 없고, 비 내리던 스크린(옛 필름의 질감) 또한 모두 추억이 되었다.

1 2000년대 초에 등장한 디지털 영화 〈눈물〉(2000)과 〈나비〉(2001)의 포스터
2 〈봉자〉(2000)와 〈꽃섬〉(2001) 포스터

2000년

최초의 북한영화 개봉

신상옥의 <불가사리>,
일본 수입사 통해 한국에서 개봉

김형석

1 영화 <불가사리>의 한 장면
2 <불가사리> 촬영 현장의 신상옥 감독(왼쪽)
3 북한영화 <소금>을 통해 북한 배우로서 모스크바국제영화제
   여우주연상을 수상한 최은희(가운데)

남한에서 북한영화를 본다는 건 오래도록 금기였다. 반공이 국시이던 시절, 그것은 국가보안법에 걸리는 이적 행위였다. 하지만 1988년 서울올림픽과 1989년 동구권 몰락 등을 겪으며 남한 사회도 이념적 장벽이 낮아졌고, 한국 극장가에 그동안 접하기 힘들었던 러시아(구소련)나 동구권 영화가 등장하기 시작한다. 그리고 1990년에는 통일부에서 북한영화를 대중에게 공개하는 특별 상영회를 열었다. 비록 신청자들에만 제한적으로 보여 주는 것이었지만, 이는 큰 변화였다. 하지만 같은 해 대학가에서 자체적으로 북한영화를 상영하려 했을 때는 당국이 불허 방침을 내렸으니, 여전히 어떤 장벽은 있었던 셈이다.

북한영화가 공식 배급망을 타고 일반 극장에서 대중과 만나기까지는 10년의 시간이 더 필요했다. 물론 그사이 많은 시도가 있었다. 실화를 바탕으로 한 <새>(1992) 같은 영화는 이념적 색채가 거의 없는, 이산가족 부자의 아픔을 담은 드라마로 1993년 일본을 통해 수입하려다 무산되었다. 한편 조금씩 해빙의 조짐도 보였다. 1998년 텔레비전을 통해 북한영화 <안중근, 이등박문을 쏘다>(1979)가 방영되어 화제를 불렀고, 1999년에는 영화제에서 북한 애니메이션이 공개되었다. 그리고 2000년 6월 첫 번째 남북정상회담이 열리면서 장벽은 허물어졌고, 한 달 후인 2000년 7월

<불가사리>(1985)가 개봉했다. 최초의 '북한영화 극장 개봉'이었다.

일본을 통해 수입된 이 영화는 신상옥 감독의 작품으로, 그가 북한에서 탈출한 후 정건조 감독이 완성한 것이었다. 일본의 <고질라>(1954)를 연상시키는 괴수영화로, 고려 말기를 배경으로 민중의 봉기를 그린 작품인데, 작품성과 재미를 떠나 '최초'라는 이름만으로도 화제를 일으켰다. 신상옥 감독은 북한에 있던 약 10년의 시간 동안 20여 편을 제작했고 7편을 감독했는데, 고전 『춘향전』을 영화화한 <사랑 사랑 내 사랑>(1984)을 비롯해 <돌아오지 않은 밀사>(1984, 카를로비바리영화제 감독상), <탈출기>(1984), <소금>(1985) 등의 작품이 유명했다. <소금>의 주연을 맡은 최은희는 모스크바국제영화제 여우주연상을 수상하기도 했다.

안타깝게도 <불가사리> 이후 극장 개봉한 북한영화는 찾아볼 수 없어, 현재로선 <불가사리>가 유일한 작품이다. 하지만 몇몇 시도는 있었다. 국내에서 열리는 국제영화제에서 북한영화 특별 상영을 시도한 것이었다. 2003년 부산국제영화제에서는 특별전 형식으로 7편의 북한영화를 상영했는데, 아쉽게도 <봄날의 눈석이>(1985)와 <내고향>(1949) 2편은 관계자를 대상으로 한 제한상영이었다. 그리고 2005년 전주국제영화제에서도 북한영화 상영이 있었다.

이후에도 비록 영화제에서였지만, 북한영화는 남한에서 그렇게 희귀한 영화는 아니었다. 2012년 광주국제영화제에서 <평양에서의 약속>(2012)을 상영했고, 2018년 부천국제판타스틱영화제에서도 북한영화 상영이 있었으며, 울주세계산악영화제에서는 <산너머 마을>(2012)을 상영했다. 그리고 2019년 처음 시작한 제1회 평창남북평화영화제에서는 개막작 <새>를 비롯해 총 5편의 북한영화를 상영했다.

사실 마음만 먹으면 유튜브를 통해 수많은 북한영화를 만날 수 있는 세상이다. 문화 교류의 차원에서, 지금처럼 까다로운 절차를 거치지 않고도 북한영화를 극장에서 접할 수 있는 상황이 조만간 이뤄지길 바란다.

2

3

2001년

조폭코미디, 2000년대 초반의 대표 장르

상업적으로 늘 유효한
한국 특유의 장르로 자리 잡다

주성철

한국영화계가 긴 침체기를 겪고 장르영화의 기운이 꿈틀대던 시절, 장현수 감독의 〈게임의 법칙〉(1994), 김영빈 감독의 〈테러리스트〉(1995), 김성수 감독의 〈런 어웨이〉(1995), 이창동 감독의 〈초록 물고기〉(1997), 송능한 감독의 〈넘버 3〉(1997)는 '한국형 조폭영화'의 전범이 됐다. 이런 흐름은 영화관입장권통합전산망KOBIS이 자리 잡기 이전 818만 명 관객 동원으로 한국영화 최고의 흥행 기록을 세운 곽경택 감독의 〈친구〉(2001)에서 폭발했다. 그런데 같은 해 2001년 김상진 감독의 〈신라의 달밤〉이 여름에, 조진규 감독의 〈조폭마누라〉가 추석 대목에 개봉해 큰 성공을 거두면서 조폭영화 안에서도 '조폭코미디'라는 하위 장르가 더 넓은 범위로 안착한다. 〈신라의 달밤〉의 주인공 이성재는 이후 〈공공의 적〉(2002)을 지나 〈상사부일체〉(2007)로, 성지루는 〈가문의 영광〉(2002) 시리즈로 흡수되었다. 이원종과 유해진 역시 각각 〈달마야 놀자〉(2001)의 조폭스님과 〈공공의 적〉의 칼잡이로 흘러들어가 코믹한 조연으로 활약했다.

어쩌면 〈넘버 3〉에서 송강호를 '신 스틸러'로 만들었던 우스꽝스러운 '불사파'나 "독도는 우리 땅"이라며 일본 야쿠자들에게 재떨이를 날려 한국 조폭의 기개를 과시했던 재철(박상면), 그리고 〈친구〉에서 준석(유오성)이 신입 조폭들에게 '사시미' 사용법을 가르치는 모습을 '신입 사원 오리엔테이션'이라 표현하던 그 순간부터, 이런 영화들은 조폭이 우리의 이웃이라고 말하는 전략으로 대중의 환심을 산 것일 수 있다. 조폭의 성별 파괴를 보여 준 〈조폭마누라〉, 조폭의 '나와바리' 파괴를 보여 준 〈달마야 놀자〉, 조폭의 학력 파괴를 보여 준 〈두사부일체〉(2001)가 각각 3편까지 시리즈로 제작됐고, 이듬해 등장한 〈가문의 영광〉은 무려 5편까지 나왔다. 그것은 '조직에 잠입한 경찰 이야기' 〈목포는 항구다〉(2004)를 거쳐 〈강철중: 공공의 적1-1〉(2008)에서 거의 한 몸처럼 뒤엉키는 형사(설경구)와 조폭(정재영)의 모습으로 나아갔다. 이런 조폭코미디 장르의 활황 시기는 이른바 기자·평론가 집단과 관객의 적대적 구도가 고착화되는 시점이기도 하다. TV나 인터넷의 말초적 개그, 볼거리로서 액션이 내러티브의 중심축을 이룬 이들 영화에서 비평과 박스오피스는 점차 다른 길을 걷기 시작했다.

김지운 감독의 〈달콤한 인생〉과 류승완 감독의 〈주먹이 운다〉가 동시에 개봉한 2005년 4월 1일은, 과거 융성했던 조폭코미디와 단절하고 새로운 누아르 감각의 조폭영화가 도래함을 알린 날이다. 이후 부패 검사나 경찰 캐릭터가 빠지지 않는 영화를 주로 만든 류승완 감독(〈부당거래〉, 2010)을 비롯해, 우민호 감독의 〈내부자들〉(2015), 이일형 감독의 〈검사외전〉(2016), 강윤성 감독의 〈범죄도시〉(2017) 등이 제작되었다. 현실 정치인의 입으로도 재현되며 픽션의 경계를 지워 버린, "대중들은 개돼지" 대사로 화제가 된 〈내부자들〉과 함께 이들 조폭영화는 한국 사회의 추악한 현실을 적나라하게 드러내는 바로미터로 여겨지기도 했다. 물론 한국영화계에서 여성 캐릭터의 소외라는 고질적 문제를 고착화했다는 비판을 피해 갈 수 없지만, 박훈정 감독의 〈신세계〉(2012), 김성수 감독의 〈아수라〉(2016), 변성현 감독의 〈불한당: 나쁜 놈들의 세상〉(2017), 이해영 감독의 〈독전〉(2018)처럼 여성 관객의 열광적 팬덤을 끌어낸 사례까지 아울러 볼 때 조폭영화는 현재 시점까지도 끊임없이 변주되는 가운데 여전히 가장 상업적으로 유효한 한국영화계 특유의 장르다.

1 2001년 여름 크게 흥행한 〈신라의 달밤〉은 조폭영화 중에서도 '조폭코미디'라는 하위 장르의 시작을 알렸다.
2 추석 대목에 개봉해 큰 성공을 거둔 〈조폭마누라〉. 인기에 힘입어 시리즈 제작이 3편까지 이어진다.
3 2002년 개봉한 〈가문의 영광〉은 무려 5편까지 시리즈를 이어 간다.

2002년

임권택 감독,
칸국제영화제에서 수상

오원 장승업을 통해 돌이켜 본
자신의 삶, <취화선>

정성일

2002년 5월 25일 저녁 7시 반, 프랑스 니스 부근에 자리한 뤼미에르 극장에서 칸국제영화제 시상식이 진행되었다. 진행자가 감독상으로 <취화선>을 연출한 임권택 감독을 호명했다(<펀치 드렁크 러브>를 연출한 폴 토머스 앤더슨Paul Thomas Anderson과 공동 수상이었다). 그해 심사위원장은 데이비드 린치David Lynch였고 황금종려상은 로만 폴란스키Roman Polanski의 <피아니스트>가 받았다. 수상을 하러 무대에 올라간 임권택 감독은 예의 어눌한 말투로 고마운 이들의 이름을 차분히 호명했다. <취화선>은 임권택 감독의 98번째 영화다.

<취화선>은 조선시대 말기의 화가 오원 장승업에 관한 전기영화이지만 동시에 조선이 외세에 무너지고 서구 열강의 근대 문물이 폭력적으로 한반도를 침략하던 시기에 관한 사극이기도 하다. 하지만 이 영화는 (은유적 의미에서) 장승업의 삶과 예술적 성장 과정에 깊이 공감하는 임권택 자신의 자서전이기도 하다. 장승업은 그림에 대한 체계적 훈련을 받은 적이 없으면서도 수없는 시행착오 끝에 자신의 경지를 이뤄 나갔으며, 그러면서도 어느 한자리에 머물지 않고 계속해서 그림의 새로운 경지를 추구했다.

임권택은 일제강점 아래 태어났고 해방 직후 좌우익 대립에 부모가 연루되어 고향에서 숨 막히게 살다가 한국전쟁 중 부산으로 가출했다. 그리고 거기서 만난 군화장수들을 따라 휴전 직후 서울에 올라온 뒤 충무로에서 제작부로 영화 일을 시작했다. 1962년 첫 영화 <두만강아 잘 있거라>를 찍었고, 영화는 성공했다.

임권택은 영화를 예술로 보고 다가가기보다는 직업으로 받아들이면서 시작했다. 1960년대에 임권택은 사극, 멜로드라마, 코미디, 액션활극, 스파게티웨스턴, 스파이영화, 무협영화, 3D공포영화까지 거의 모든 장르의 영화를 만들었다. 그렇게 10년 동안 임권택은 50편의 영화를 연출했다. "내가 이렇게 촬영을 하러 다니다가 결국 길거리에서 죽겠구나, 라는 생각이 들었어요. 그때 처음으로 내가 하고 있는 일에 대해 책임을 느끼기 시작한 거예요. 그렇다면 무언가 의미 있는 영화를 남겨야겠구나, 라는 자각을 하게 된 거지요."

1973년 임권택은 처음이자 마지막으로 자신이 제작하고 연출한 <잡초>를 만들었지만 이 영화는 흥행에서 완전히 실패했다(그리고 제작사가 문을 닫으면서 원본 프린트가 실종되었다). 주변 상황은 더 나빴다. 유신 정권은 한

1   <낙동강은 흐르는가> 촬영 현장의 임권택 감독(오른쪽)
2   임권택 감독이 받은 칸국제영화제 감독상 트로피 사진

2

3

국영화를 통제하기 위해 영화법을 개정했고 이중으로 검열했다. 그리고 반공영화, 새마을영화, 문예영화에 한해 외화 스크린쿼터를 주었다. 임권택은 이때 역설적으로 국책영화를 만들면서 시장의 조건으로부터 자유로워졌다. 〈아내들의 행진〉(1974)을 만들면서 〈왕십리〉(1976)를 만들었다. 그런 다음 〈족보〉(1978), 〈깃발없는 기수〉(1979), 〈짝코〉(1980)를 이어서 만들었다. 두 승려의 화두를 가슴에 품은 긴 여정을 지켜보는 〈만다라〉(1981)는 임권택을 '장르의 장인'의 자리에서 '위대한 작가'의 반열로 올려놓았다. 그런 다음에도 임권택은 더 깊이, 더 멀리 탐구했다. 〈길소뜸〉(1985)과 〈티켓〉(1986)은 1980년대 한국영화의 이정표가 되었다. 1987년 베니스국제영화제에서 강수연에게 여우주연상을 안겨 준 〈씨받이〉(1986)는 3대 유럽영화제에서의 공식적인 첫 번째 한국영화 수상 기록이다. 그런 다음 1990년에 마치 자신의 경력을 돌아보기라도 하듯 일제 강점하의 종로를 무대로 한 '다찌마와리' 액션영화 〈장군의 아들〉 삼부작을 만들면서 활기를 되찾았다.

임권택이 진정한 자신의 주제를 찾은 영화는 〈서편제〉(1993)일 것이다. 이청준 원작의, 남도를 떠도는 유랑 소리꾼 가족의 이야기를 통해 한국인의 정서, 한국의 흥, 한국인의 한, 한국 예술가들의 전통 안으로 들어가 그 뿌리를 탐구해 나갔다. 자신의 아버지를 위한 영화 〈태백산맥〉(1994), 자신의 어머니에게 바치는 영화 〈축제〉(1996)를 찍은 다음 춘향가의 판소리를 사운드트랙으로 하여 소리와 영화가 함께 어우러지는 〈춘향뎐〉(2000)을 만들었다. 이 영화는 임권택 예술의 정수이며 영화적 결론일 것이다. 그런 다음 비로소 자기 자신을 돌아보는 영화 〈취화선〉을 만들었다. 그리고 이 작품이 칸국제영화제에서 감독상을 받았다. 이 수상은 임권택 자신에게는 자신의 영화 전체를 돌아보는 것이자 삶을 돌아보는 시간이었을 것이다.

한국영화에서 임권택을 생각한다는 것은 동시에 한국영화사를 생각하는 것이며, 그것은 동시에 한국근대사를 돌아보는 시간이기도 할 것이다. 그것이 한국영화사에서 임권택이 가지는 예술적 무게이며 역사적 부피이다.

3   2002년 칸국제영화제에서 감독상을 안겨 준 작품 〈취화선〉 촬영 현장의 임권택 감독

2003년

'웰메이드' 영화의 등장

한국적 맥락에서 '웰메이드 영화'라는 용어가 갖는 특수성

허문영

'웰메이드 영화'의 어원은 불분명하다. 2000년대 초반에 〈살인의 추억〉(봉준호, 2003), 〈스캔들-조선남녀상열지사〉(이재용, 2003), 〈올드보이〉(박찬욱, 2003), 〈장화, 홍련〉(김지운, 2003) 등을 두고 몇몇 언론 매체에서 쓰기 시작했고, 이후 상용 표현이 되었다. 일반적으로 만듦새가 뛰어난, 혹은 제작의 전반적 질production quality이 높은 영화를 가리킨다. 뛰어난 독립영화에는 잘 쓰지 않는 것으로 미루어, 2000년대의 현격한 제작비 상승과 직간접적으로 연관된 충무로의 고가화하고 세련된 제작 수준이 반영된 영화를 통칭한다고 보는 편이 정확할 것이다.

이와 연관된 보다 오래된 충무로 용어로 '완성도가 높은'이라는 표현이 있다. 주로 뛰어난 시나리오에 사용된 이 관용어는 '웰메이드'와 마찬가지로 짜임새, 주제의식, 재미 등 여러 가지 장점이 적절히 결합되어 있음을 뜻한다. 프랑스영화계에는 프랑수아 트뤼포François R. Truffaut 감독의 가혹한 공격으로 유명해진 '양질의 전통'la tradition de la qualité이라는 표현이 있다. 주로 뛰어난 문학 작품이 원작이거나 문학인이 각본을 쓴, 그리고 그 각본이 충실히 반영된 고품격 영화를 가리킬 때 쓰는 말이었지만 트뤼포에 의해 부정적 뉘앙스가 더해진 이 용어는, 영어로는 종종 '웰메이드well-made의 전통'으로 번역된다.

2000년대의 한국영화에 '웰메이드'라는 표현이 자주 등장하게 된 현상을 말할 때는 이 용어의 양가적 의미를 감안할 필요가 있다. 한편으로 이 용어는 한국영화의 제작 수준이 이제 변방의 단계를 벗어나 할리우드나 유럽에 뒤지지 않는 종합적 향상을 이루었다는 긍정적인 면을 암시한다. 이 측면은 21세기 관객의 고급화된 문화 취향이 동반된다. 다른 한편으로 이 용어에는 영화를 창작자의 개성적 의지와 스타일이 반영된 예술 작품이라기보다 여러 제작 요소가 결합된 복합 문화 상품으로 간주하는 시각이 내재해 있다. 이 측면은 상업성이 고급 취향으로 둔갑했을 뿐이라는 사실과 대중적 영화 담론에서 미학적 자질의 우선순위가 다른 방식으로 하락하는 경향에 대한 우려를 포함한다.

1 김지운 감독의 〈장화, 홍련〉의 한 장면
2 이재용 감독의 〈스캔들-조선남녀상열지사〉의 한 장면

이름도 없었다...
존재도 없었다...
살려둘 이유도 없었다!

684 북파부대
실미도
SILMIDO

32년을 숨겨온 진실... 이제는 말한다!

설경구 | 안성기 감독 강우석   www.silmido2003.co.kr

2004년

'천만 영화'의 탄생

<실미도>와 <태극기 휘날리며>
그리고 <왕의 남자>

전종혁

최초로 '천만 영화'에 등극한 강우석 감독의 <실미도>는 2003년 크리스마스이브에 개봉했다. 어두운 현대사를 비극으로 담은 영화였기에 연말 분위기와 어울리지 않게 너무 무겁다는 평가가 지배적이었다. 하지만 영화인들의 이런 걱정은 기우에 불과하다는 것을 보여 주듯, 실미도 684부대의 진실과 영화적 힘은 많은 관객이 눈물을 흘리게 만들었다. 1999년 한국형 블록버스터를 표방한 <쉬리>가 등장한 이후 국내 영화 시장에서 한국영화의 위상이 높아졌고, <실미도>는 한발 더 나아가 한국영화의 봄을 일으키는 원동력이 되었다.

천만 영화의 탄생은 한국영화의 관객 수(수익 및 시장의 확장)를 확대하는 동시에 한국영화에 대한 신뢰감을 높였다는 차원에서 한국영화의 양적·질적 성장을 의미했다.

<실미도>는 2004년 2월 흥행 바통을 강제규 감독의 <태극기 휘날리며>에 넘겨주었고, 두 영화는 연이어 천만 영화가 되었다. 한국전쟁을 배경으로 형제의 비극을 담아낸 <태극기 휘날리며>는 한국의 가슴 아픈 역사를 정면으로 다루었고, 이렇듯 다양한 관객 층과 소통할 수 있는 역사적 소재를 영화화한 작품이 찬사를 받으면서 지속적으로 천만 영화가 등장할 수 있는 영화 시장으로 발돋움했다. 천만 영화는 전 국민이 즐기는 국민영화였고, 출연 배우들 역시 국민배우로 불리며 크게 인기를 모았다.

2005년 연말에 개봉해 세 번째 천만 영화가 된 <왕의 남자>는 한국인이 가장 좋아하고 익숙한 장르인 사극으로 관객의 마음을 파고들었다. 절대 권력을 풍자한 궁중 광대극으로 인기를 모은 <왕의 남자>의 천만 관객 돌파는 좋은 소재로 진정성 있는 영화를 제작한다면 관객이 호응한다는 청신호였다. 시대 분위기나 대중적 정서를 반영하는 천만 영화는 사회문화적 이슈가 되었으며 특정 영화를 응원하고 지지하는 팬덤 문화(N차 관람 등)를 견인하는 등 한국영화를 소비하는 방식을 바꾸었다는 점에서 놀라운 변화였다.

산업적인 면에서는 영화에 대한 투자가 활발히 이뤄지면서 이 시기에 각양각색의 영화가 기획 및 제작에 들어가는 발판이 되었다. 다양한 장르에서 천만 영화가 등장하면서 웰메이드 영화를 제작할 수 있는 산업적 기반이 마련되었고, 관객 역시 한층 높아진 기대감으로 한국영화를 대했다. '천만 영화'라는 상징성은 한국영화의 자부심으로 통했다. 2편의 천만 영화가 나온 2004년처럼 2012년에 최동훈 감독의 <도둑들>, 추창민 감독의 <광해, 왕이 된 남자>가 연이어 천만 영화에 등극했고, 이 영향으로 한국영화는 1억 명 관객의 시대를 열었다. 천만 영화는 한국영화 시장을 떠받치는 견인차 역할을 톡톡히 했다.

1   최초의 '천만 영화'에 등극한 <실미도>
2   두 번째 천만 영화였던 <태극기 휘날리며>
3   2005년, 세 번째로 천만 영화가 된 <왕의 남자>

2004년

고향으로 돌아온
일제강점기 조선영화

중국전영자료관과
러시아 고스필모폰드 발굴 성과

정종화

일제강점기에 만들어진 조선영화는 모두 150여 편(무성영화 95편, 발성영화 50여 편)으로 기록된다. 이는 대체로 민간에서 제작한 극영화들로, 조선총독부가 제작한 다수의 문화영화나 뉴스영화는 제외한 수치다. 그렇다면 현재 한국영상자료원은 해방 이전 조선영화를 얼마나 보존하고 있을까. 1930년대 영화가 6편, 1945년까지의 영화가 10편 정도로 일제강점기 컬렉션은 거의 비어 있는 형편이다. 한국의 국립 필름아카이브 기능을 담당하는 한국영상자료원은 1974년에야 설립되었고, 그 이전에는 한국영화의 필름을 국가의 문화유산으로 대접하고 보존할 여력이 없었다. 특히 조선영화 필름들은 해방기와 한국전쟁을 거치며 대부분 사라지고 말았다.

일제강점기 조선영화를 찾으려는 국가적 노력, 즉 한국영상자료원의 수집 작업은 1980년대 말부터 성과를 냈다. 1989년 일본의 도호영화사로부터 〈망루의 결사대〉(이마이 다다시, 1943), 〈젊은 모습〉(도요타 시로豊田四郎, 1943), 〈사랑과 맹세〉(최인규, 1945) 3편을 수집한 것이다. 하지만 이 영화들은 일제 말기의 국책영화라는 이유로 한동안 공개조차 되지 않았다. 1990년대에는 러시아 국립 필름아카이브인 고스필모폰드Gosfilmofond of Russia에서 조사가 진행되어, 1993~1994년 〈총후의 조선〉(조선총독부, 1938), 〈조선 우리의 후방〉(1939년경), 〈일본실록〉(1943년경), 〈조선시보 제11보〉(1943년경) 등의 문화영화와 뉴스영화가 수집되었고, 1998년 극영화 〈심청전〉(안석영, 1937)의 일부 2롤과 문화영화 〈국기 아래서 나는 죽으리〉(1939) 등을 찾았다.

가장 주목할 만한 성과는 2004~2006년, 베이징의 중국전영자료관을 통한 발굴이다. 1930년대 작품으로는 〈미몽〉(양주남, 1936), 〈군용열차〉(서광제, 1938), 〈어화〉(안철영, 1939) 3편을, 1940년대는 〈집없는 천사〉(최인규, 1941), 〈지원병〉(안석영, 1941), 〈반도의 봄〉(이병일, 1941), 〈조선해협〉(박기채, 1943), 〈병정님〉(방한준, 1944)

1   2004년 중국전영자료관에서 수집한
    〈집없는 천사〉(1941)의 한 장면

5편을 찾았다. 불과 3년 사이 8편의 일제강점기 극영화가 한꺼번에 수집된 것은 일대 사건이었다 해도 과언이 아니다. 덕분에 학계 역시 일제강점기 영화 연구의 새로운 패러다임을 맞았다. 이전의 연구들은 실제 영화에 대한 분석 없이 당시의 신문과 잡지 그리고 영화인 구술 증언 등 2차 사료와 영화사가들의 저작에 전적으로 의존해 논의해야 하는 한계가 있었기 때문이다. 발굴된 극영화들이 학계에 던진 가장 큰 의미는, 기존의 친일과 저항이라는 이분법으로는 식민지 경험을 완벽하게 이해할 수 없음을 말해 주었다는 것이다.

일제강점기 영화 발굴은 다시 러시아 고스필모폰드로 이어졌다. 2006년 6월 조사 때 1998년에 이어 1롤을 추가 발굴해 문화영화 〈한 '성심'의 힘〉(조선총독부, 1935)이 완본을 갖추었고, 이 외에도 뉴스영화 〈조선의 애국일〉(조선총독부, 1940) 그리고 극영화 〈대홍수 후 수리 사업 관련 내용〉(감독과 연도 미상)을 발굴했다. 2010년 8월 조사 때는 문화영화 〈북선의 양은 말한다〉(1934년경) 등 4롤을 추가 발굴했다. 한편 2005년 일본에서는 〈아리랑〉을 보유하고 있다고 공언하던 아베 요시시게安倍善重가 사망해 그의 컬렉션을 전수 조사했지만 조선영화가 전혀 없다는 결론을 맺은 해프닝도 있었다. 하지만 일본에서도 일부 필름이 나왔다. 2009년 3월에는 〈그대와 나〉(히나쓰 에이타로[조선 이름 허영], 1941)의 2롤이 일본의 내셔널필름센터NFC(현 국립영화아카이브National Film Archive of Japan)를 통해 발굴해 한국영상자료원이 수집했다.

조선영화 필름이 더 발굴될 가능성은 있을까. 한국영상자료원의 발굴 작업은 최근에도 활발히 진행되고 있다. 최인규 감독의 세 번째 작품 〈집없는 천사〉를 수집한 지 10년 만인 2014년, 다시 중국전영자료관을 통해 그의 두 번째 연출작 〈수업료〉(1940)를 찾았다. 수업료를 구하기 위해 다른 도시의 친척집까지 걸어가는 식민지 조선 어린

이의 모습을 담담하게 묘사한 수작으로, 2006년 〈병정님〉을 수집했을 때처럼 중국전영자료관에서 제공한 목록 문서에서 찾은 사례다. 가장 최근의 성과는 다시 '고스필모폰드'를 통해서다. 2019년 5월 조사에서 문화영화 〈근로의 끝에는 가난이 없다〉(이규설, 1928년경, 2롤), 〈온돌〉(조선총독부, 1941, 1롤)을 찾았다. 특히 전자는 단편 문화영화라는 한계는 있으나 극영화 형식을 띠고 있고, 배우 겸 감독인 이규설 등 초창기 조선영화인들의 영화 작업을 확인할 수 있다는 점에서 발굴의 의미가 큰 작품이다.

조선의 극영화가 추가로 발굴될 가능성은 아직 남아 있다. 세계의 어느 필름아카이브든 방대한 보유 자료 탓에 필름의 목록화 작업을 계속 진행해야 하기 때문이다. 그런데 다수의 아카이브는 자국 영화 정리가 우선이므로, 우리가 직접 가서 조사하는 것이 가장 빠른 방법일 수 있다. 그런 의미에서 〈아리랑〉(1926)의 수집 작업 역시 포기하지 말아야 할 것이다. 당시 인화성이 강한 질산염nitrate 필름으로 영화제작이 이루어진 탓에 남아 있을 가능성이 그리 높지는 않지만, 미국 쪽으로도 일말의 가능성을 열어 두어야 한다. 나운규 영화가 미국의 국립기록관리청NARA이나 의회도서관LOC 등의 보존고에 영화 제목이나 크레디트가 없어진 채 일부 필름 롤만 남아 있을 가능성도 배제할 수 없다.

2　2014년 중국전영자료관에서 수집한 〈수업료〉(1940)의 한 장면

2008년

최고最古 극영화
<청춘의 십자로> 발굴

가정집 지하실에서 70년을 버텨 온
필름 캔의 부활

정종화

1934년작 〈청춘의 십자로〉(안종화)를 다시 만난 것은 기적과도 같은 일이었다. 이 영화의 소장자는 해방 이후부터 한국전쟁 직후까지 단성사를 경영한 이의 유족이었는데, 그는 모친에게 필름을 전해 받고는 줄곧 지하실에 보관해 왔다. 당시 무성영화는 인화성 강한 질산염 필름으로 제작되었는데 이런 필름이 온도와 습도를 적절히 제어할 수 있는 필름아카이브의 보존고가 아닌 공간에서 70년 이상을 버틴 것이다.

2007년 한국영상자료원 조사단은 소장자의 자택에서 이 필름을 처음 만났다. 네거티브(원판) 필름으로 모두 9롤이었다. 1롤은 '끝完' 표시만 있는 자막이었고, 본편인 것으로 추정되는 또 하나의 1롤은 밀가루 반죽처럼 엉겨 붙어 검색 자체가 불가능했다. 이른바 백화현상이 발생한 것은 누군가 필름 캔을 열어 필름이 밀봉 상태를 유지하지 못하고 공기와 만났기 때문이다. 결국 나머지 7롤만 복원에 착수해, 현재 우리가 볼 수 있는 버전이 되었다. 유실된 롤에는 줄거리상 주인공 영복과 영옥이 시골에서 떠나는 장면이 포함되었을 것으로 보인다. 〈청춘의 십자로〉의 원판 필름은 2012년 등록문화재(제488호)로 지정되어 국가의 문화유산으로 특별히 보존되고 있다.

이 작품은 〈아리랑〉(1926)을 볼 수 없는 지금의 우리에게, 조선 무성영화의 수준과 당시 조선인 관객에게 전달했을 영화적 에너지를 상상해 볼 수 있게 한다는 점에서 가치가 크다. 〈청춘의 십자로〉는 배우 출신 감독인 안종화의 세 번째 연출작으로, 무성영화 시기 조선에서 형성된 신파 양식을 적극적으로 활용한 작품이다. 즉 비극과 활극을 절묘하게 버무린 신파 화법을 기반으로 하여 영화를 대중오락이라는 한 방향으로만 명쾌하게 밀고 나갔다. 조선인 관객의 평가도 좋았다. 1938년 11월 《조선일보》가 개최한 조선 최초의 영화제에서 그동안 만든 조선영화를 대상으로 관객 인기투표를 실시했는데, 〈청춘의 십자로〉가 〈아리랑〉(나운규, 1926), 〈임자 없는 나룻배〉(이규환, 1932), 〈인생항로〉(안종화, 1937) 등에 이어 6위를 차지했다. 고향의 지주 아들과 서울의 모던보이로부터 주인공들이 겪은 고초와 울분, 참다 참다 폭발하는 우직한 주인공의 활극 그리고 해피엔딩까지 이 영화는 조선인 관객의 열광적 지지를 받을 수밖에 없는 이야기였다.

무성영화 〈청춘의 십자로〉의 가치는 필름을 보존하는 데 머물지 않았다. 1930년대의 무성영화 상연 방식을 재현한 변사 공연으로 새롭게 태어난 것이다. 변사와 반주 음악, 악극이 결합된 〈청춘의 십자로〉 무대는 2008년 처음 한국영상자료원에서 공연된 이래, 가장 최근의 해외 공연으로는 2019년 2월 영국영화협회BFI에서 열린 초창기 한국영화 특별전의 개막식 공연까지, 60회 이상 이어지며 국내외 관객과 만나고 있다. 〈청춘의 십자로〉의 발굴과 이를 활용한 이색 공연은 무성영화의 존재 가치가 과거에만 머물지 않음을 보여 주는 대표 사례다.

1   2008년 첫 공연 이래 현재까지 계속되고 있는
    〈청춘의 십자로〉 변사 공연 모습
2   〈청춘의 십자로〉의 장면들

2

1

2

2000년대

메이저 투자배급사의 시대

영화 시장을 이끄는
4대 대형 투자배급사 체제

전종혁

1990년대 후반 영화계는 이은, 심재명, 차승재 등 스타 프로듀서 출신 영화제작자들과 감독으로 출발해 제작자가 된 충무로의 '파워 넘버원' 강우석이 이끌었다. 1995년 설립해 〈접속〉(1997), 〈공동경비구역 J.S.A〉(2000)를 제작한 명필름과 〈살인의 추억〉(2003), 〈타짜〉(2006)를 제작한 싸이더스가 2000년대 초에 전성기를 맞았다. 반면 1990년대 초 강우석프로덕션으로 시작해 제작 및 투자배급사로 성장한 시네마서비스는 1990년대 중반 영화 산업에 뛰어들어 대형 투자배급사 시대를 연 CJ와 경쟁하며 관객 점유율 면에서 한국영화의 '양강 구도'를 이루었다. 2000년대 초까지 CJ와 자웅을 겨루던 시네마서비스는 쇼박스의 가세로 배급 3강 체제를 구축했고 롯데엔터테인먼트 등 후발주자의 등장으로 점점 내리막길을 걷는다. 2000년대 중반을 넘기며 웰메이드 상업영화를 낳은 '제작 명가'의 시대가 급속히 막을 내렸고, 코미디영화로 전성기를 누리던 강우석 사단과 시네마서비스 역시 힘을 잃었다. 그 후 코미디영화 〈7번방의 선물〉(2013)로 천만 영화에 등극한 '넥스트엔터테인먼트월드'가 등장하면서 2010년대에는 CJ, 쇼박스, 넥스트엔터테인먼트월드, 롯데 등 4개 대형 투자배급사가 영화 시장을 차지했다. 이렇듯 치열한 경쟁 속에서 제작과 배급이 체계화하며 한국영화 시장은 비약적으로 성장했다.

하지만 기획영화로 출발한 영화제작사들이 설 자리를 잃고 대형 투자배급사들이 영화계를 좌지우지하는 시대를 맞을 수밖에 없었다. 소규모 제작사들은 막강한 자본, 기획력과 함께 영화 원천(소설, 웹툰 등 다양한 콘텐츠와 IP)을 확보한 CJ 같은 대형 투자배급사와는 아예 경쟁이 불가능했으며, 많은 영화제작자가 자생력을 잃고 사라졌다. 윤제균 감독이 설립한 JK필름처럼 〈해운대〉(2009), 〈국제시장〉(2014) 같은 천만 영화를 내놓으며 승승장구하는 영화제작사는 흔치 않았다. 제작사가 아니라 투자배급사가 중심이 된 영화계에 대한 우려와 비판의 시선이 많지만, 최근 대형 투자배급사 외에도 중소 투자배급사들이 차례로 생겨나면서 각양각색의 영화들이 제작·배급되고 있다. 특정 투자배급사의 상업 논리나 취향에 따라 영화가 획일화되거나 다양성을 잃을 위험성은 여전히 남아 있지만, 영화 시장의 무한경쟁은 완성도 높은 영화를 제작하는 원동력이 되고 있다.

1·2　2010년대 한국영화 시장은 4대 대형 투자배급사를 중심으로 비약적으로 성장했다. 2013년 1월 개봉해 넥스트엔터테인먼트월드의
첫 천만 영화로 기록된 〈7번방의 선물〉 포스터(왼쪽)와 2017년 개봉해 천만 관객을 기록한 쇼박스 배급의 〈택시운전사〉 포스터.

2000년대

독립다큐멘터리의 흐름과 성과

다양한 형식으로 분화하며
한국 사회에 끝없이 질문을 던지다

조영각

한국의 다큐멘터리는 독립영화의 출발과 맥락을 같이한다. 독립영화가 주류 영화 문화에 대항하는 영화운동으로 출발했고, 사회변혁의 무기로 인식되며 제작되었다면 다큐멘터리 역시 그와 같은 시대적 분위기 속에서 만들어졌다. 그러나 독립다큐멘터리의 출발로 알려진 서울영화집단의 〈판놀이 아리랑〉(1982)은 공연 기록물의 형식을 띤다. 공연 과정에 대한 기록과 관객 인터뷰, 평가 회의를 담으면서 사운드와 화면을 불일치시키는 실험적 시도를 보여 주었다. 다큐멘터리가 기록을 넘어 영화라는 매체 인식 속에서 만들어졌음을 확인할 수 있다.

사회변혁을 위해 민중의 관점에서 본격적으로 만든 작품은 농민들의 투쟁을 담은 홍기선의 〈수리세〉(1984)와 같은 8밀리 영화들과 상계동 철거민들의 투쟁을 기록한 김동원의 〈상계동 올림픽〉(1988)이다. 이 작품들은 대학가를 중심으로 상영되면서 시대의 아픔과 민중의 생생한 현실을 관객에게 전달했다. 특히 〈상계동 올림픽〉은 비디오 액티비즘의 효시 같은 작품으로 이후 다큐멘터리 창작자들에게 큰 영향을 주었다. 1980년대 후반부터 비디오 다큐멘터리들은 투쟁의 현장에서 빛을 발하며 사회변혁 운동을 기록하고 견인하며 전달하는 역할을 톡톡히 해 오고 있다.

1995년 액티비즘의 연장선에 위치하면서도 이전과는 다른 제작 방식의 영화가 출현했다. 한국 다큐멘터리로는 최초로 극장 개봉한 변영주의 〈낮은 목소리〉였다. 과거의 역사가 현재에 어떻게 상처를 남기고 영향을 주었는지를 조망한 〈낮은 목소리〉는 만드는 이의 시선이 명확하게 개입한 작품으로 일본군 위안부 문제를 본격적으로 알려 내고 사회적 이슈의 수면 위로 끌어 올렸다. 〈낮은 목소리〉는 연작으로 제작되어 극장 개봉했고, 공동체 상영도 꾸준히 이어 가면서 독립영화의 제작 배급에서 중요한 선례를 남겼다. 이후 다큐멘터리는 한국 사회의 다양한 문제를 변화시키려는 액티비즘의 자장 안에 놓이면서도 작가적 시선이 명확히 개입된 '작품'으로 자리매김하며 치열한 창작열이 더해지기 시작했다.

재독 철학자 송두율 교수의 입국을 둘러싼 사회적 공방을 다룬 홍형숙의 〈경계도시〉(2002)와 비전향장기수들의 송환 운동을 담아낸 김동원의 〈송환〉(2003)은 당대에 벌어지고 있는 사건에 반응하는 한국 사회를 바라보는 창작자의 통찰의 시선이 명확하게 드러난 작품으로 한국 다큐멘터리의 내용적 확장과 형식의 변화를 감지할 수 있다. 2000년대 초반 이후 다큐멘터리는 다양한 각도에서 사회의 미세한 부분까지 카메라를 들이대며 사회문제를 수면화하고 쟁점을 만들어 내며, 극영화가 하지 못했던 일을 했다. 즉 풍부한 시선을 관객이 탐지할 수 있게 해 주었다.

〈두개의 문〉(김일란·홍지유, 2012)과 〈공동정범〉(김일란·이혁상, 2018)처럼 아직 해결되지 않은 문제들에 대한 질문과 환기를 계속하는 작품들 또한 굳건히 존재한다. 이런 흐름 속에서 다큐멘터리는 변화와 분화를 거듭하는데, 방송 영역에서 출발한 독립 PD들의 작품이 사회적 주목을 이끌어 낸다. 이충렬의 〈워낭소리〉(2008)와 진모영의 〈님아, 그 강을 건너지 마오〉(2014)는 수백만 관객을 불러 모으며 다큐멘터리의 대중적 힘을 확인해 주었다.

현재 한국의 다큐멘터리는 여러 갈래의 길을 걸으며 발전과 변화를 거치는 듯하다. 용산참사와 세월호, 4대 강, 장애인 문제 등을 전면에서 다루며 한국 사회가 감지해 내지 못했던 영역에 대해 끊임없이 질문을 던지고 있고, 형식적 측면에서 휴먼다큐와 르포르타주, 미디어아트 영역과도 결합 내지 분화하고 있다.

이처럼 다양한 제작방식과 철학적·예술적 배경을 지닌 작품들이 탄생하고 있음에도 다큐멘터리의 시민권은 한국영화계에서 아직 작은 영역에 불과하다. 다큐멘터리에 대한 인식의 전환과 관심이 더 필요하다.

1   다큐멘터리로는 최초로 극장 개봉한 변영주의 〈낮은 목소리〉의 장면들. 위 사진에서 마이크를 들고 있는 이가 변영주 감독이다.

2~6   〈경계도시〉(2002)부터 〈님아, 그 강을 건너지 마오〉(2014)까지 분화와 발전을 거듭하고 있는 한국의 독립다큐멘터리

2   3   4   5   6

사퇴 및 구속수사를 촉구하는 영화인 선언

일시 2017.02.07(화) 오전 11시
장소 시네마테크전용관 서울아트시네마(서울극장

2000년대

독립영화,
제도와의 갈등과 협력

블랙리스트,
여전히 청산 작업 진행 중

원승환

2002년 5월, 새로운 영화 공간이 잇달아 문을 열었다. 9일 개관한 '영상미디어센터 미디액트'와 10일 개관한 시네마테크 '서울아트시네마'로, 영화진흥위원회가 독립영화계와 협력해 성취한 대표적 성과였다. 영상미디어센터 미디액트는 교육·지원·정책 활동을 통해 수많은 창작자와 활동가를 배출하며 독립영화 활성화에 기여했다. 그리고 공동체 미디어 교육과 미디어운동의 기틀을 마련하고 영상미디어센터가 전국적으로 확산하는 밑거름이 되었다. 서울아트시네마는 영화인들과 영화 애호가들에게 이전에는 쉽게 볼 수 없었던 세계 각국의 영화 문화유산과 다양한 영화예술을 소개하는 역할을 담당했다. 거장들의 회고전과 다양한 기획 프로그램으로 영화사에 대한 이해와 영화 고유의 미학을 대중적으로 확신하며 영화문화의 다양성 확산에 기여했다. 이 두 공간과 함께, 2007년 11월 개관한 독립영화전용관 인디스페이스는 독립영화 배급의 전문화를 이끌며 독립영화가 관객과 만나는 접점을 획기적으로 넓혔다.

하지만 2008년 이명박 정권이 들어서며 상황이 바뀌기 시작했다. 2008년 8월, 이명박 정권은 "좌파는 지난 10년간 정부의 조직적 지원하에 문화권력의 주도 세력으로 부상했

다"라는 인식에 기초한 「문화권력균형화 전략」을 통해 "좌파 자금줄은 차단"하고 "건전 문화세력은 전폭적으로 지원"하는 방식으로 정책을 집행했다. 이에 따라 영상미디어센터와 독립영화전용관은 급조된 보수단체가 부당하게 운영을 맡았고, 영화인과 관객의 반대에도 '서울아트시네마'에 대한 지원은 중단되었다.

독립영화에 대한 탄압은 2013년 박근혜 정권이 들어서면서 더욱 정교해지고 체계화되었다. 박근혜 정권은 독립영화 제작·배급 지원, 독립·예술영화 전용관 지원, 영화제 지원 등 동원할 수 있는 모든 수단을 통해 이른바 '문제영화'의 제작과 상영을 저지했다. '영화계 블랙리스트'에 대한 이러한 지원 배제는 영진위, 영상물등급위원회, 한국영상자료원, 한국벤처투자 등을 통해 전방위적으로 실행되었다. 반면 '건전·애국영화'는 사업 신설 등의 방법으로 적극 지원했다. 박근혜 정권의 청와대와 문화체육관광부, 영진위 등은 블랙리스트 의혹을 부정했지만 '문화예술계 블랙리스트 진상조사 및 제도개선위원회'의 활동을 통해 사실로 밝혀졌고, 문체부 장관과 영진위 위원장은 피해자와 국민에게 공식 사과했다.

이명박·박근혜 정권에서 실행된 '블랙리스트'는 집권 세력이 국가기관·공공기관 등 공식적·비공식적 수단을 모두 동원해 정권에 비판적인 문화예술인들을 사찰·차별하고 작품을 검열·배제한, 권력 오·남용이자 예술 표현의 자유와 예술인의 권리를 침해하고 민주주의를 파괴한 국가범죄였다. 블랙리스트 실행에 대한 청산 작업은 현재도 진행 중이다.

1 2017년 2월 7일, 영화인들이 서울 종로 서울아트시네마에 모여 블랙리스트 청산을 촉구하고 있다.
2 예술인 블랙리스트 사건은 2008년 이명박 정부 때 '문화권력균형화 전략'으로 시작되어 박근혜 정부에서 더욱 체계화·정교화했다. 당시 시위에 나선 시민이 들고 있던 피켓.
3 2002년 개관한 '영상미디어센터' 지면 광고(왼쪽)와 한국독립영화협회의 지면 광고

2000년대

송강호, '시대의 얼굴'

연기의 세계를 탐험하는
유연한 전략가

이은선

〈기생충〉은 한국영화 100년 역사에 '칸국제영화제 황금종려상'이라는 값진 선물을 안겼다. 그 영광의 순간, 봉준호 감독은 무대에 함께 오른 송강호에게 무한한 존경과 감사를 표했다. 그건 단순히 〈기생충〉 속 그의 연기를 향한 감독의 마음이라기보다, 2000년대 한국영화계를 책임져 온 배우에 대한 예우에 가까워 보인다.

〈설국열차〉(2013)의 남궁민수는 열차의 머리 칸으로 전진하는 성난 사람들 사이에서 홀로 '다른 문'을 열고자 하는 사람이다. 흥미롭게도 이는 송강호가 걸어온 길과 닮아 있다. 1996년 〈돼지가 우물에 빠진 날〉로 스크린에 나타난 이 배우는 한국영화 르네상스를 거치며 무수한 '다른 길'을 만들어 왔다. 〈넘버 3〉(1997)에서 송강호가 연기한 조필의 대사인 "배신이자 배반"은 운명처럼 그의 연기를 설명하는 중요한 키워드가 됐다. 송강호의 연기는 늘 기대를 기분 좋게 배반한다. 연기인지 실제인지 구분이 어려울 정도로 정교하게 배역에 입힌 생활감, 독특한 박자감이 돋보이는 그의 대사 처리는 충무로에서 전례를 찾을 수 없는 '무정형 연기'의 역사를 써 왔다.

2000년대 초반 한국영화계에 다양한 장르적 실험이 물꼬를 트면서 전형성에서 한참 비켜난 송강호의 연기는 새로운 이야기로 향하는 감독들에게 좋은 영감이 됐다. 송강호의 첫 주연작 〈반칙왕〉(2000)부터 〈공동경비구역 J.S.A〉(2000), 〈복수는 나의 것〉(2002) 등이 그렇게 탄생했다. 이후 송강호의 궤적은 일일이 열거할 수 없을 정도다. 송강호를 '시대의 얼굴'로 자리매김하게 만든 〈살인의 추억〉(2003), 필모그래피 내 첫 천만 영화의 기록을 갖게 된 〈괴물〉(2006), 상처 입은 여인 곁의 성실한 관찰자로 분한 〈밀양〉(2007), 암흑의 시대에서 의로움을 외치는 변호사의 옷을 입은 〈변호인〉(2013), 1980년 광주를 향한 모두의 부채 의식을 건드리는 소시민을 연기한 〈택시운전사〉(2017) 등등이 그 눈부신 기록이다.

변화무쌍함은 그의 무기다. 이는 배우에게 요구되는 숙명이겠으나 누구나 가질 수 있는 자질은 아니다. 그게 아니고야 동시대 가장 보통의 소시민으로, 〈좋은놈 나쁜놈 이상한놈〉(2008)의 익살스러운 사내로, 호랑이 같은 눈매를 지닌 〈사도〉(2015) 속 영조로, 〈밀정〉(2016)의 차가운 관찰자 이정출로, 끝내 스스로 더 깊은 지하의 삶을 택하는 〈기생충〉(2019)의 기택으로 넘나드는 이 배우의 유연함을 설명하기란 불가능하다. 백성을 사랑하는 성군이기 이전에, 저물어 가는 생 앞에서 옳은 일을 하고자 애쓴 인간 세종을 연기한 〈나랏말싸미〉(2019)는 또 어떤가. 개인의 출연작으로 누적 관객 1억 명을 돌파한 배우라는 사실보다 더 중요한 것은, 여전히 유연하게 연기를 탐험하려 긴장을 놓지 않는 이 배우의 이토록 꾸준한 자세다.

"연기란 한 인물에 대한 배우의 태도"라고 생각한다는 송강호. 그 태도를 만들어 가는 방식은 그만의 영원한 비밀이겠으나, 어쩌면 이 마음가짐이 송강호를 한국영화의 대표 배우로 살게 한 비결의 전부일 것이다. 언제까지나 한국영화계의 가장 불가해한 좌표로, 깊이를 가늠하기 어려운 '우아한 세계'로 존재할 송강호. 그가 만들어 나갈 다음 행보는 이후의 한국영화 100년을 열어젖힐 근사한 시작점일지 모른다.

1   1996년 〈돼지가 우물에 빠진 날〉로 스크린에 등장한 뒤 충무로에서 전례 없는 '무정형 연기'의 역사를 써 온 배우 송강호

전도연,
평범함을 특별함으로

인간의 심연을 구현해 낸
감정의 세공사

이은선

배우를 논할 때 평범하다는 인상을 가장 먼저 언급하는 것은 실례일까. 하지만 전도연은 평범함이 도드라지는 배우다. 더 정확히 설명한다면, 그는 평범함을 아무도 눈치 채지 못하는 방식으로 '연기'한다. 우리는 그 감쪽같은 연기에 오랜 시간 깜빡 속고 있는 중이고 말이다.

이 세상 어딘가에 정말 저런 여인이 살아 숨 쉬고 있을 것 같다는 당연한 믿음, 이는 배우 전도연이 매 작품 관객에게 선사하는 선물이다. 〈접속〉(1997)으로 스크린에서 처음 모습을 보였을 때 전도연의 배역은 '여인2'라는 PC 통신 대화명을 쓰는 수현이었다. 눈에 인공눈물을 넣어 가며 모니터 앞에 앉아 외로움을 삼키던 20세기 여인의 등장을 두고 관객과 평단의 찬사가 쏟아졌다. 이후 모두가 알다시피, 길고 긴 전도연의 시대가 열렸다.

배우 전도연을 움직인 중요한 동력 중 하나는 사랑이다. 그는 "인생의 모토가 사랑"이라고 말한 적이 있다. 전도연이 우리에게 새삼 알려 준 것은 사랑하고 사랑받는 존재의 치열한 아름다움이다. 모습과 성질은 조금씩 다르되 사랑의 순간을 근사하게 선사한 '사랑 지상주의자'. 사랑을 지키려 우는 여자 희주를 연기한 〈약속〉(1998), 사랑에 휘말려 비정한 선택을 내리는 보라를 연기한 〈해피엔드〉(1999), 사랑을 믿은 여자 '숙부인 정씨'를 연기한 〈스캔들-조선남녀상열지사〉(2003), 눈물의 여왕이라는 수식어를 얻은 〈너는 내 운명〉(2005), 사랑을 정리하고 새로운 인생의 출발선에 서려는 희수를 연기한 〈멋진 하루〉(2008) 등이 그 생생한 증거다.

놀라운 것은 전도연이 이 필모그래피 안에서 단순히 멜로의 여왕으로 군림한 것이 아니라 고통의 가시밭길을 걸으며 자신을 성장시켜 왔다는 점이다. 〈해피엔드〉라는 벽을 넘은 전도연은 〈인어공주〉(2004)의 일인이역을 가뿐하게 소화해 내더니, 이내 〈밀양〉(2007)이라는 심연으로 걸어 들어갔다. 바스러질 것 같은 몸에 숨이 끊어질 듯한 고통을 가득 담은 신애라는 여인은, 어느덧 전도연이 익숙하다고 생각했던 모든 이의 착각을 부수어 버렸다. 깊이를 모를 인간의 심연을 손에 잡힐 듯 생생한 감각으로 구현해 낸 이 놀라운 연기 기술자에게, 칸국제영화제 여우주연상 트로피가 돌아간 것은 당연한 결과로 보인다.

이후 전도연이 만약 '칸의 여왕'이라는 수식어에 갇혔다면 우리는 〈하녀〉(2010)라는 실험도, 〈무뢰한〉(2014)이라는 비정한 세계도 만나지 못했을 것이다. '세월호'라는 한국 사회의 트라우마를 껴안은 〈생일〉(2018)의 순남은 또 어떤가. 아들 잃은 엄마를 연기하는 전도연의 눈물과 그가 표현하는 슬픔은, 단순한 연기의 차원을 벗어나 차라리 관객 한명 한명의 마음을 위무하는 신성한 제의祭儀처럼 보였다. 이후 미스터리한 여인 연희를 연기한 〈지푸라기라도 잡고 싶은 짐승들〉(2018)은 평범함을 가장하며 늘 모두를 전율케 한 이 배우의 새로운 도전으로 기록될 것이다.

모두가 잘 안다고 생각하지만 여전히 궁금한 배우, 해사한 얼굴과 고통에 일그러진 얼굴을 넘나들며 보는 이의 마음을 움켜쥐는 감정의 세공사. 우리는 아직도 전도연이라는 배우가 지닌 심연의 깊이를 전부 들여다보진 못했다.

---

1   1997년 〈접속〉으로 스크린에 데뷔한 이래 20여 년간 한국영화의 얼굴이 되어 온 배우 전도연

《리틀 드러머 걸》 1

2013년

글로벌 시대를 맞이한 한국영화

영화인들의 할리우드행,
할리우드 자본의 한국 시장 상륙

전종혁

2000년대 중반부터 한국의 영화인들은 중국의 영화 시장으로 진출해 다양한 형태의 한중 합작영화를 제작하며 한국영화의 외연을 넓혀 나갔다. 그런 반면 꿈의 무대인 할리우드 진출 쪽으로는 여전히 거리가 있었다. 〈거울 속으로〉 (2003)처럼 미국 영화사에서 한국 원작의 판권을 구매해 리메이크하는 정도였다. 미국에서 영화가 제작되거나 대규모로 개봉한 것은 〈디 워〉(2007) 정도에 불과했다.

그 후 스파게티웨스턴을 연상시키는 액션모험극 〈좋은놈 나쁜놈 이상한놈〉(2008)으로 인정받은 김지운 감독, 〈올드보이〉(2003)와 〈박쥐〉(2009)로 칸국제영화제에서 수상한 박찬욱 감독, 〈괴물〉(2006)로 역량을 보여 준 봉준호 감독이 세계 무대에서 주목받으면서 서서히 할리우드로 진출할 기회를 잡았다. 특히 2013년, 이들의 영화가 연이어 할리우드에서 개봉하는 진풍경이 펼쳐졌다(국내에서

는 2월 김지운의 〈라스트 스탠드〉, 박찬욱의 〈스토커〉, 8월 봉준호의 〈설국열차〉가 개봉했다). 한국영화의 2000년대 전성기를 대표하는 감독들이 나란히 미국에 진출했다는 점에서 더 관심이 쏠렸다. 이 감독들은 해외 배우·스태프와 일하면서도 각자 파트너십을 맺은 한국 촬영감독과 함께 영화 작업을 했다. 그 결과 본인의 개성이나 스타일을 고스란히 지닌 웰메이드 영화가 탄생했지만, 미국 내 흥행 성적은 좋지 않았다. 그런 탓에 한국영화의 미국 진출이라기보다는 한국 감독의 미국 진출이라는 평가가 지배적이었다. 하지만 이 영화들이 비싼 수업료를 지불하고 할리우드 시스템을 경험한 데 그친 것은 아니었다. 봉준호는 〈설국열차〉의 성과를 발판으로 넷플릭스 영화 〈옥자〉(2017)를 연출했고, 박찬욱은 2018년 영국 BBC와 미국 AMC에서 방영된 미니시리즈 〈리틀 드러머 걸〉을 연출했다. 한국영화의 글로벌 프로젝트는 여전히 진행 중이다.

한국 감독들이 할리우드에 입성하는 사이, 할리우드 메이저 스튜디오들은 한국영화 제작 및 투자에 나섰다. 국내 영화 시장에서 할리우드 영화와의 경쟁 속에서도 꾸준히 우위를 점하는 한국영화를 직접 제작하고자 한 것이다. 〈황해〉(2010)를 시작으로 부분 투자와 배급에 관심이 있었던 20세기폭스가 제작한 조동오 감독의 〈런닝맨〉이 2013년 4월에 개봉했다. 20세기폭스코리아는 2016년 5월 〈곡성〉으로, 워너브러더스 코리아는 2016년 9월 〈밀정〉으로 국내 박스오피스를 점령하면서 국내 영화 시장에 발을 내딛었다. 즉 2억 관객을 돌파하며 성장 중인 한국영화 시장을 목표로, 미국 자본이 투입된 한국영화가 제작되는 상황에 이른 것이다. 이런 영화들의 성과가 국내 영화인들이 할리우드로 진출하는 데 기회의 창이 될지는 더 지켜봐야겠지만, 한국영화와 한국영화인들의 역량을 입증하기에는 충분했다.

2

1 박찬욱 감독이 연출한 영국 드라마 〈리틀 드러머 걸〉의 한 장면
2 김지운 감독의 작품 〈밀정〉의 한 장면

BOX OFFICE

2013년

2억 명 영화 관객 시대

한국영화 시장의 눈부신 성장
그리고 호황에 따른 부작용

나원정

2013년 한국 극장가는 유례없는 호황을 맞았다. 극장 관객 수가 사상 처음 2억 명을 돌파했고 인구 1인당 연간 평균 관람 횟수는 세계 최고 수준인 4.25회에 달했다(2018년 4.18회로 줄었지만 여전히 세계 1위를 유지하고 있다). 한국에서 시리즈 통산 1억 명 이상 관객을 모으며 '마블민국'이라 불리게 한 마블 히어로물의 흥행 신화가 본격화한 것도 이때다. 〈아이언 맨 3〉(2013)의 흥행 주역 로버트 다우니 주니어Robert John Downey Jr.는 내한을 자처했다. 마블 스튜디오 수장 케빈 파이기Kevin Feige도 처음 한국을 찾으며 이런 말을 남겼다. "5,000만 한국 국민 중 〈어벤져스〉(2012)를 700만, 〈아이언 맨 3〉를 900만 명이나 봤다는 건 정말 대단하다." 글로벌 시대, 한국영화 시장은 인구대국 중국 못지않게 할리우드의 주목을 받는 아시아의 대표 영화 시장으로 거듭났다. 즉 '2억 명 관객'은 한국영화 시장의 성장과 위상을 상징한다.

더 대단한 기록은 한국영화에서 나왔다. 2013년 흥행 10위권은 〈아이언 맨 3〉를 제외하고는 모두 한국영화로 채워졌다. 〈7번방의 선물〉(2012)이 깜짝 돌풍을 일으키며 1,281만 명 관객을 모았다. 900만 명 이상 영화가 2편(〈설국열차〉, 2013; 〈관상〉, 2013)이나 됐다. 500만 명 이상인 작품은 〈베를린〉(2012), 〈은밀하게 위대하게〉(2013), 〈변호인〉(2013), 〈숨바꼭질〉(2013), 〈더 테러 라이브〉(2013), 〈감시자들〉(2013), 300만 명 이상 작품은 〈신세계〉(2012), 〈박수건달〉(2012), 〈스파이〉(2012), 〈타워〉(2012), 〈감기〉(2013)까지 각각 5편 이상이다. 전년 대비 한국영화 관객 수는 총 극장 관객 수 증대치(9.5퍼센트)를 뛰어넘어 11퍼센트나 상승했다. 한국영화의 점유율은 59.7퍼센트로, 〈왕의 남자〉(2005)와 〈괴물〉(2006)이 '천만 관객'을 쌍끌이한 2006년의 63.8퍼센트에 이어 두 번째로 높았다.

다양한 소재와 장르가 돋보였을 뿐 아니라 개봉 시기도 고루 분포해, 투자수익률 100퍼센트를 상회하는 한국영화도 8편이나 나왔다. 한국의 영화 산업은 2006년부터 2011년까지 6년간 마이너스 수익률을 기록하던 것에서 벗어나 안정권에 접어들었다. 〈설국열차〉 효과와 중국 대작 영화 기술 서비스 수주 등 해외 수출과 부가 시장의 꾸준한 증대도 눈에 띄었다. 그러나 이런 호황에는 부작용도 뒤따랐다. 이후 한국영화는 큰 흥행 수익을 노리는 대작화, 상영관 독과점 현상이 심해지며 양극화 현상 심화에 시달렸다. 특히 2018년에는 여러 대작이 특정 개봉 시기에 몰리며 한국영화 투자수익률이 곤두박질치기도 했다. 연간 관객 수가 2억 명대에서 안정화된 지금, 영화 시장의 가치와 미래를 위해서라도 다양한 영화의 동반 성장을 고민해야 할 시점이다.

연도	한국		외국		전체
	관객 수	점유율	관객 수	점유율	관객 수
2004	37,741,433	54.5%	31,513,193	45.5%	69,254,626
2005	71,346,379	57.8%	52,005,680	42.2%	123,352,059
2006	91,745,620	63.6%	52,510,415	36.4%	144,256,035
2007	75,791,003	49.9%	76,231,989	50.1%	152,022,992
2008	62,047,324	42.1%	85,381,315	57.9%	147,428,639
2009	75,644,847	48.7%	79,753,807	51.3%	155,398,654
2010	68,843,175	46.6%	78,916,039	53.4%	147,759,214
2011	82,868,189	51.9%	76,856,276	48.1%	159,724,465
2012	114,911,591	59.0%	79,978,996	41.0%	194,890,587
2013	127,291,781	59.7%	86,059,249	40.3%	213,351,030
2014	107,703,922	50.1%	107,365,036	49.9%	215,068,958
2015	112,941,882	52.0%	104,357,641	48.0%	217,299,523
2016	116,555,889	53.7%	100,470,293	46.3%	217,026,182
2017	113,907,067	51.8%	105,969,160	48.2%	219,876,227
2018	110,149,287	50.9%	106,235,982	49.1%	216,385,269
2019	78,972,533	50.3%	78,157,675	49.7%	157,130,208
합계	1,448,461,922	52.7%	1,301,762,746	47.3%	2,750,224,668

1 관객들로 붐비는 멀티플렉스 영화관의 모습
2 2013년부터 매년 2억 명 이상의 관객이 극장을 찾았음을 보여 주는 통계(영화진흥위원회 통합 전산망 사이트 2019년 9월 4일 기준)

2

2016년

<부산행>과
2010년대 '한류'

아시아 각국에서 새롭게 쓴
흥행 기록

주성철

1,156만 관객을 동원하며 한국영화 역대 흥행 12위에 오른 연상호 감독의 <부산행>(2016)은 아시아 전역에서 기록적인 흥행 성적을 거뒀다. 2016년 8월 4일 싱가포르에서 개봉과 동시에 역대 한국영화 개봉작 오프닝 최고 스코어를 기록하며, 앞서 한국영화 최고 성적이었던 <미녀는 괴로워>(2006)의 약 71만 달러(한화 약 7억 8,703만 원) 기록을 10년 만에 깨트렸다. 심지어 베트남에서는 개봉 첫 주 할리우드 블록버스터 <수어사이드 스쿼드>를 제치고 전체 박스오피스 1위에 올라, 개봉 첫 주 매출액 약 47만 달러(한화 약 5억 2,099만 원)만으로도 역대 베트남 개봉 한국영화 흥행 수익 1위에 등극했다. 이후 홍콩, 타이완, 라오스, 캄보디아, 말레이시아, 필리핀 등에서 '흥행 광풍'을 이어 갔다고 표현해도 될 정도로 거의 모든 국가에서 한국영화 흥행 기록을 새로 썼다. 그 '영화 한류' 바람을 이은 것은 1,441만 관객을 동원하며 역대 한국영화 흥행 3위에 오른 김용화 감독의 <신과 함께-죄와 벌>(2017)이다. 뒤이어 개봉해 1,227만 관객을 동원한 속편 <신과 함께-인과 연>(2018)과 더불어 '쌍천만' 흥행 기록을 세웠을뿐더러 홍콩과 타이완에서 앞서 <부산행>이 세운 한국영화 최고 흥행 기록을 곧장 경신했다.

<부산행>과 <신과 함께> 시리즈에 모두 출연하고, <부산행>에 이어 <악인전>(2019)으로 또 한 번 칸국제영화제 미드나이트 스크리닝 부문에 진출한 배우 마동석은, 이후 마블 스튜디오에서 새로 제작하는 <이터널스> 출연을 비롯해 할리우드 캐스팅 소식이 끊임없이 들려올 정도로 인기 상종가를 누리고 있다. 박중훈과 이병헌을 잇는 한국 배우의 할리우드 진출 계보를 이어 갈지 초미의 관심사가 되고 있다. <악인전> 또한 할리우드 리메이크가 확정되었는데, 마동석은 실베스터 스탤론Sylvester Stallone이 이끄는 발보아 픽처스와 손잡고 공동 프로듀싱까지 맡았다. 또한 연상호 감독과 더불어 20세기폭스 사의 직접투자를 받은 최초의 한국영화 <황해>(2010)와 <곡성>(2016)을 만든 나홍진 감독은 앞서 할리우드에 진출한 박찬욱·김지운·봉준호 감독에 이어 주목할 만한 차세대 감독으로 부상했다. 역시 칸국제영화제 미드나이트 스크리닝 부문에 초청됐던 정병길 감독의 <악녀>(2017)도 미국에서 TV드라마로 리메이크될 예정으로 그가 직접 메가폰을 잡는다. 한국 감독들을 향한 할리우드의 구애가 계속되고 있다.

1   아시아 전역에서 기록적인 흥행 성적을 거둔 <부산행>의 한 장면
2   <부산행> 포스터

2017년

<옥자>와
플랫폼 다변화의 시대

동영상 스트리밍 서비스 간 경쟁과
한국영화 풍경의 변화

나원정

2017년 <옥자>는 전 세계 영화계의 뜨거운 감자였다. 봉준호 감독의 이 여섯 번째 영화는 세계 최대 온라인 스트리밍OTT; Over the Top 업체 넷플릭스가 자체 플랫폼 출시를 전제로, 제작비 600억 원 전액을 투자해 제작했다. <옥자>는 넷플릭스 오리지널 작품 최초로 제70회 칸국제영화제 경쟁부문에 진출했다. 프랑스 극장가는 반발했다. "극장에서 개봉하지 않는 영화가 칸국제영화제 경쟁부문에 초청되는 건 프랑스법 위반"이라는 것이었다.

한국 멀티플렉스 극장도 강경하게 반응했다. 넷플릭스는 한국 투자·배급사 넥스트엔터테인먼트월드와 손잡고 극장 동시개봉을 꾀했지만 전국 스크린의 97퍼센트를 보유한 CJ CGV, 롯데시네마, 메가박스는 상영 보이콧에 나섰다. "극장 상영 후 3주간의 홀드백(일정 기간 극장 상영 보장 후 2차 판권을 시장에 넘기는 관행)을 지키지 않았다"라는 이유였다. 결국 <옥자>는 봉준호 감독의 영화로는 이례적으로 전국 100개 남짓한 중소 영화관에서 개봉해 32만 명 관객 동원에 그쳤다. 알폰소 쿠아론Alfonso Cuaron 감독의 넷플릭스 영화 <로마>(2018) 역시, 2018년 베니스국제영화제에서 대상을 수상하며 작품성으로 화제가 됐음에도 한국에서는 일부 단관 극장과 예술영화관에서만 상영됐다.

그럼에도 OTT의 강세는 거스를 수 없는 흐름이다. 넷플릭스는 전 세계 190개국 1억 5,100만 유료 가입자를 확보하며 공룡 플랫폼으로 거듭났다. 마블, 스타워즈, 픽사, 20세기폭스 등의 IPIntellectual Property를 보유한 디즈니의 자체 OTT 플랫폼 디즈니플러스를 비롯해 애플TV플러스, 워너미디어의 HBO맥스도 잇따라 경쟁에 뛰어들고 있다. 국내에서는 지상파 3사(KBS·MBC·SBS)의 OTT 플랫폼 푹POOQ과 SK텔레콤의 옥수수가 손잡고 더 강력한 통합 플랫폼 웨이브WAVVE로 도전장을 냈다. 영화진흥위원회는 「2007~2016년 한국영화 관람객의 성향과 변화 분석」 리포트에서 "실시간 방송보다 스스로 콘텐츠를 선택해서 보는 소비자들이 점차 증가하고 있다"라고 밝혔다.

창작자들 사이에서 OTT에 대한 입장은 엇갈리는 분위기이지만, 투자·상영 창구가 다변화되었다는 점에서 환영하는 목소리도 적지 않다. 봉준호 감독은 <옥자> 개봉 당시 "넷플릭스는 600억 원에 달하는 많은 예산을 지원하면

서 편집 과정에 일체 간섭하지 않았다"라면서 기존 영화 제작 시스템에서는 사실상 불가능한 일이라고 언급했다. 영화 <터널>(2016)로 국내 관객 712만 명을 모은 김성훈 감독은 차기작으로 넷플릭스 오리지널 시리즈 <킹덤>(2019)을 선보여 세계적 히트를 기록했다.

이미 국내 여러 영화제작사가 넷플릭스 등 OTT 플랫폼과 작품 기획·제작을 위해 접촉하고 있는 것으로 알려졌다. 이를 통해 2시간 안팎의 상영 시간에 얽매이지 않는 보다 다양한 형태의 콘텐츠 탄생이 기대된다. 여러 감독이 하나의 시리즈물을 연출하거나 동일한 IP로 극장판 영화와 시리즈물을 동시에 제작하기도 할 것이다. 여전히 영화 1편을 수입할 때 그 75퍼센트는 극장 매출에 의존하지만, OTT의 시장 매출 비중 또한 꾸준히 증가하고 있는 만큼 한국영화의 풍경도 변해 갈 것으로 보인다.

1   2017년 넷플릭스와 극장 동시 개봉으로 플랫폼 다변화를 인식시킨 영화 <옥자>의 한 장면
2   세계 최대 온라인 스트리밍 업체 넷플릭스의 온라인 플랫폼
3   극장을 찾지 않아도 원하는 시간에, 원하는 공간에서 영화를 볼 수 있게 해 주는 OTT 플랫폼은 더는 거스를 수 없는 흐름이 되고 있다.

2019년

<기생충>의
황금종려상 수상

한국영화의 한 정점…
세계영화 지도 바꿀 획기적 사건

허문영

2019년 5월, 봉준호 감독의 <기생충>(2019)이 제72회 칸 국제영화제에서 황금종려상을 수상했다는 소식은 영화에 관심이 없는 한국인조차 들뜨게 만들었다. 이른바 3대 프리미어영화제(베니스·베를린 포함) 중에서도 단연 으뜸으로 꼽히는 칸에서 한국영화가 최고상을 받는다는 것은 1990년대까지만 해도 상상조차 하기 힘든 일이었기 때문이다.

'레드카펫을 밟는다'라는 표현으로 운위되던 칸국제영화제 진출은, 세상의 모든 감독과 마찬가지로 한국 감독들에게도 최상의 영예로 여겨져 왔다. 하지만 20세기에 칸 경쟁부문에 진출한 한국영화는 단 1편도 없었다. 1984년 이두용의 <여인잔혹사 물레야 물레야>(1983)가, 1989년 배용균의 <달마가 동쪽으로 간 까닭은?>(1989)이, 1997년 전수일의 <내 안에 우는 바람>(1997)이, 그리고 1998년에 홍상수의 <강원도의 힘>(1998)이 '주목할 만한 시선'에 초대되었을 뿐이다. 양윤호의 <유리>(1996)와 이광모의 <아름다운 시절>(1998)은 비공식부문인 감독주간에 초대되었다.

2000년에 임권택의 <춘향뎐>(2000)이 칸 경쟁부문에 초청받으면서 오랜 침묵이 깨졌다. 이제 칸 경쟁부문은 홍상수(4회 진출), 박찬욱(3회 진출), 이창동(3회 진출), 임상수(2회 진출) 등 한국 감독들이 수시로 진출하는 무대가 되었고, 임권택이 2002년에 <취화선>(2002)으로 감독상을 받으며 첫 수상을 기록한 이래, 박찬욱이 2004년 <올드보이>(2003)로 심사위원대상을, 2009년 <박쥐>(2009)로 심사위원상을 받았고, 이창동이 2007년 <밀양>(2007)으로 여우주연상(전도연)을, 2010년 <시>(2010)로 각본상을 받으면서 수상 소식도 더는 드문 일이 아니었다. '비경쟁부문'과 '주목할 만한 시선'(공식부문), '감독주간'과 '비평가주간'(비공식부문)까지 포함하면 한국영화가 칸에 진출하지 않는 해는 이제 찾기 힘들 정도가 되었다. 봉준호는 <옥자>(2017) 이후 두 번째 경쟁부문에 진출해 이 영화제의 최고상까지 받았다.

칸국제영화제는 해마다 다르게 구성되는 심사위원들의 성향에 따라 심사기준이 변한다는 점에서 문학계의 노벨상에 비견할 정도의 권위를 갖는다고는 볼 수 없다. 실제로 칸에서 상을 받고도 2, 3년 안에 잊히는 영화도 적지 않

1 <기생충>으로 제72회 칸국제영화제에서 황금종려상을 수상한 봉준호 감독
2 2019년 6월 26일 영화진흥위원회에서 개최한 '<기생충> 칸국제영화제 황금종려상 수상 기념 축하연'에 참석한 <기생충>의 주역들(서 있는 사람 왼쪽부터 곽신애 바른손이앤에이 대표, 최우식 배우, 봉준호 감독)

다. 많은 이가 봉준호의 최고작으로 꼽는 <마더>(2009)를 경쟁부문이 아닌 '주목할 만한 시선'에 초청했고, 프랑스의 저명한 영화지 《카이에 뒤 시네마》가 2000년대 첫 10년 동안의 베스트 10 명단(4위)에 올린 그의 <괴물>(2006)을 '비공식부문'에 초청했다는 점에서 칸의 안목에 회의를 보내는 시선도 있다. <달마가 동쪽으로 간 까닭은?>이 경쟁부문에 초청되지 않은 사실을 두고 당시 프랑스의 한 평자는 "칸국제영화제 최고의 실수"라고 논평하기도 했다. <춘향뎐>이 비록 본상 수상은 하지 못했지만 21세기의 어떤 황금종려상 수상작에도 뒤지지 않는 걸작으로 평가받고 있다는 사실도 함께 떠올릴 수 있다.

그렇다고 <기생충>의 황금종려상 수상의 의미가 적은 건 아니다. 1990년대까지 한국영화는 세계영화 지도에 존재하지 않았고, 유수의 세계영화사 책들도 한국영화에 지면을 거의 할애하지 않았다. 그러나 이런 상황은 이제 지속되지 않을 것이다. 칸국제영화제는 여전히 지상 최고의 영화들이 작품성을 겨루는 곳이고, 이 무대에서 이룬 성과에 대해 동의하지 않는 일부가 있다 해도, 누구도 이 무대를 무시할 수는 없다. 이 성과는 영화사의 한 기록으로 남을 것이다. 또한 21세기의 칸국제영화제에서 한국영화들이 이룬 성과는 20세기 내내 무시되던 변방의 영화가 이제 세계영화사의 한 갈래로 등재되지 않을 수 없도록 만들 것이다. 1990년대 중반부터 시작된 한국영화의 신르네상스는 100주년을 맞는 2019년에 <기생충>이 마침내 세계 최고의 영화상 고지를 점령함으로써 한 정점에 이르렀다고 볼 수 있다.

필진

공영민	영화사 연구자	안재석	영화감독, 영상예술학 박사	정유미	영화 칼럼니스트
김동현	서울독립영화제 집행위원장	오영숙	성공회대 동아시아연구소 HK연구교수	정종화	한국영상자료원 연구전시팀장
김영진	전주국제영화제 수석프로그래머	원승환	독립영화전용관 인디스페이스 관장	조영각	독립영화인
김종원	영화평론가	이길성	영화사 연구자	조영정	여성영화인모임 이사
김형석	영화 저널리스트	이유진	영화 칼럼니스트	조준형	한국영상자료원 연구전시팀 선임연구원
나원정	중앙일보 기자	이은선	영화 칼럼니스트	주성철	《씨네21》 편집장
맹수진	영화평론가	이지윤	한국영상자료원 시네마테크부	주유신	영산대학교 교수
박선영	부산국제영화제 프로그래머	이화진	연세대 미디어아트연구소 연구원	한상언	한상언영화연구소 대표
박유희	고려대 미디어문예창작학과 교수	임순례	영화감독	허문영	영화평론가
박진희	영화 연구자	전종혁	영화평론가		
백문임	연세대학교 교수	정성일	영화평론가, 영화감독		

도움 준 분(가나다순)

고문

김수남, 김종원, 민병록, 신강호, 이승구

자문

김동현, 원승환, 정성일, 조영각, 허문영, 한국영화평론가협회, 한국영화학회

이미지 관련 도움

강제규, 구본창, 권혜림(쇼박스), 김나은(중앙일보), 김대희(CJ CGV), 김영구(영화진흥위원회), 김영주(연합뉴스), 김보연(영화진흥위원회), 김자연(영화진흥위원회), 김종호(영화진흥위원회), 김형동(인디플러그), 김홍준, Robert Neff, 문주란(한국영상자료원), 민병근(한국전력공사 전기박물관), 민병현(한국영상자료원), 박병훈(부산국제영화제), 박선하(KT&G 상상마당), 박선현(CJ CGV), 박양훈(동아일보), 박천홍(아단문고), 서혜지(쇼박스), 성하훈, 손지민(언론진흥재단), 심영(쉘위토크), 심재명(명필름), 안미진((주)시네마달), 안성기, 안소윤(워너브러더스 코리아(주)), 안재석, 엄은정(전주국제영화제), 오정빈(영화사 봄), 오종민((주)넥스트엔터테인먼트월드), 위경혜, 이나현(인디스토리), 이다은(딜라이트), 이성강, 이영미, 임경진(이데일리), 임희진(부천국제판타스틱영화제), 전조명, 조연주((주)왓챠), 조정임(영화사 봄), 주성철(씨네21), 주영애(프랑스문화원), 채윤희(올 댓 시네마), 최인호(서울역사박물관), 최지선(영화진흥위원회), 한상언, 한상희(영화진흥위원회)

한국영화100년기념사업추진위원회는 이 책의 제작에 협조해 준 다음 분과 기관에 특별히 감사를 드립니다.

강제규필름, 국가기록원, 넷플릭스, 딜라이트, 매니지먼트 숲, 명필름, 부산국제영화제, 부천국제판타스틱영화제, 서울역사박물관, 쇼박스, CJ CGV, 아단문고, 양해남, 영화사 봄, 워너브러더스 코리아(주), 이데일리 스냅타임(snaptime.co.kr), 인디스토리, 인디플러그, 전주국제영화제, (주)넥스트엔터테인먼트월드, (주)시네마달, (주)시네마서비스, (주)왓챠, KT&G 상상마당, 한상언영화연구소, 호두엔터테인먼트

이미지 제공처(쪽수-사진 번호)

강제규필름	214-1 / 235-2	영화진흥위원회	35-2 / 46-5 / 47-6 / 91-2 / 94-1 / 110-1 / 162-1 /
《경향신문》	200-1		163-2 / 174-1 / 188-1 / 189-2, 3 / 190-4 / 191-5 /
구본창	186-1		197-2 / 218-1 / 219-3 / 220-1 / 227-2 / 255-2 /
국가기록원	22-3 / 70-1 / 72-2		261-2
넷플릭스	258-1 / 259-2, 3	워너브러더스 코리아(주)	253-2
《동아일보》	157-3	월간 《비디오 길라잡이》	182-1
Robert Neff Collection	18-1 / 19-2	위경혜	124-1 / 125-2
매니지먼트 숲	250-1	이데일리 스냅타임(snaptime.co.kr)	183-2, 3
명필름	102-6 / 218-2	이성강	102-4
부산국제영화제	208-1	이승구	74-1 / 75-2
부천국제판타스틱영화제	209-2	이영미	171-4
서울역사박물관	20-2	인디플러그	245-4
성하훈	246-1, 2	전주국제영화제	209-3
쇼박스	242-2	(주)넥스트엔터테인먼트월드	242-1 / 256-1 / 257-2
CJ CGV	212-1 / 213-2	(주)시네마달	245-2, 3, 5
CGV 아트하우스	211-2 / 245-6	(주)시네마서비스	226-1 / 227-3 / 234-1 / 235-3
아단문고	28-1 / 29-2	(주)왓챠	252-1
안성기	164-1	《중앙일보》 2008년 3월 25일 자	159-3
연합뉴스	216-1 / 254-1 / 260-1	KT&G 상상마당	102-5
영화사 봄	222-1 / 232-1 / 233-2	《한겨레》	178-2

한국영상자료원 20-1 / 21-3, 4 / 22-1, 2 / 23-4 / 24-1 / 26-1, 2 / 27-3 / 30-1 / 31-2, 3 / 32-1 / 33-2, 3 / 34-1 / 36-3~7 / 39-2~4 / 40-1 / 41-2~4 / 42-1 / 43-2~4 / 44-1~3 / 45-4 / 48-1 / 49-2 / 50-1 / 51-2, 3 / 52-1 / 56-1 / 57-2, 3 / 58-1 / 59-2, 3 / 60-1 / 61-2, 3 / 62-1 / 63-2, 3 / 64-1 / 65-2 / 66-1 / 67-2, 3 / 68-1 / 69-2 / 73-3 / 76-1 / 77-2 / 81-2 / 86-1 / 87-2~4 / 88-1 / 89-2 / 92-1 / 93-3 / 96-1 / 97-2 / 98-3 / 99-4 / 100-1 / 101-2 / 102-3 / 105-2, 3 / 107-3 / 108-4 / 109-5 / 111-2 / 114-1 / 115-2 / 116-3 / 117-4 / 118-1 / 119-2 / 121-4 / 122-1 / 123-2, 3 / 126-1 / 127-2 / 130-1 / 132-1 / 133-3 / 134-1 / 135-2, 3 / 139-2 / 144-1 / 145-2 / 146-3 / 148-7 / 150-1 / 151-2, 3 / 152-2, 3 / 153-5, 6 / 154-1 / 155-2, 3 / 156-1 / 157-2 / 158-1 / 160-4 / 161-5 / 165-2 / 166-3~5 / 167-6 / 168-1 / 170-1 / 172-5 / 173-6 / 175-2, 3 / 180-1 / 181-2, 3 / 187-2~5 / 194-1 / 195-2, 3 / 196-1 / 199-2, 3 / 202-1 / 203-2 / 205-2 / 207-2, 3 / 210-1 / 215-2, 3 / 222-2 / 223-3 / 228-1 / 229-2 / 230-3 /

236-1 / 238-2 / 240-1 / 241-2

한국영상자료원(강신성일 컬렉션) 95-2 / 128-3

한국영상자료원(김홍준 컬렉션) 143-2

한국영상자료원(신상옥감독기념사업회 컬렉션)

78-1~3 / 84-1 / 85-2, 3 / 93-2 / 111-3 / 159-2 / 225-2, 3

한국영상자료원(양해남 컬렉션) 65-3 / 69-3 / 80-1 / 82-3 / 104-1 / 106-1 / 107-2 / 113-3 / 120-3 / 130-2 / 131-3 / 133-2 / 138-1 / 140-3, 4 / 146-1, 2 / 147-4 / 152-1

한국영상자료원(조희문 컬렉션) 112-1 / 169-2 / 184-1 / 185-2 / 198-1 / 224-1

한국영상자료원(한국일보 컬렉션) 90-1 / 113-2 / 129-4 / 176-1 / 179-3 / 206-1 / 217-2, 3 / 244-1

한상언영화연구소 25-2 / 38-1 / 39-5 / 53-2, 3

호두엔터테인먼트 248-1